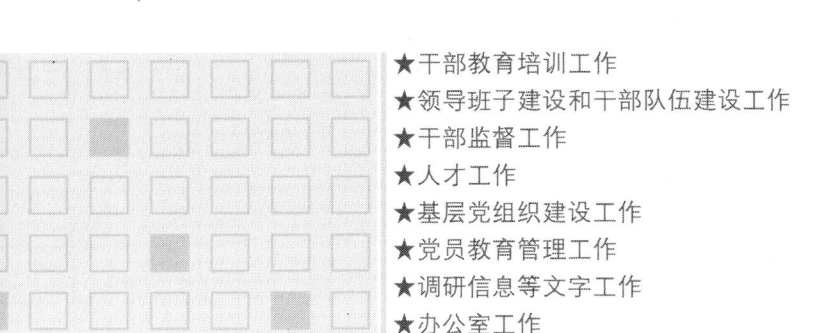

★干部教育培训工作

★领导班子建设和干部队伍建设工作

★干部监督工作

★人才工作

★基层党组织建设工作

★党员教育管理工作

★调研信息等文字工作

★办公室工作

JICENG ZUZHI GONGZUO SHIWU

基层组织工作实务

中共北京市朝阳区委组织部 编著

中央编译出版社
Central Compilation & Translation Press

主　编：刘宇辉

副主编：孙其军、邵丹峰、唐行安

编　审：（按姓名笔画排序）

丁　珂、邢　伟、许嘉宁、张中华、张贵林、

陈　霞、李　森、郭树伟、龚巨明、韩保卫、

程立群

撰稿人：（按姓名笔画排序）

丁　珂、王东胜、王延安、王　詠、龙　涛、

田思腾、邢　伟、刘　欣、刘星川、许嘉宁、

李　伟、李　森、李心刚、李红菊、李英辉、

李革非、李彦斌、李　蓬、汪雪琴、张中华、

张贵林、张　洁、张金鑫、陈　霞、林美玉、

卓晓奕、尚　蔚、周建立、宗延龙、战福国、

洪　岩、郭树伟、黄英杰、龚巨明、韩保卫、

程立群、曾　智、黎贤林

统稿人：李　森

序　言

中共北京市朝阳区委组织部编写的《基层组织工作实务》由中央编译出版社出版了，这是一本介绍怎样做好党的基层组织工作的书，编得好，出得好，值得向从事党的基层组织工作的同志们推荐。

面对新的世情、国情、党情，党的十七大提出"以改革创新的精神全面推进党的建设新的伟大工程"。党的基层组织是党的全部工作和战斗力的基础。基础坚强事业兴旺，基础不牢地动山摇。因此，做好基层组织工作意义重大。

中共北京市朝阳区委组织部通过认真学习"十七大"报告和胡锦涛同志在 2008 年全国组织工作会议讲话精神，在深入调研和总结实践经验的基础上，对做好基层组织工作进行了比较系统的分析、归纳和提升，编辑成册，并在实际工作中运用，又请有关党建专家和中央编译出版社领导及编辑同志悉心指导，最终形成了这本《基层组织工作实务》。可以说，这本书是基层组织工作者实践经验和党建研究专家相结合的产物，体现了实践与理论、现实与传统、规范与创新的高度统一。这本书的形成及应用过程本身已经和必将进一步成为基层组织工作贯彻落实"十七大"精神的具体举措和实践。

通观全书，简要概括，有以下特点：

一是内容详实。它包含了基层组织工作中领导班子建设到干部队伍建设，从基层组织设置、制度、机制、活动到党员教育发展等一百二十多项具体工作。可以说，一书在手，基本上能够了解和掌握基层组织工作的全部内容。

二是体系周延。对每项工作的具体内容，做好这项工作的依据，达到什么要求和衡量标准，承担这项工作的同志要具备哪些素质和条件，这项工作与哪方面有什么联系，完成这项工作需要遵循什么流程环节等六个方面进行了详细描述，体现了对具体工作本质的认识和规律的把握，构成了搞好具体

001

工作的有效机制。

三是简洁直观。力戒空话套话，语言简炼，信息浓缩，对每项工作的表述都很简洁直观，尤其是根据每项具体工作的实际都设计了相应的工作环节流程图。通过这样的图表，使人们对这项工作应该先做什么，后做什么，清晰明了，就是对每个环节之间是串联的递进关系还是同步的并列关系，也都一目了然。

四是实践性和操作性强。书中的内容是朝阳区委组织部全体同志，对基层组织各项工作具体做法的归纳、提炼和总结，这些做法和经验，经过基层单位的实践和检验，是符合实际的，各单位可联系自己的实际情况学习借鉴、应用，也一定能够取得好的效果。

广大基层组织工作干部，案头备有这样一本工作手册性质的书，是非常必要的。这本书的出版，对于推进党的基础组织工作的创新研究和实践也将会大有裨益。

前　言

党的十七大提出"以改革创新的精神全面推进党的建设新的伟大工程"。基层组织工作者充分认识和牢固把握组织工作的本质特征，按照组织工作的内在规律，规范有序地做好组织工作的各项业务，是以改革创新的精神全面推进党的建设新的伟大工程的内在要求。

无规矩无以成方圆，不识途径难达目的，不谙常理无以创新。面对新形势、新任务、新标准、新挑战，需要基层组织工作者发扬优良传统，总结成功经验，精通业务，掌握程序，严守规则，熟练方法，使各项工作进一步有序、规范、科学、高效，使整个组织工作在新形势下做出新成效。这就要求组织工作者必须用积极探索、锐意改革、奋力开拓、大胆创新的精神去认识组织工作的新特征，把握新规律，揭示新本质。

为此，我们中共北京市朝阳区委组织部的全体同志通过认真学习党的十七大精神，对所承担的每项工作任务，逐项地进行分析、归纳、总结和提升，从每项工作业务的具体内容是什么、做此项工作业务有哪些依据、此项工作业务有什么标准、承担该项工作业务的工作人员应具备哪些素质和条件、此项工作业务与哪些单位有联系、完成整个任务需要遵循什么流程环节等六个方面，进行了比较全面系统的归纳和总结。

每项工作业务中的这"六个方面"，都是在部务会的统一策划和指导下，由主管部长分头把关，各位科长分工负责，承担具体工作任务的每位同志结合实际工作的具体做法归纳提炼出来的。这本小册子凝聚了朝阳区委组织部每名同志的实际工作经验、感受、思路和智慧，是集体劳动的结晶。

实践证明，正确地认识和规律性地把握这六个方面，会使组织工作的各项业务更加规范、科学和有效，这将有利于整个组织工作进一步提高制度化与规范化水平；会使组织工作的同志努力成为"多面手"，将有利于进一步提高组工人员的业务素质；会便于领导、同志们和群众了解、掌握和监督组织工作，将有利于党务公开；会促使组织工作在新形势下进一步开拓创新，将有利于"十七大"提出的"全面推进党的建设新的伟大工程"精神在组织工作业务中的贯彻落实。

胡锦涛同志在 2008 年全国组织工作会议上，再次强调要"大力推进党的制度创新，进一步提高党的建设的制度化、规范化水平"。编写《基层组织工作实务》这本书，是我们中共北京市朝阳区委组织部全体同志贯彻落实党的十七大精神和胡锦涛同志在 2008 年全国组织工作会议上的讲话精神的具体举措。

组织工作是规范性、探索性和创新性高度结合的工作，在实际工作中，有很多问题我们的认识还不尽到位，研究还不够深入，需要认真贯彻学习十七大和胡锦涛同志讲话精神，在实践工作中不断地总结经验、探索规律、开拓创新，以迎接新的挑战。尤其是编写这样一本小册子，我们还是尝试，其中不足或错误肯定不少，欢迎读者批评指正，我们会在工作实践中，不断地加以修改、完善和提高。

刘宇辉

中共北京市朝阳区委常委、组织部长

2008 年 7 月 1 日

目 录
Contents

序言
前言

第一章　干部教育培训工作 …………………………………………… 1

　　第一节　干部调训工作 ………………………………………………… 1

　　第二节　干部境外培训工作 …………………………………………… 4

　　第三节　选调局、处级干部参加上级单位有关培训 ………………… 6

　　第四节　干部在线学习工作 …………………………………………… 9

　　第五节　政工专业职务评定工作 ……………………………………… 11

　　第六节　政工专业人员继续教育工作 ………………………………… 14

　　第七节　制定干部教育培训规划 ……………………………………… 15

　　第八节　干教工作的指导、检查和考核 ……………………………… 18

第二章　领导班子建设和干部队伍建设工作 ………………………… 21

　　第一节　班子考察工作 ………………………………………………… 21

　　第二节　干部考察工作 ………………………………………………… 25

　　第三节　干部任免上会工作 …………………………………………… 28

　　第四节　处级干部任前公示工作 ……………………………………… 30

　　第五节　处级干部任免发文工作 ……………………………………… 33

　　第六节　干部公开选拔（竞争上岗）工作 …………………………… 36

　　第七节　《干部信息管理系统》信息维护工作 ……………………… 38

　　第八节　处级干部选拔任用全程记实工作 …………………………… 41

　　第九节　党政人才资源统计工作 ……………………………………… 43

　　第十节　局级干部流动调配工作 ……………………………………… 46

第十一节　处级干部流动调配工作 …………………………………… 48

第十二节　局级干部工资福利审核工作 ………………………………… 51

第十三节　处级干部工资福利审核工作 ………………………………… 53

第十四节　基层党组成员调整工作 ……………………………………… 55

第十五节　双重管理单位处级干部管理工作 …………………………… 58

第十六节　处级以上领导干部关爱工作 ………………………………… 60

第十七节　正处级以上干部体检工作 …………………………………… 63

第十八节　处级干部待遇信访受理工作 ………………………………… 66

第十九节　干部信访受理工作 …………………………………………… 69

第二十节　处级干部退休办理工作 ……………………………………… 71

第二十一节　团职军转干部安置工作 …………………………………… 73

第二十二节　处级后备干部队伍调整工作 ……………………………… 76

第二十三节　年轻干部挂职锻炼工作 …………………………………… 79

第二十四节　外地挂职干部接收工作 …………………………………… 82

第二十五节　干部档案审核工作 ………………………………………… 84

第二十六节　提拔处级领导干部档案管理工作 ………………………… 87

第二十七节　干部学历学位材料归档工作 ……………………………… 89

第二十八节　干部年度考核材料归档工作 ……………………………… 91

第二十九节　提拔处级领导干部考察材料归档工作 …………………… 94

第三十节　干部工资审批材料归档工作 ………………………………… 96

第三章　干部监督工作 …………………………………………………… 98

第一节　职位说明书管理应用工作 ……………………………………… 98

第二节　"12380"专线电话受理工作 ………………………………… 101

第三节　处级以上领导干部收入申报工作 ……………………………… 103

第四节　处级以上党员领导干部报告个人有关事项工作 …………… 106

第五节　处级领导干部经济责任审计工作 ……………………………… 109

第六节　局级领导班子民主生活会工作 ………………………………… 111

第七节　处级领导班子民主生活会工作 ………………………………… 114

第八节　局级干部年度考核工作 ………………………………………… 116

第九节　处级干部年度考核工作 ………………………………………… 118

第十节　定期分析处级领导班子和领导干部工作 …………………… 121

第四章　人才工作 …………………………………………………… 123

第一节　人才工作领导小组会 ……………………………………… 123

第二节　人才工作项目管理 ………………………………………… 125

第三节　人才信息管理系统的维护及管理 ………………………… 127

第四节　优秀人才培养资助项目申报工作 ………………………… 130

第五节　科技副职选调及管理工作 ………………………………… 132

第六节　优秀人才及重视人才先进单位评选表彰工作 …………… 135

第七节　定期慰问专家工作 ………………………………………… 138

第八节　筹办专家新春团拜会工作 ………………………………… 140

第九节　组织专家休假工作 ………………………………………… 142

第五章　基层党组织建设工作 …………………………………… 144

第一节　党代表大会 ………………………………………………… 144

第二节　党代表会议 ………………………………………………… 146

第三节　地方党委换届选举工作 …………………………………… 148

第四节　党的基层委员会换届选举工作 …………………………… 153

第五节　社区党委换届选举工作 …………………………………… 156

第六节　党支部换届选举工作（常规程序）……………………… 158

第七节　党支部换届选举工作（两推一选）……………………… 161

第八节　选举出席上级党委党代表大会代表工作 ………………… 163

第九节　全国党代表大会代表推荐提名工作 ……………………… 166

第十节　支部党员大会 ……………………………………………… 168

第十一节　支部委员会 ……………………………………………… 169

第十二节　党小组会 ………………………………………………… 171

第十三节　党课 ……………………………………………………… 173

第十四节　基层党委会议制度 ……………………………………… 175

第十五节　组织生活会 ……………………………………………… 177

第十六节　基层党组织设置审批工作 ……………………………… 179

第十七节　整建制党组织接转工作 …………………………… 181

第十八节　"两新"组织党组织设置审批工作 ………………… 183

第十九节　选派"两新"组织党建工作指导员工作 …………… 186

第二十节　"两新"组织党建情况动态调查工作 ……………… 188

第二十一节　基层党建典型培育工作 …………………………… 190

第二十二节　基层党建创新奖评选工作 ………………………… 192

第二十三节　建立党员领导干部党建工作联系点工作 ………… 195

第二十四节　基层党组织负责人培训工作 ……………………… 196

第二十五节　农村党的建设"三级联创"活动检查考评工作 …… 198

第二十六节　基层党组织工作和活动经费管理工作 …………… 201

第二十七节　党内年度统计工作 ………………………………… 203

第二十八节　党内管理信息系统维护工作 ……………………… 205

第二十九节　党内管理信息系统应用工作 ……………………… 207

第六章　党员教育管理工作 …………………………………… 209

第一节　评选表彰先进基层党组织和优秀共产党员、
优秀党务工作者活动 …………………………………… 209

第二节　发展党员工作 …………………………………………… 212

第三节　发展党员公示制工作 …………………………………… 216

第四节　发展党员票决制工作 …………………………………… 219

第五节　党员主题教育实践活动工作 …………………………… 221

第六节　民主评议党员工作 ……………………………………… 223

第七节　处置不合格党员工作 …………………………………… 226

第八节　流动党员教育管理工作 ………………………………… 228

第九节　流动党员咨询服务电话受理工作 ……………………… 230

第十节　党员设岗定责工作 ……………………………………… 233

第十一节　定期慰问党员工作 …………………………………… 236

第十二节　建国前入党的农村老党员和未享受离退休待遇的
城镇老党员生活补贴申请和发放工作 ………………… 238

第十三节　党费收缴、使用和管理工作 ………………………… 240

第十四节　党费专用账户审批和管理工作 ……………………… 244

第十五节 党刊及党员电教光盘征订和使用工作 …………………… 245

第十六节 联系、服务党建专家顾问团（组）成员工作 …………… 248

第七章 调研信息等文字材料工作 …………………………………… 250

第一节 调研工作 …………………………………………………… 250

第二节 信息工作 …………………………………………………… 253

第三节 工作计划 …………………………………………………… 255

第四节 工作总结 …………………………………………………… 257

第五节 撰写领导讲话稿 …………………………………………… 259

第六节 撰写典型经验材料 ………………………………………… 262

第七节 组工理论研究 ……………………………………………… 264

第八节 编辑部刊工作 ……………………………………………… 266

第九节 年鉴工作 …………………………………………………… 268

第八章 办公室工作 …………………………………………………… 270

第一节 部长办公会 ………………………………………………… 270

第二节 部务会 ……………………………………………………… 272

第三节 理论中心组学习 …………………………………………… 274

第四节 督查督办工作 ……………………………………………… 277

第五节 信访工作 …………………………………………………… 279

第六节 因公出国政审办理工作 …………………………………… 281

第七节 处级干部因私出国审批工作 ……………………………… 285

第八节 接转党组织关系办理工作 ………………………………… 289

第九节 老干部工作 ………………………………………………… 291

第十节 文件的收发和传阅工作 …………………………………… 293

第十一节 印章管理和使用 ………………………………………… 295

第十二节 接待工作 ………………………………………………… 298

第十三节 办公自动化系统维护 …………………………………… 300

后记 …………………………………………………………………… 302

第一章　干部教育培训工作

干部教育培训工作主要是指按照中央、省（市）关于干部教育的方针、政策和规划要求，有计划地组织干部开展的系统学习行为或过程，其目的是通过使干部的知识、技能、态度乃至行为发生定向改进，确保培训对象能够按照预期的标准或水平完成所担负的工作职责。干部教育培训工作内容包括：按照上级部署，组织制定并落实本地区干部教育规划；指导检查本地区干部教育培训工作；组织开展局处级干部、优秀中青年干部和基层干部的培训；组织实施对干部教育培训情况的考核工作等。

第一节　干部调训工作

一、工作要点：

深入贯彻党的"十七大"精神，围绕本地区中心工作，按照干教规划和每年干部教育培训计划要求，有步骤选调干部参加培训。在培训过程中，紧扣干部培训需求，抓好培训班的教学和管理工作，使干部通过集中脱产学习，更新知识，进一步提高素质和能力。

二、工作依据：

1. 《干部教育培训工作条例（试行）》（中共中央 2006 年 1 月下发）；

2. 《中共中央组织部关于深入学习贯彻"三个代表"重要思想，做好大规模培训干部工作的意见》（中组发〔2003〕26 号）；

3. 上级文件、规定，如：《北京市实施〈干部教育培训工作条例（试行）〉暂行办法》（北京市委 2006 年 9 月下发），《中共北京市委组织部关于印发〈关于深入学习贯彻"三个代表"重要思想，切实做好大规模培训干部的实施意见〉的通知》（京组发［2003］32 号）；

4. 本单位或本部门文件、规定，如：

（1）《朝阳区委组织部关于印发〈关于深入学习贯彻"三个代表"重要思想，做好大规模培训干部工作的实施意见〉的通知》（朝组发［2004］4 号）；

（2）朝阳区干部教育培训规划；

5. 每年组织工作计划。

三、工作标准：

1. 围绕本地区工作大局，确定培训班次，有计划选调参训人员；

2. 注重按需施教，以干部需求为导向精心设计培训内容，抓好政治理论学习和专业知识学习，增强培训针对性和实效性；

3. 不断创新培训形式，增强培训效果；

4. 严格要求，科学评估，规范管理，使干部学有所获，使培训取得实效。

四、职岗要求：

工作人员应具备：

1. 政治思想水平较高，工作责任心较强，工作认真细致；

2. 熟悉干部调训工作流程，了解干部培训有关文件和条例；

3. 有一定的组织和协调能力。

五、相关单位：

上、下级组织部门。

六、环节流程：

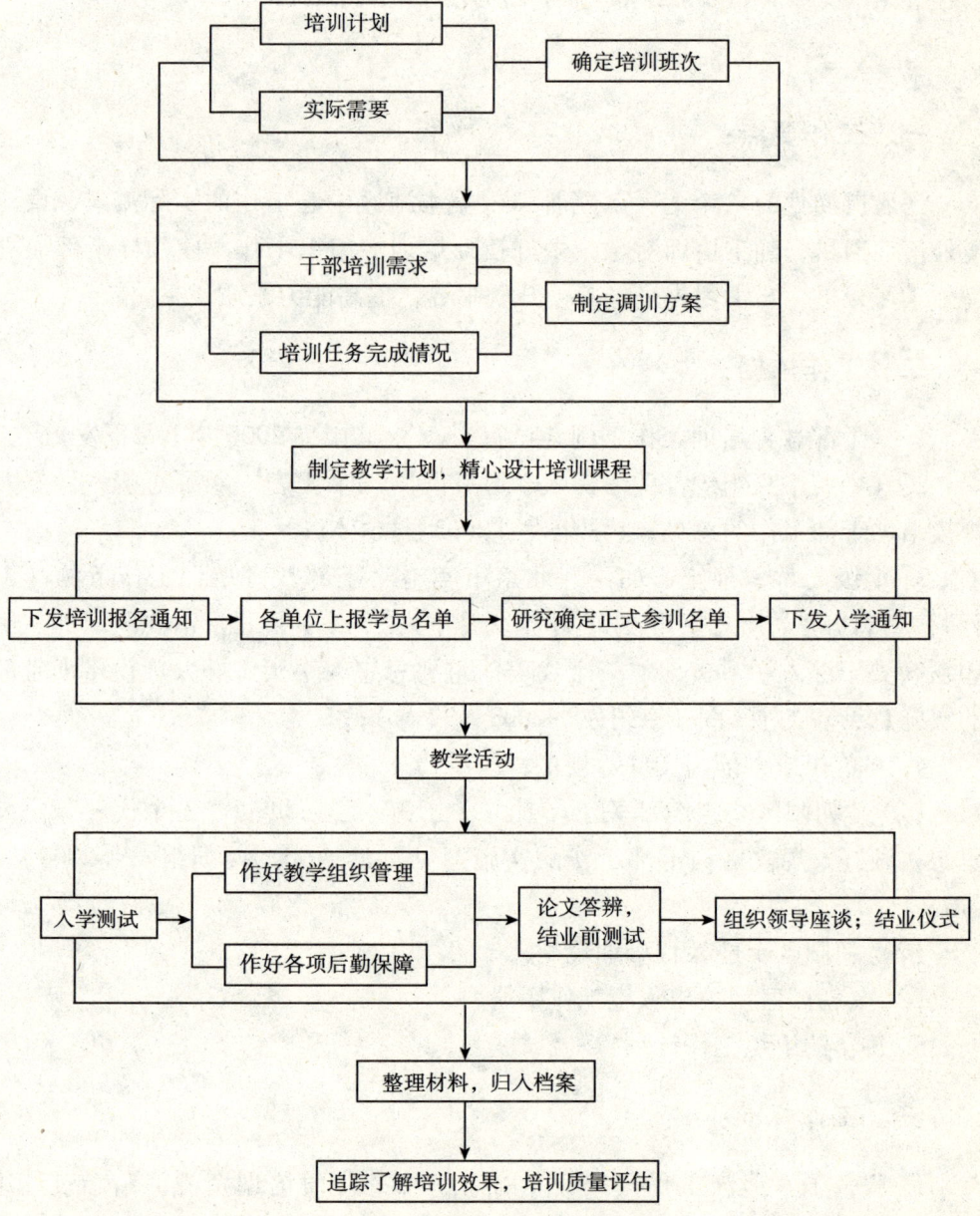

第二节　干部境外培训工作

一、工作要点：

深入贯彻党的"十七大"精神，根据本地区中心工作的实际需求，设计境外培训项目，确定培训对象，做好境外培训的组织工作，使领导干部通过境外学习，进一步学习先进经验，开阔眼界，提高能力素质。

二、工作依据：

1. 《干部教育培训工作条例（试行）》（中共中央 2006 年 1 月下发）；

2. 《中共中央组织部关于深入学习贯彻"三个代表"重要思想，做好大规模培训干部工作的意见》（中组发〔2003〕26 号）；

3. 上级文件、规定，如：《北京市实施〈干部教育培训工作条例（试行）〉暂行办法》（北京市委 2006 年 9 月下发），《中共北京市委组织部关于印发〈关于深入学习贯彻"三个代表"重要思想，切实做好大规模培训干部的实施意见〉的通知》（京组发〔2003〕32 号）；

4. 本单位或本部门文件、规定，如：

（1）《朝阳区委组织部关于印发〈关于深入学习贯彻"三个代表"重要思想，做好大规模培训干部工作的实施意见〉的通知》（朝组发〔2004〕4号）；

（2）朝阳区干部教育培训规划；

（3）《朝阳区因公出入境工作手册》；

5. 每年的组织工作计划。

三、工作标准：

1. 服务于本地区工作大局，及时了解境外优质培训资源，精心设计组织，使培训项目既能体现时代特点，也能与工作实际相结合；

2. 工作严谨细致，流程规范，符合外事工作的有关要求；

3. 严格要求，使干部学有所获，使培训取得实际效果。

四、职岗要求：

工作人员应具备：

1. 了解熟悉境外培训资源和干部境外培训的实际需求；
2. 熟悉外事工作有关流程和要求；
3. 有一定的外语水平；
4. 工作责任心较强，工作认真细致；
5. 有一定的综合协调能力。

五、相关单位：

外事部门、有关境外培训机构。

六、环节流程：

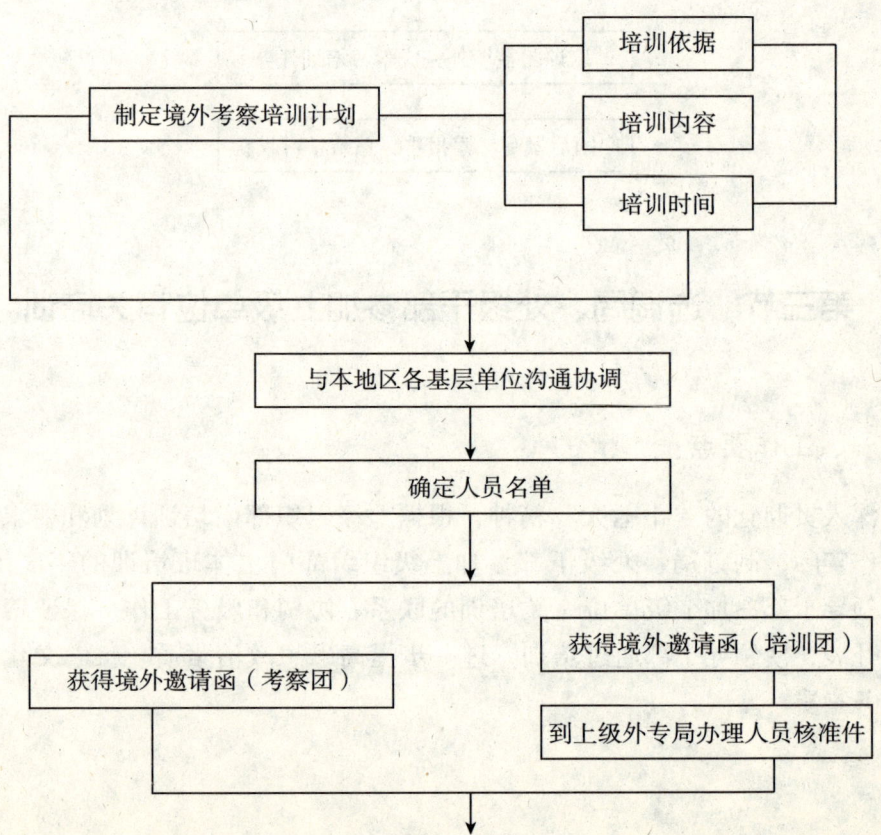

第一章　干部教育培训工作

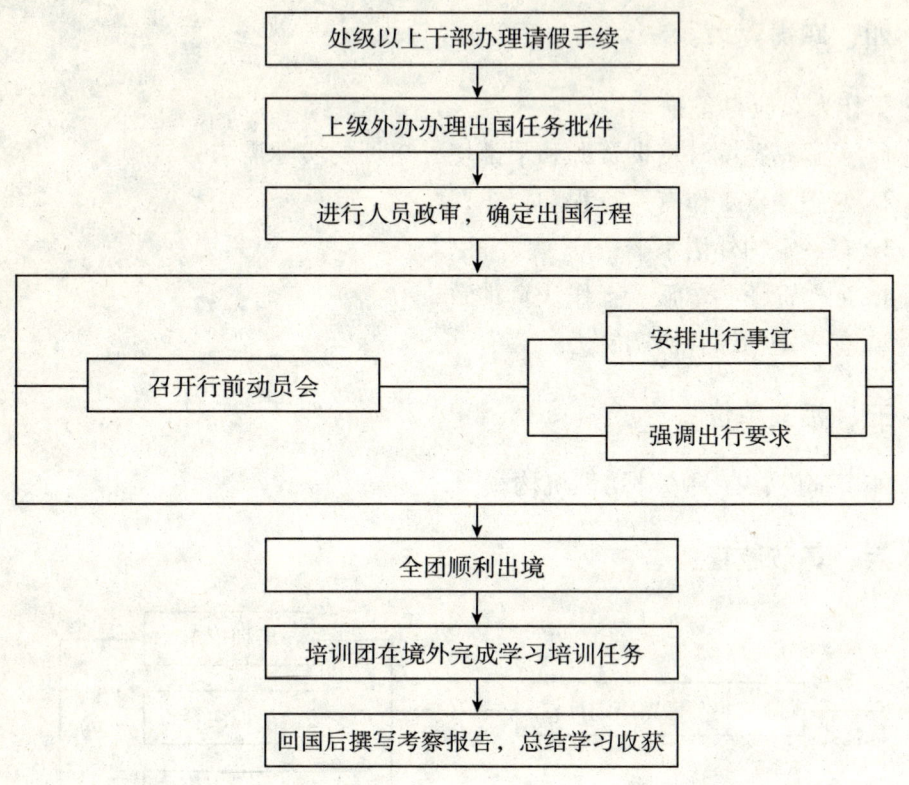

第三节　选调局、处级干部参加上级单位有关培训

一、工作要点：

深入贯彻党的"十七大"精神，根据上级组织部门培训计划和要求，结合工作实际，制订局、处级干部参加上级组织部门主体班培训的年度计划，做好领导干部参加上级单位有关培训的联系、协调和服务工作，保证培训的顺利开展，使领导干部通过培训，进一步提高思想政治素质、科学文化素质和业务素质。

二、工作依据：

1.《干部教育培训工作条例（试行）》（中共中央2006年1月下发）；

2.《中共中央组织部关于深入学习贯彻"三个代表"重要思想，做好大规模培训干部工作的意见》（中组发〔2003〕26号）；

3. 上级文件、规定，如：

（1）《北京市实施〈干部教育培训工作条例（试行）〉暂行办法》（北京市委2006年9月下发）；

（2）《中共北京市委组织部关于印发〈关于深入学习贯彻"三个代表"重要思想，切实做好大规模培训干部的实施意见〉的通知》（京组发〔2003〕32号）；

4. 本单位或本部门文件、规定，如：

（1）《朝阳区委组织部关于印发〈关于深入学习贯彻"三个代表"重要思想，做好大规模培训干部工作的实施意见〉的通知》（朝组发〔2004〕4号）；

（2）朝阳区干部教育培训规划；

5. 上级组织部门年度培训计划和本地区年度调训计划。

三、工作标准：

1. 准确掌握本地区局、处级干部以往参加培训情况，按上级要求制定好计划，选调合适人选参加培训；

2. 主动与有关部门进行联系、沟通，及时通知干部做好参训准备；

3. 明确学习要求，加强协调服务，推动培训的顺利开展。

四、职岗要求：

工作人员应具备：

1. 思想政治觉悟较高，工作责任心较强；

2. 工作认真细致、严谨高效；

3. 熟练掌握工作程序；

4. 沟通协调能力较强。

五、相关单位：

1. 上级组织部门及有关委办局等单位；
2. 上级党校和有关基层单位。

六、环节流程

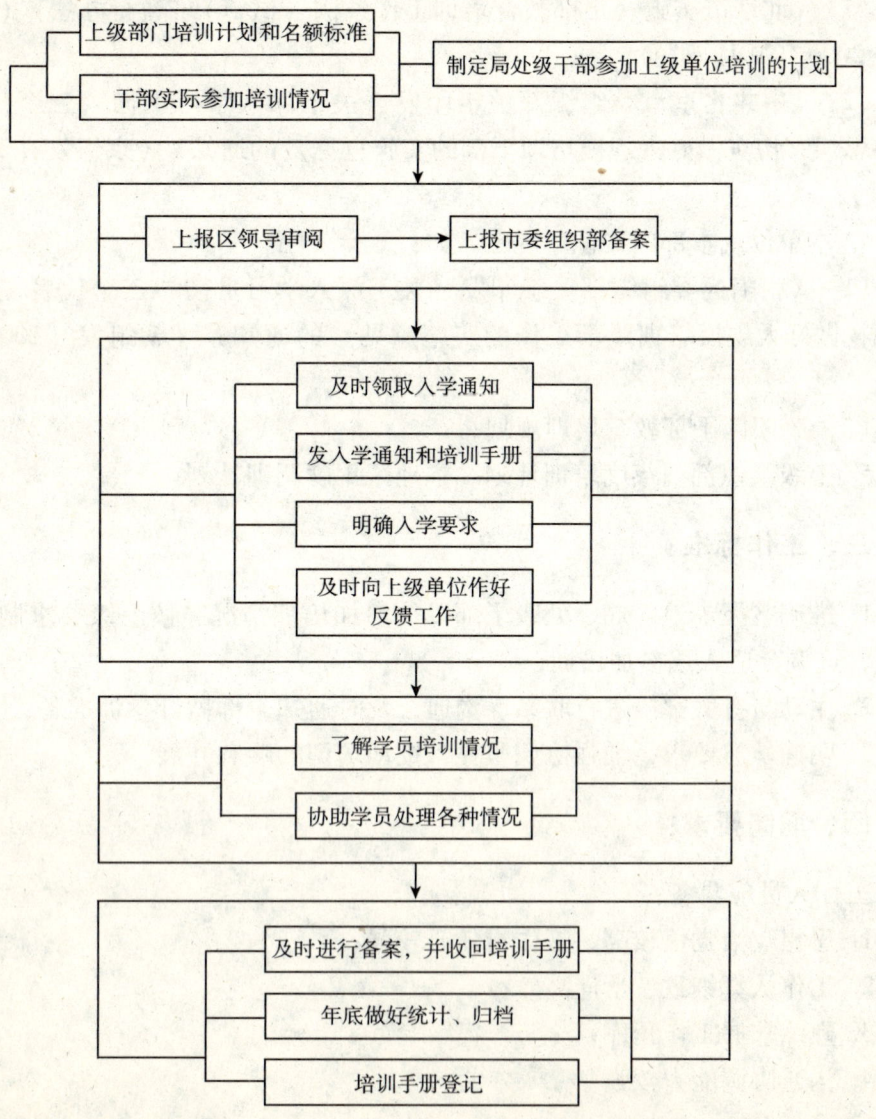

第四节　干部在线学习工作

一、工作要点：

深入贯彻党的"十七大"精神，按照上级部门关于在本地区局处级干部中开展在线学习的工作要求，组织本地区处级以上干部在线学习，做好学习的组织、管理和考核工作，及时开展督学、促学，帮助领导干部通过在线学习，逐步改善知识结构，不断提高职业素质和专业管理能力。

二、工作依据：

1. 《干部教育培训工作条例（试行）》（中共中央 2006 年 1 月下发）；

2. 《中共中央组织部关于深入学习贯彻"三个代表"重要思想，做好大规模培训干部工作的意见》（中组发［2003］26 号）；

3. 上级文件、规定，如：

（1）《北京市实施〈干部教育培训工作条例（试行）〉暂行办法》（北京市委 2006 年 9 月下发）；

（2）《中共北京市委组织部关于印发〈关于深入学习贯彻"三个代表"重要思想，切实做好大规模培训干部的实施意见〉的通知》（京组发［2003］32 号）；

4. 本单位或本部门文件规定，如：

（1）《朝阳区委组织部关于印发〈关于深入学习贯彻"三个代表"重要思想，做好大规模培训干部工作的实施意见〉的通知》（朝组发［2004］4 号）；

（2）《朝阳区委组织部关于印发〈朝阳区干部在线学习管理办法（试行）〉的通知》（朝组通［2008］11 号）；

（3）朝阳区干部教育培训规划；

5. 上级组织部门每年下发的在线学习有关工作通知。

三、工作标准：

1. 做好干部在线学习的各项组织协调工作，为干部在线学习提供优质服务；

2. 及时准确了解掌握领导干部在线学习情况，积极督学、促学，确保干部按规定进度开展学习；

3. 规范管理，严格要求，保证干部参加学习取得实效。

四、职岗要求：

工作人员应具备：

1. 工作态度认真，责任心强；

2. 熟悉在线学习工作流程和学习课程内容；

3. 具备一定计算机信息技术。

五、相关单位：

上级在线学习中心、本地区在线学习中心、本地区基层单位。

六、环节流程：

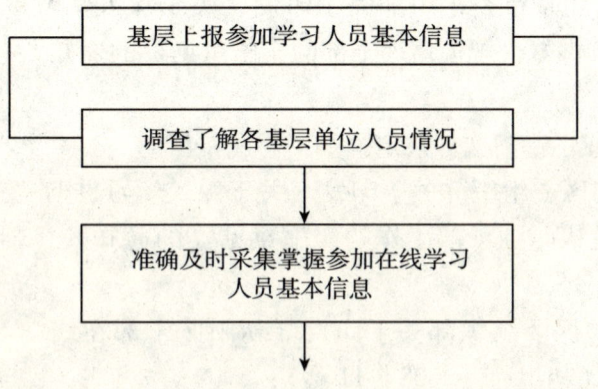

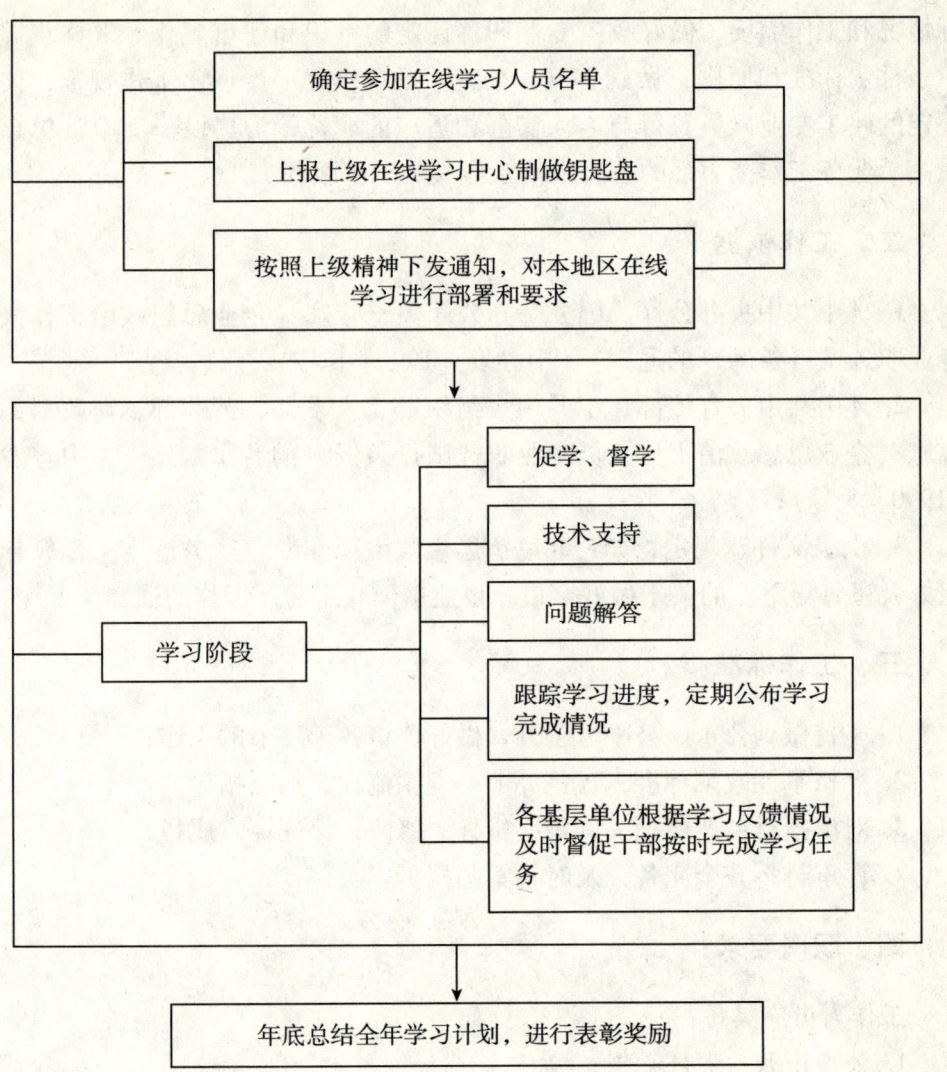

第五节　政工专业职务评定工作

一、工作要点：

深入贯彻党的"十七大"精神，按照上级的工作部署，根据本地区的实际情况和工作需要，做好政工专业职称评定的组织和评审工作。严格掌握评审条件、标准和原则，做到客观、公正、准确；程序严谨、工作规范，使应评定的政工专业人员获得与本人实际相适应的职称，为建设一支政治思想素质高、业务工作能力强的思想政治工作人员队伍服务。

二、工作依据：

1. 《中共中央办公厅、国务院办公厅关于转发〈企业思想政治工作人员专业职务试行条例〉的通知》（中办发〔1990〕8 号）；

2. 《中共中央宣传部、中共中央组织部、人事部、劳动部、财政部关于实施〈企业思想政治工作人员专业职务试行条例〉的若干规定》（中宣发文〔1990〕8 号）；

3. 上级文件、规定，如：北京市思想政治工作专业职务评定工作领导小组办公室每年下发的关于做好全市企事业单位政工职评工作的通知。

三、工作标准：

1. 坚持做到公正、公平、公开，做好评审各个环节的工作；
2. 严格掌握政策标准，规范环节，遵循流程，加强指导；
3. 对申报材料严格把关，精心指导、修改，保证评审质量；
4. 评审材料齐全完备，及时备案归档。

四、职岗要求：

工作人员应具备：
1. 公道正派，责任心强；
2. 熟练掌握政工职评工作的政策和工作程序；
3. 工作认真细致、严谨高效；
4. 有较强的组织和协调能力。

五、相关单位：

1. 上级思想政治工作专业职务评定工作领导小组办公室；
2. 本地区各主管工委；
3. 本地区基层单位。

第五节　政工专业职务评定工作

六、环节流程：

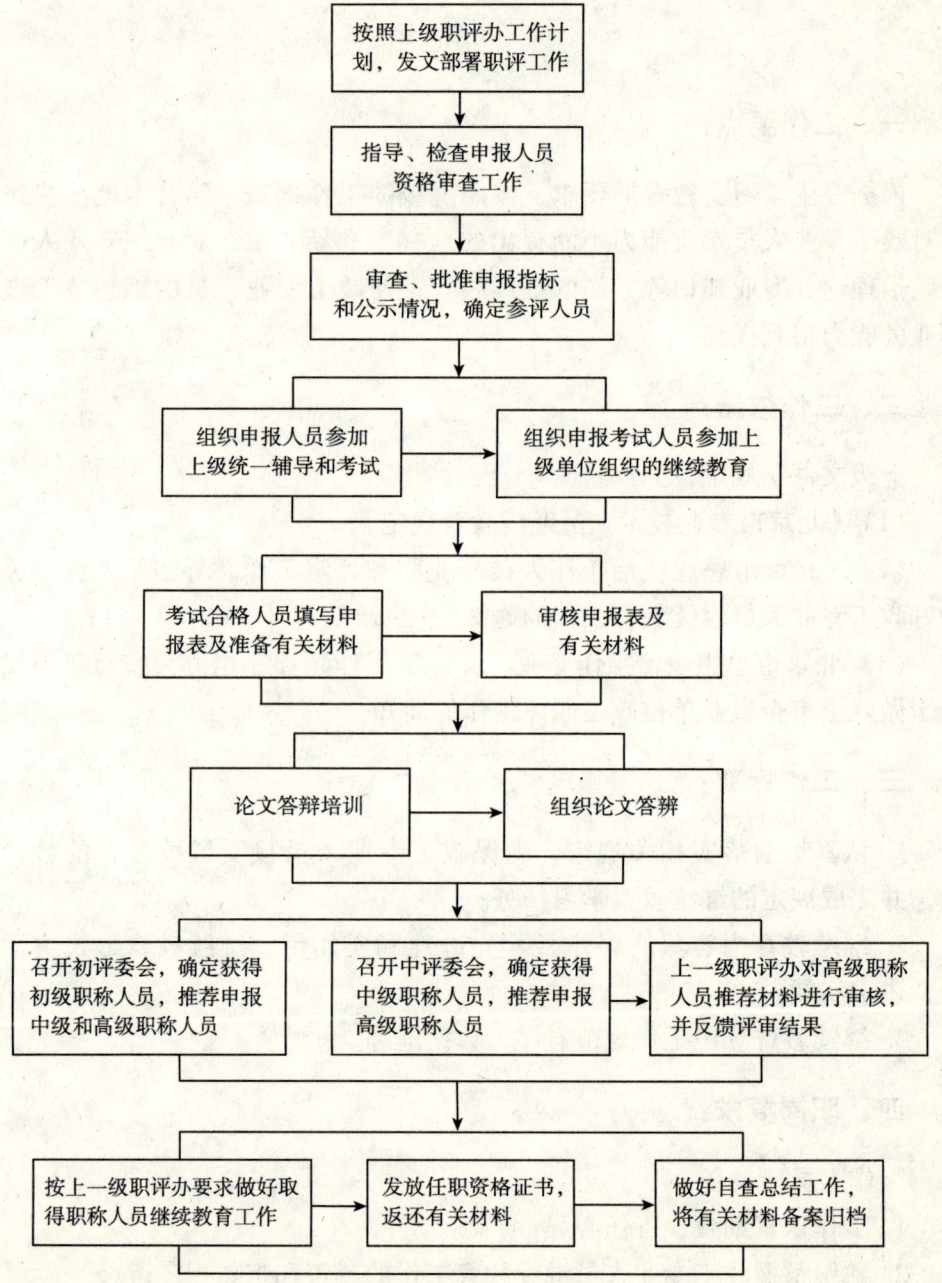

第六节 政工专业人员继续教育工作

一、工作要点：

根据终生学习受教育的要求，按照上级的工作部署，结合本地区快速发展对政工专业人员素质能力不断提出的新标准和新要求，对政工专业人员开展政治理论、专业知识等方面的继续教育，使政工专业人员的思想政治素质和业务能力得到提高。

二、工作依据：

上级文件、规定，如：

（1）《北京市专业技术人员继续教育规定》；

（2）《北京市思想政治工作人员专业职务评定工作领导小组办公室关于做好政工专业人员继续教育工作的通知》（京政职办〔2000〕5号）；

（3）北京市思想政治工作专业职务评定工作领导小组办公室每年下发的关于做好全市企事业单位政工职评工作的通知。

三、工作标准：

1. 认真贯彻落实相关规定，确保政工专业人员接受继续教育的数量质量，并完成规定的继续教育学习任务；

2. 继续教育内容具有科学性、先进性和实用性，继续教育形式灵活多样，讲求实效；

3. 继续教育登记工作规范有序，数据准确。

四、职岗要求：

工作人员应具备：

1. 工作认真细致，责任心强；

2. 熟练掌握政工专业人员继续教育工作的政策和工作程序；

3. 有较强的组织协调能力。

五、相关单位:

1. 上级思想政治工作专业职务评定工作领导小组办公室;
2. 本地区各主管工委;
3. 本地区有关基层单位。

六、环节流程:

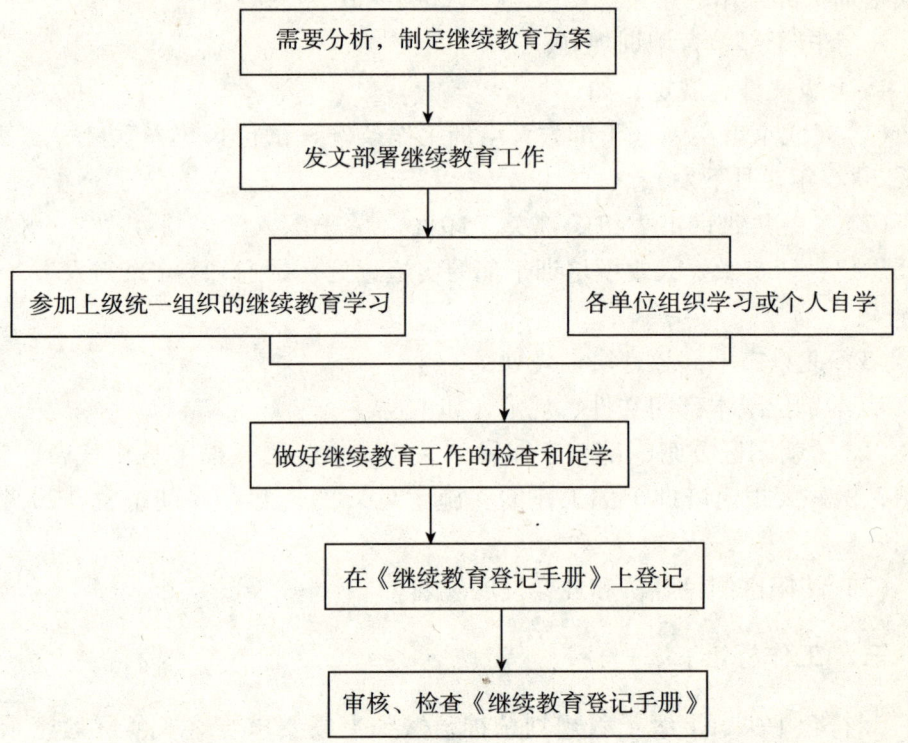

第七节　制定干部教育培训规划

一、工作要点:

深入贯彻党的"十七大"精神,根据中央和上级干部教育培训规划的要求，围绕本地区国民经济和社会发展规划的目标任务，组织协调各职能单位共同制定中远期干部教育培训规划，加强对本地区各类干部人才教育培训的宏观指导，有效推进本地区教育培训工作，全面提升干部人才的能力素质。

二、工作依据：

1. 《干部教育培训工作条例（试行）》（中共中央 2006 年 1 月下发）；

2. 《中共中央组织部关于深入学习贯彻"三个代表"重要思想，做好大规模培训干部工作的意见》（中组发〔2003〕26 号）；

3. 全国干部教育培训规划；

4. 上级文件、规定，如：

（1）《北京市实施〈干部教育培训工作条例（试行）〉暂行办法》（北京市委 2006 年 9 月下发）；

（2）《中共北京市委组织部关于印发〈关于深入学习贯彻"三个代表"重要思想，切实做好大规模培训干部的实施意见〉的通知》（京组发〔2003〕32 号）；

（3）北京市干部教育培训规划；

5. 本单位或本部门文件、规定，如：

（1）《朝阳区委组织部关于印发〈关于深入学习贯彻"三个代表"重要思想，做好大规模培训干部工作的实施意见〉的通知》（朝组发〔2004〕4 号）；

（2）朝阳区国民经济和社会发展规划。

三、工作标准：

1. 符合中央、上级干教规划精神，做到上级要求与客观实际紧密结合，对本地区未来干部教育培训的目标任务与工作重点要求等有明确认识；

2. 整合各有关工委及单位力量，体现集体智慧，使干部教育培训规划符合本地区不同层次、不同类别干部培训要求；

3. 干教规划具有鲜明的本地特色，具有较强的规划性、指导性和可操作性。

四、职岗要求：

工作人员应具备：

1. 对本地区的干部教育培训工作比较熟悉，具有广阔视野和发展眼光；
2. 工作责任心较强，善于思考；
3. 具有一定的组织协调能力；
4. 有较强的文字能力。

五、相关单位：

本地区党员干部教育培训工作领导小组及成员单位。

六、环节流程：

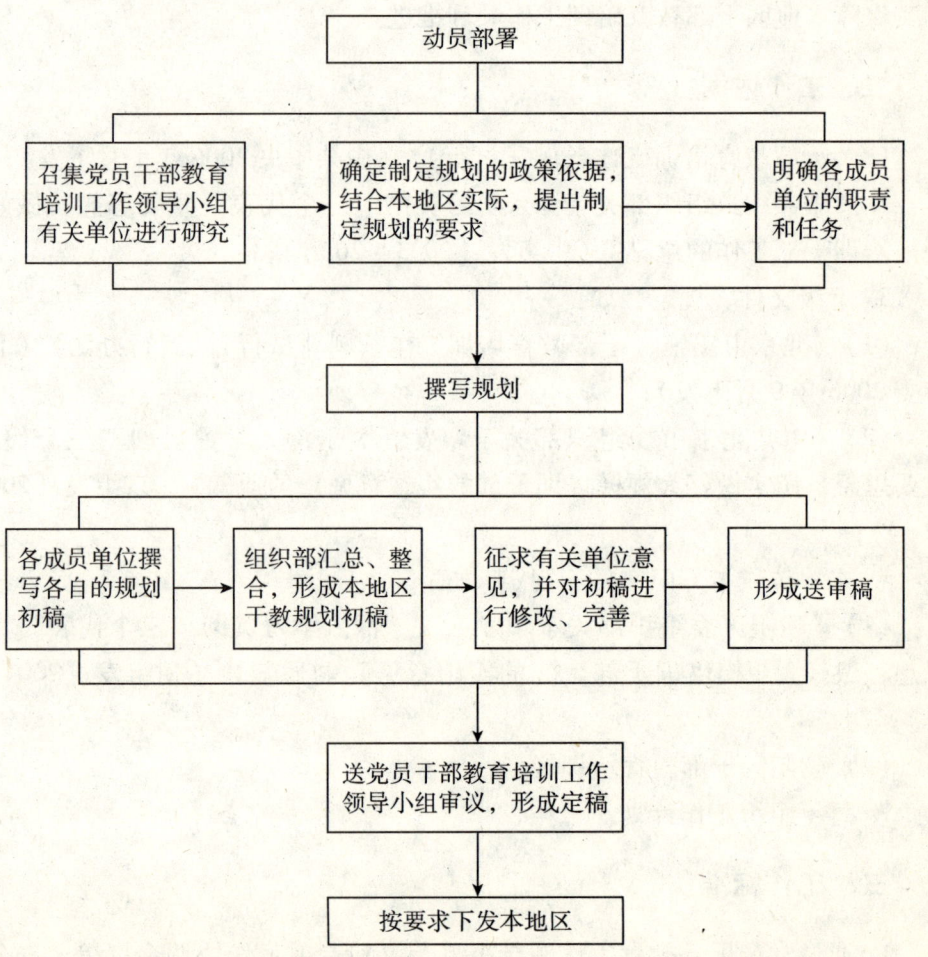

第八节　干教工作的指导、检查和考核

一、工作要点：

深入贯彻党的"十七大"精神，根据中央和上级的有关精神，落实好干教规划要求和每年工作任务，指导本地区干部教育培训工作的开展，进一步规范管理制度，对有关单位干部教育培训工作具体落实情况进行检查和考核，切实保障本地区干部教育培训工作顺利推进。

二、工作依据：

1.《干部教育培训工作条例（试行）》（中共中央 2006 年 1 月下发）；

2.《中共中央组织部关于深入学习贯彻"三个代表"重要思想，做好大规模培训干部工作的意见》（中组发〔2003〕26 号）；

3. 上级文件、规定，如：

（1）《北京市实施〈干部教育培训工作条例（试行）〉暂行办法》（北京市委 2006 年 9 月下发）；

（2）《中共北京市委组织部关于印发〈关于深入学习贯彻"三个代表"重要思想，切实做好大规模培训干部的实施意见〉的通知》（京组发〔2003〕32 号）；

4. 本单位或本部门文件、规定，如：

（1）《朝阳区委组织部关于印发〈关于深入学习贯彻"三个代表"重要思想，做好大规模培训干部工作的实施意见〉的通知》（朝组发〔2004〕4 号）；

（2）朝阳区干部教育培训规划；

7. 每年组织工作计划。

三、工作标准：

1. 通过党员干部教育工作领导小组会议和专项工作协调会议等，充分发挥好宏观指导和协调决策作用，深入研究本地区干部培训重要事项，充分发

挥本地区各相关单位职能，共同推进干部教育培训工作；

2. 及时了解本地区干部教育培训情况，指导帮助有关单位制定培训计划，确定培训主题和内容形式，对培训资金予以支持；

3. 宏观管理制度体系进一步完善，通过有效的检查和评估，全面推进本地区干部教育培训工作。

四、职岗要求：

工作人员应具备：

1. 思想政治觉悟较高；
2. 工作严谨细致，责任心较强；
3. 有一定的组织协调能力；
4. 熟悉干部教育培训工作。

五、相关单位：

1. 本地区党员干部教育培训工作领导小组及成员单位；
2. 本地区基层单位。

六、环节流程：

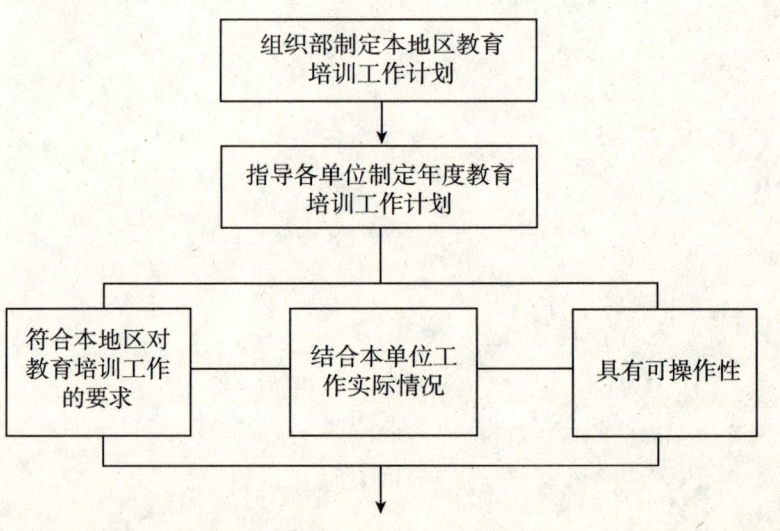

第一章 干部教育培训工作

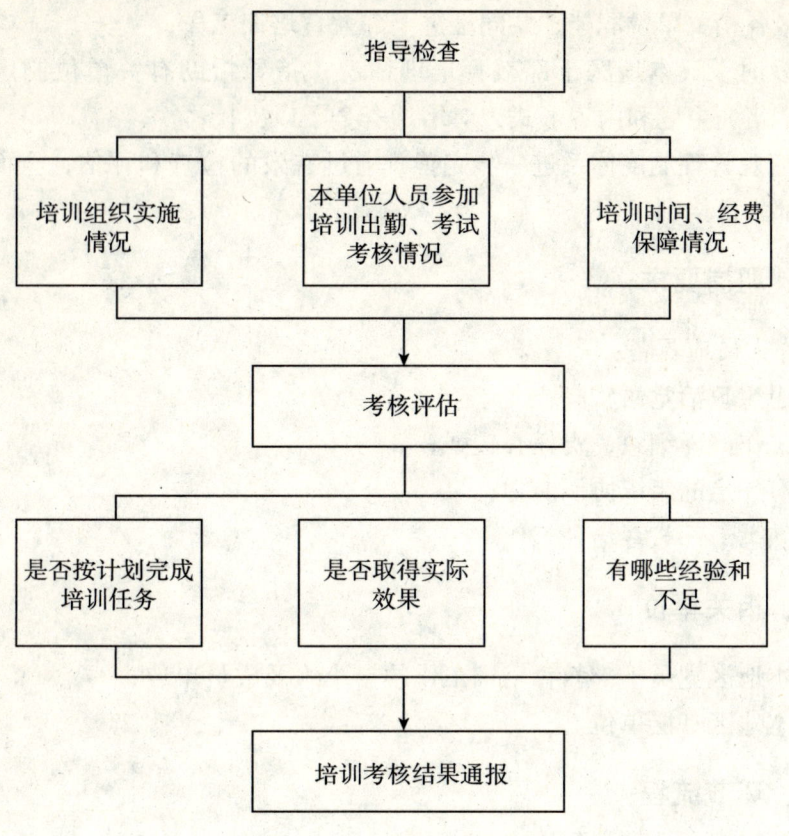

第二章　领导班子建设和干部队伍建设工作

领导班子建设和干部队伍建设是组织部门的一项重要工作。其主要职责是：根据上级和本级党委的要求，以提高素质、优化结构、改进作风和增强团结为重点，通过采取理论武装、结构调整、选拔任用、监督管理、教育培训等一系列措施，全面加强领导班子和干部队伍的思想、组织和作风建设。

主要内容包括：所属处级领导班子的调整、配备；处级党政领导班子和领导干部以及所属国有独资、控股企业党委书记、董事长、经理的考察、考核；处级领导班子的思想作风建设的了解、指导；后备干部的考察管理和优秀中青年干部的培养和选拔；党委管理干部的任免、工资、待遇、奖励、退（离）休审批有关手续的办理；党委、党委各部委办和各人民团体工作人员的工资、福利、调配、退（离）休手续的办理、处、科级干部职数审批和科级干部任免手续的办理；省（自治区、直辖市）委组织部交办的本级党委领导班子换届人事安排及届内人事调整、工资变动、退（离）休手续的办理；所属党政人才资源的统计；军队团职转业干部的安置；涉及处级领导干部信访件的调查核实；所属处级干部及党委序列干部人事档案管理和基层干部人事档案管理的指导。

第一节　班子考察工作

一、工作要点：

根据领导班子建设的需要，在班子换届、届中等期间，对领导班子的思想、作风、能力、组织、制度建设和工作实绩等方面进行考察，为本单位或本部门党委（党组）了解、评价和调整配备处级班子，提供全面、客观、准确的决策依据。按照十七大"坚持党管干部原则，坚持民主、公开、竞争、择优，形成干部选拔任用科学机制"、"扩大干部工作民主，增强民主推荐、民主测评的科学性和真实性"和"坚持正确用人导向，按照德才兼备、注重实绩、群众公认原则选拔干部，提高选人用人公信度"的精神，结合实际情况，干部考察工作具体要点如下：

1. 组织考察组，制定考察工作方案；

2. 组织考察工作培训；

3. 召开被考察班子所在单位全体干部动员会，听取班子的情况汇报，组织民主测评，发布考察预告；

4. 采取个别谈话、查阅材料、实地考察等方法，全面了解班子的情况；

5. 分析、撰写考察材料，全面、准确、清楚地反映班子的情况；

6. 向本单位或本部门党委（党组）汇报，并提出进一步加强班子建设的意见建议；

7. 向被考察班子单位党委（党组）主要领导反馈考察情况。

二、工作依据：

1. 《党政领导干部选拔任用工作条例》（中发［2002］7号）；

2. 上级文件、规定；

3. 本单位或本部门文件、规定，如：

（1）《北京市朝阳区处级党政领导班子和领导干部考核工作实施细则》（朝组通［2000］38号）；

（2）《中共北京市朝阳区委关于处级党政领导班子工作实绩考核及奖励办法（试行）》（朝发［2001］31号）；

4. 依据工作实际需要。

三、工作标准：

1. 严格履行有关规定要求的各项考察程序；

2. 考察班子民主、公开；

3. 了解被考察班子情况广泛深入，实事求是；

4. 反映考察情况全面、客观、准确、清楚；

5. 严格遵守各项考察纪律。

四、职岗要求：

工作人员应具备：

1. 考察人员：

（1）公道正派，具有较高的思想政治素质；

（2）注重学习，知识面较宽，具有胜任考察工作的政策水平和业务知识；

（3）具有一定的综合分析能力和语言文字表达能力；

（4）作风严谨细致，注重听取各方面的意见；

（5）清正廉洁，严守组织人事纪律，保守秘密；

（6）熟悉组织人事工作，一般应从事组织、人事、纪检工作二年以上，具有大学专科以上文化的中共正式党员。

2. 考察组负责人：

（1）思想政治素质好；

（2）有较丰富工作经验并熟悉班子建设工作。

五、相关单位：

1. 本单位或本部门纪检监察部门；

2. 被考察班子相关党委（党组）；

3. 被考察班子所在单位或部门。

六、环节流程：

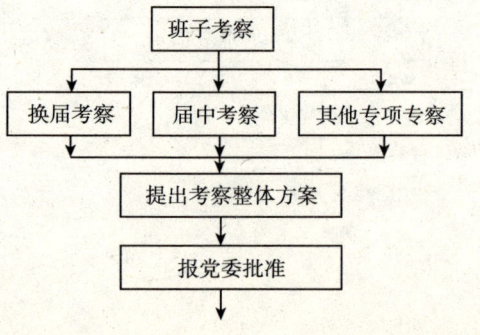

第二章　领导班子建设和干部队伍建设工作

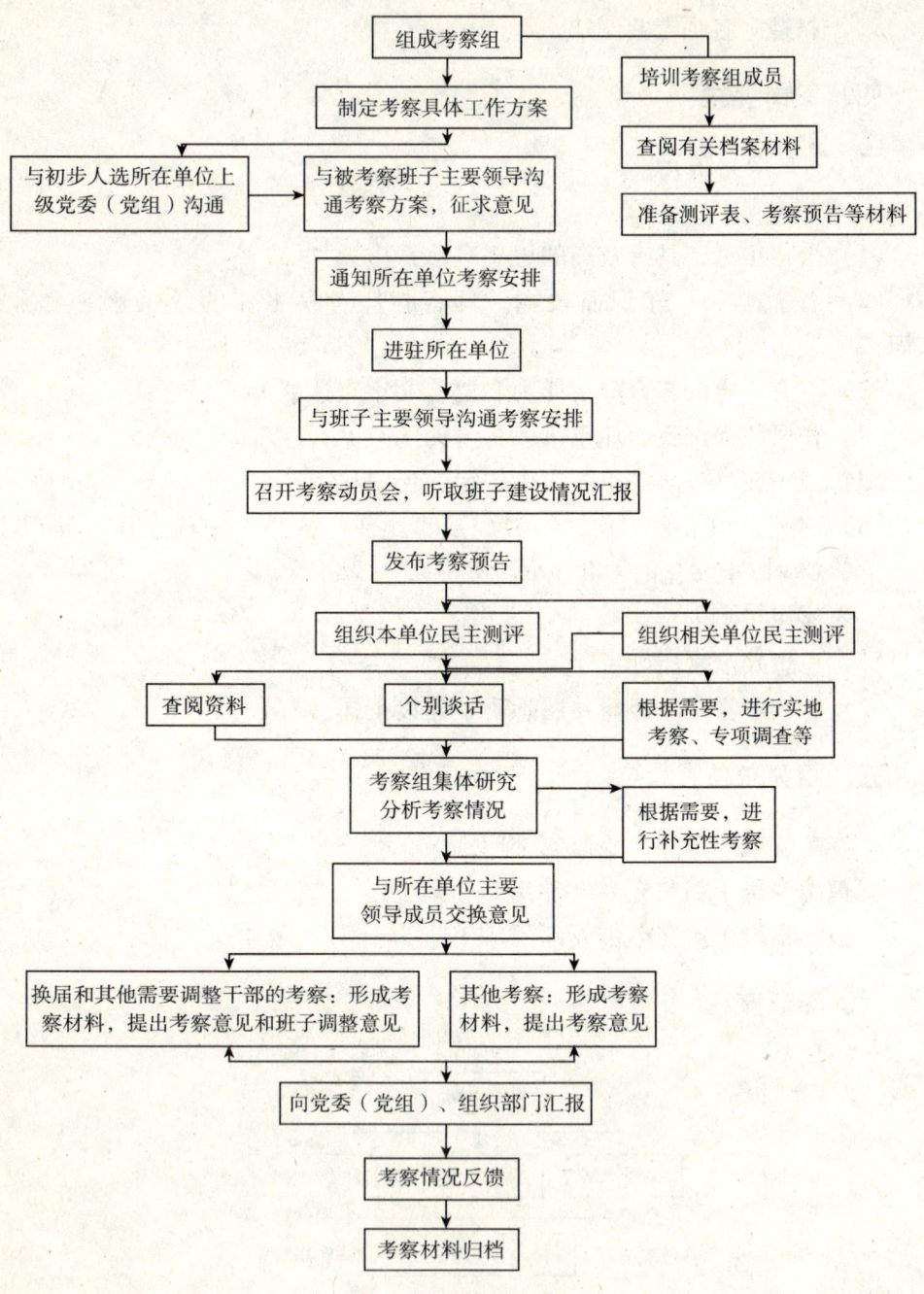

第二节　干部考察工作

一、工作要点：

干部考察工作是干部管理整体工作中必不可少的重要环节。根据本单位或本部门党委（党组）要求和实际工作需要，对干部进行任前、试用期满等方面的考察，为本单位或本部门党委（党组）选人用人提供全面、客观、准确决策的依据。按照十七大"坚持党管干部原则，坚持民主、公开、竞争、择优，形成干部选拔任用科学机制"、"扩大干部工作民主，增强民主推荐、民主测评的科学性和真实性"和"坚持正确用人导向，按照德才兼备、注重实绩、群众公认原则选拔干部，提高选人用人公信度"的精神，结合实际情况，干部考察工作具体要点如下：

1. 组织考察组，制定考察工作方案；

2. 组织民主推荐，确定考察对象，发布考察预告；

3. 采取个别谈话、民主测评、查阅材料、实地考察等方法，全面了解考察对象在德、能、勤、绩、廉方面的情况；

4. 撰写符合考察对象真实情况的考察材料；

5. 向考察对象所在单位党委（党组）主要领导和本人反馈考察情况。

二、工作依据：

1. 《中华人民共和国公务员法》（主席令［第三十五号］）；

2. 《党政领导干部选拔任用工作条例》（中发［2002］7 号）；

3. 上级文件、规定；

4. 本单位或本部门文件、规定，如：

（1）《北京市朝阳区处级党政领导班子和领导干部考核工作实施细则》（朝组通〔2000〕38 号）；

（2）《中共北京市朝阳区委组织部关于实行干部考察预告制的办法（试行)》（朝组通［2001］25 号）；

5. 依据工作实际需要。

三、工作标准：

1. 严格履行有关规定要求的各项考察程序；
2. 推荐人选民主、公开；
3. 确定考察对象严格遵守选拔任用条件；
4. 了解考察对象情况广泛深入，实事求是；
5. 反映考察情况全面、客观、准确、清楚；
6. 严格遵守各项考察纪律。

四、职岗要求：

工作人员应具备：

1. 考察人员：

（1）公道正派，具有较高的思想政治素质；

（2）注重学习，知识面较宽，具有胜任考察工作的政策水平和业务知识；

（3）具有一定的综合分析能力和语言文字表达能力；

（4）作风严谨细致，注重听取各方面的意见；

（5）清正廉洁，严守组织人事纪律，保守秘密；

（6）熟悉组织人事工作，一般应从事组织、人事、纪检工作二年以上，具有大学专科以上文化的中共正式党员。

2. 考察组负责人：

（1）思想政治素质好；

（2）有较丰富工作经验并熟悉干部工作。

五、相关单位：

1. 本单位或本部门纪检监察部门；
2. 考察对象相关党委（党组）；
3. 考察对象所在单位。

六、环节流程：

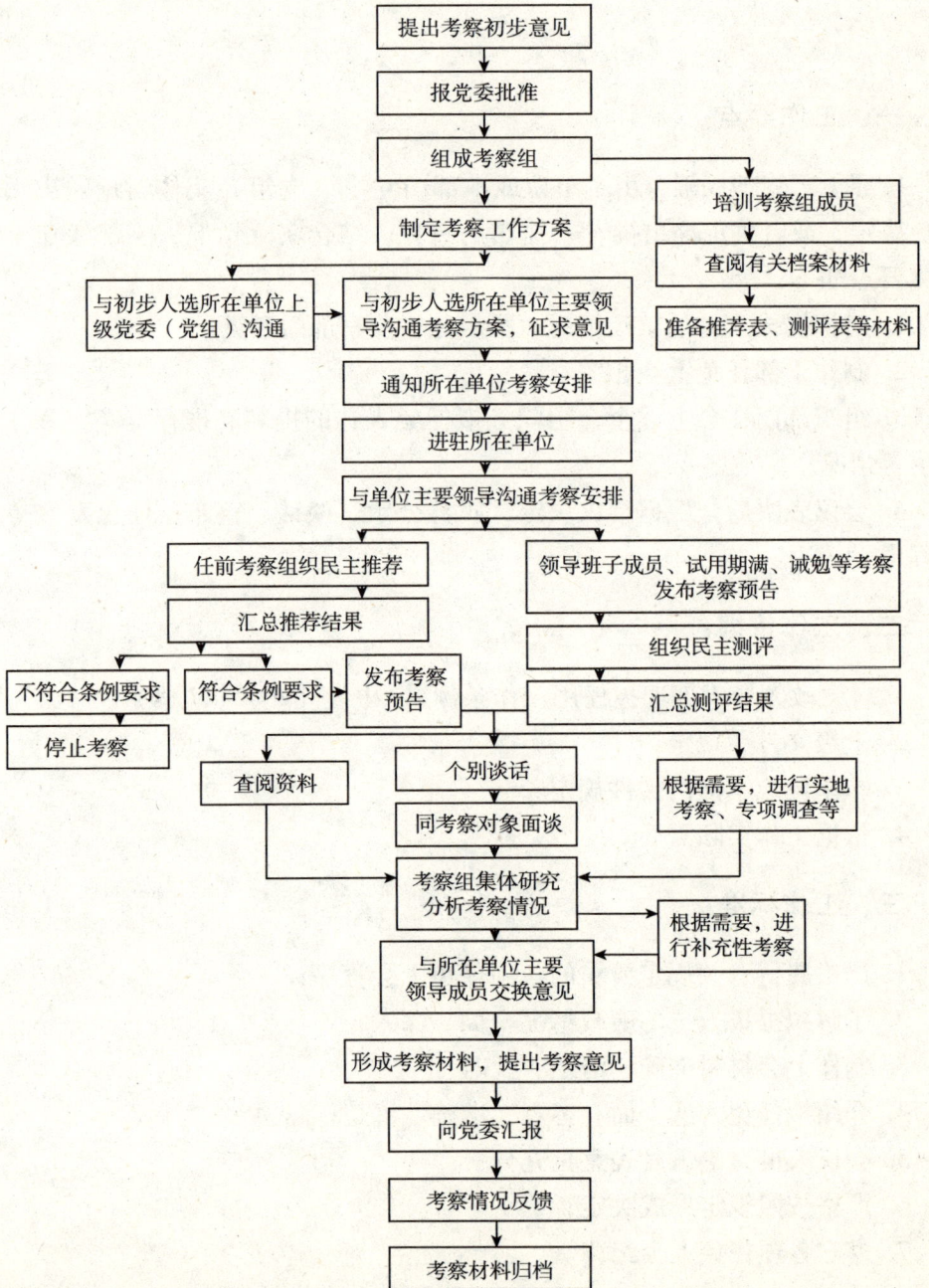

第三节　干部任免上会工作

一、工作要点：

按照干部管理权限，由本单位或本部门党委（党组）集体讨论做出干部任免决定，或者决定提出推荐、提名的意见。结合实际情况，干部任免上会具体要点如下：

1. 对拟提拔人选的廉政情况，征求纪检监察部门意见；

2. 制作干部任免上会相关材料；

3. 组织部门在会上逐个介绍职务拟任免人选的提名、推荐、考察和任免理由等情况；

4. 会议表决后，根据会议决定，履行公示、谈话、宣布、任免发文等相关程序。

二、工作依据：

1. 《党政领导干部选拔任用工作条例》（中发［2002］7号）；

2. 上级文件、规定；

3. 本单位或本部门文件规定；

4. 依据工作实际需要。

三、工作标准：

1. 严格履行有关规定要求的各项任免上会程序；

2. 了解拟提拔人选的廉政情况全面、深入；

3. 制作上会材料准确、清楚、及时；

4. 介绍拟任免人选全面、客观、准确、清楚；

5. 会议人员讨论、发表意见充分；

6. 严格按照规定形成决定；

7. 遵守各项任免上会纪律。

四、职岗要求：

工作人员应具备：

1. 公道正派，具有较高的思想政治素质；
2. 作风严谨，工作细致；
3. 具有一定的文字表达能力和沟通协调能力；
4. 具有一定的计算机操作水平；
5. 严守组织人事纪律，保守秘密；
6. 熟悉组织人事工作，了解干部情况，一般应是从事组织、人事、纪检工作二年以上，具有大学专科以上文化的中共正式党员。

五、相关单位：

1. 本单位或本部门纪检监察部门；
2. 本单位或本部门党委（党组）办公室；
3. 本单位或本部门行政办公室；
4. 本单位或本部门人事部门。

六、环节流程：

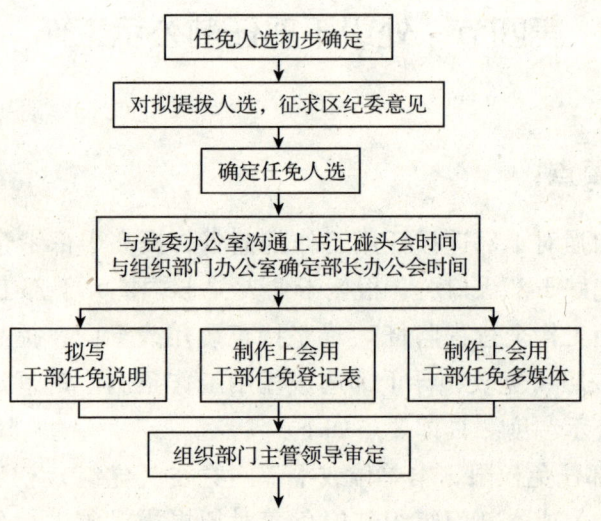

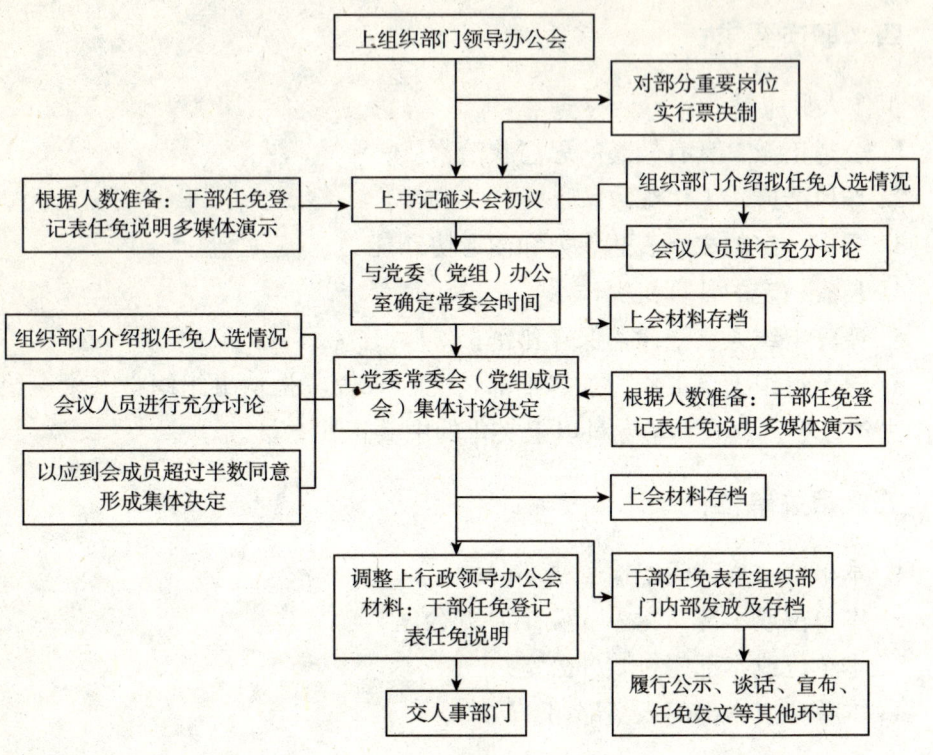

第四节　处级干部任前公示工作

一、工作要点：

为进一步加强对干部选拔任用工作的监督，提高干部考察和任用工作的民主化程度，把好干部入口关，根据十七大关于"扩大干部工作民主"、"加强干部选拔任用工作全过程监督"、"坚持正确用人导向，提高选人用人公信度"的要求，按照《党政领导干部选拔任用工作条例》的规定，实行党政领导干部任职前公示制度。具体要点如下：

1. 按照干部任免权限，本单位或本部门党委（党组）初步决定拟提拔的人选后，由本单位或本部门组织部门负责对拟提拔对象进行公示，公示内容包括：拟提拔干部的基本情况、拟提拔任用的职务等；

2. 根据公示对象的岗位性质、拟任职务、工作范围等情况，在本辖区或公示对象所在系统（单位）进行任前公示，公示期限为 7—15 天；

3. 在公示期限内，设立联系电话、公示意见箱和来信来访接待室，指定专人负责受理群众意见；

4. 公示期满后，对群众反映的情况及时归纳整理，进行综合分析，并对反映的问题进行调查核实，涉及到违纪违法问题的，会同本单位或本部门纪检部门及相关部门共同调查核实；

5. 将反映的问题及调查核实的结果报告提交本单位或本部门党委（党组），由党委（党组）决定是否任用；

6. 公示期间对公示对象无不良反映或反映有问题但经查证不属实或查无实据的，按照有关程序办理任职手续；一时难以查证清楚的，暂缓任用，待查清事实后再决定是否任用。

二、工作依据：

1. 《中华人民共和国公务员法》（主席令［第三十五号］）；

2. 《党政领导干部选拔任用工作条例》（中发［2002］7 号）；

3. 本单位或本部门文件、规定，如：《中共北京市朝阳区委批转〈区委组织部关于处级党政领导干部任前公示试行办法〉的通知》（朝发［2000］10 号）。

三、工作标准：

1. 必须坚持党管干部、实事求是、群众路线和依法办事的原则，严格履行有关规定要求的任前公示各项程序。

2. 公示内容要全面、准确、清楚。

3. 调查核实反映的问题，所涉及的时间、地点、经过、证人等事实要清楚或基本清楚，对事实不清或道听途说的不予核实；对匿名信件、电话一般不作调查；对一些虽未署真实姓名的举报信件或电话，但反映问题线索清楚，有据可查的，要进行必要的调查核实；对故意捏造事实诬陷他人的，视情节轻重，按党纪、政纪及法律有关规定查处。

4. 严明纪律，对反映问题的单位、个人和所反映的问题要严格保密。

四、职岗要求：

工作人员应具备：

1. 政治素质好，组织观念强，坚持原则，依法行政；

2. 掌握党和国家与干部工作相关的方针、政策、法律法规，熟悉组织人事政策和干部科业务工作；

3. 工作认真细致、严谨规范，组织协调能力、综合分析能力、语言文字表达能力较强。

五、相关单位：

1. 本单位或本部门纪检监察部门；

2. 公示对象所在单位。

六、环节流程：

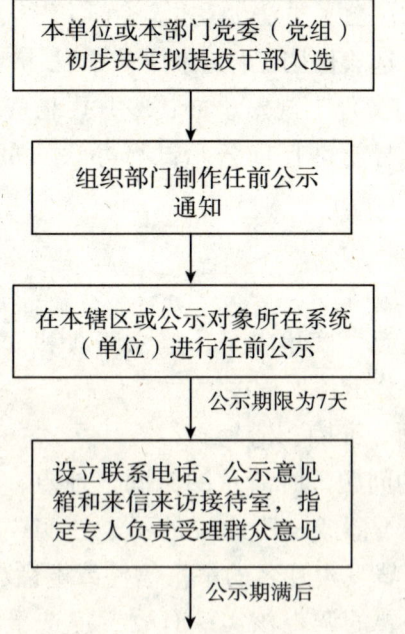

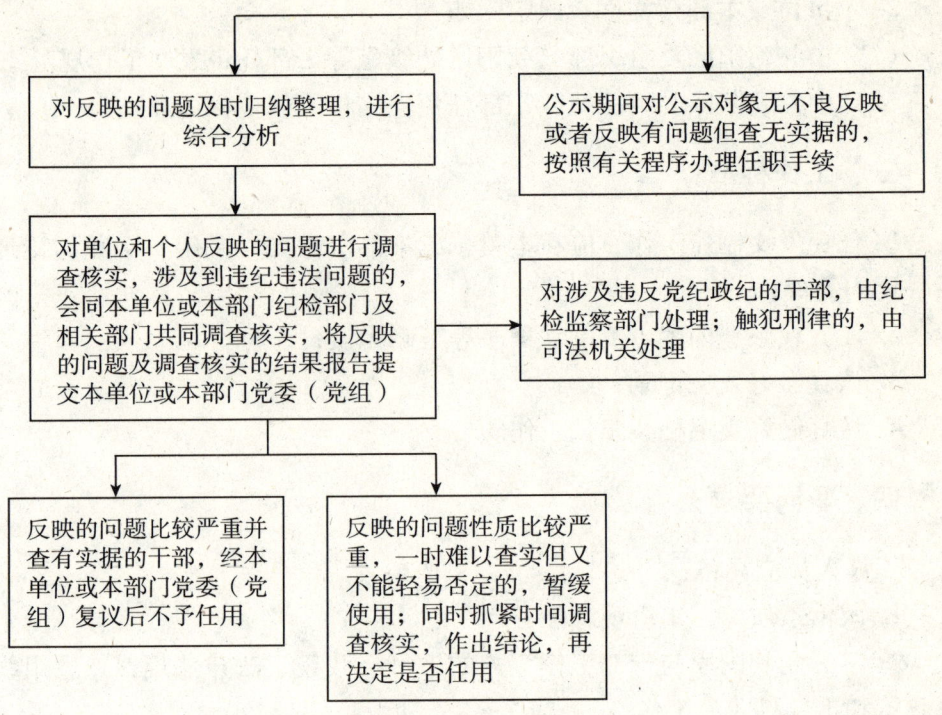

对反映的问题及时归纳整理，进行综合分析

公示期间对公示对象无不良反映或者反映有问题但查无实据的，按照有关程序办理任职手续

对单位和个人反映的问题进行调查核实，涉及到违纪违法问题的，会同本单位或本部门纪检部门及相关部门共同调查核实，将反映的问题及调查核实的结果报告提交本单位或本部门党委（党组）

对涉及违反党纪政纪的干部，由纪检监察部门处理；触犯刑律的，由司法机关处理

反映的问题比较严重并查有实据的干部，经本单位或本部门党委（党组）复议后不予任用

反映的问题性质比较严重，一时难以查实但又不能轻易否定的，暂缓使用；同时抓紧时间调查核实，作出结论，再决定是否任用

第五节　处级干部任免发文工作

一、工作要点：

本单位或本部门党委（党组）会议研究决定干部任免后，由本单位或本部门组织部门按照干部管理权限进行任免发文。具体环节如下：

1. 确定发文范围，制作文件；

2. 经组织部门干部主管处室领导审核，报组织部门主管副职领导审阅；

3. 报组织部门领导签发；

4. 正式印发。

二、工作依据：

1.《中国共产党机关公文处理条例》；

2. 本单位或本部门文件、规定，如：

（1）中共朝阳区委组织部《朝阳区处级领导干部任免发文工作规范》；

（2）中共朝阳区委组织部《干部任免发文格式规范化标准》。

三、工作标准：

1. 任免发文制作工作，应在本单位或本部门党委（党组）会议讨论通过后一周内完成；

2. 发文权限、内容、范围、程序等正确无误；

3. 认真做好发文记录；

4. 认真做好文书档案归档工作。

四、职岗要求：

工作人员应具备：

1. 政治素质好，组织观念强；

2. 掌握党和国家与干部工作相关的方针、政策、法律法规，熟悉组织人事政策和干部科业务工作；

3. 坚持原则，依法行政；

4. 具有一定的组织协调能力；

5. 工作认真细致、严谨规范；

6. 一般应从事组织工作、人事工作二年以上，大学本科以上文化程度，中共党员。

五、相关单位：

1. 本单位或本部门党委（党组）办公室、政府办公室；

2. 本单位或本部门人大、政府人事部门；

3. 本单位或本部门各主管工委；

4. 被任免干部所在单位党委（党组）。

六、环节流程：

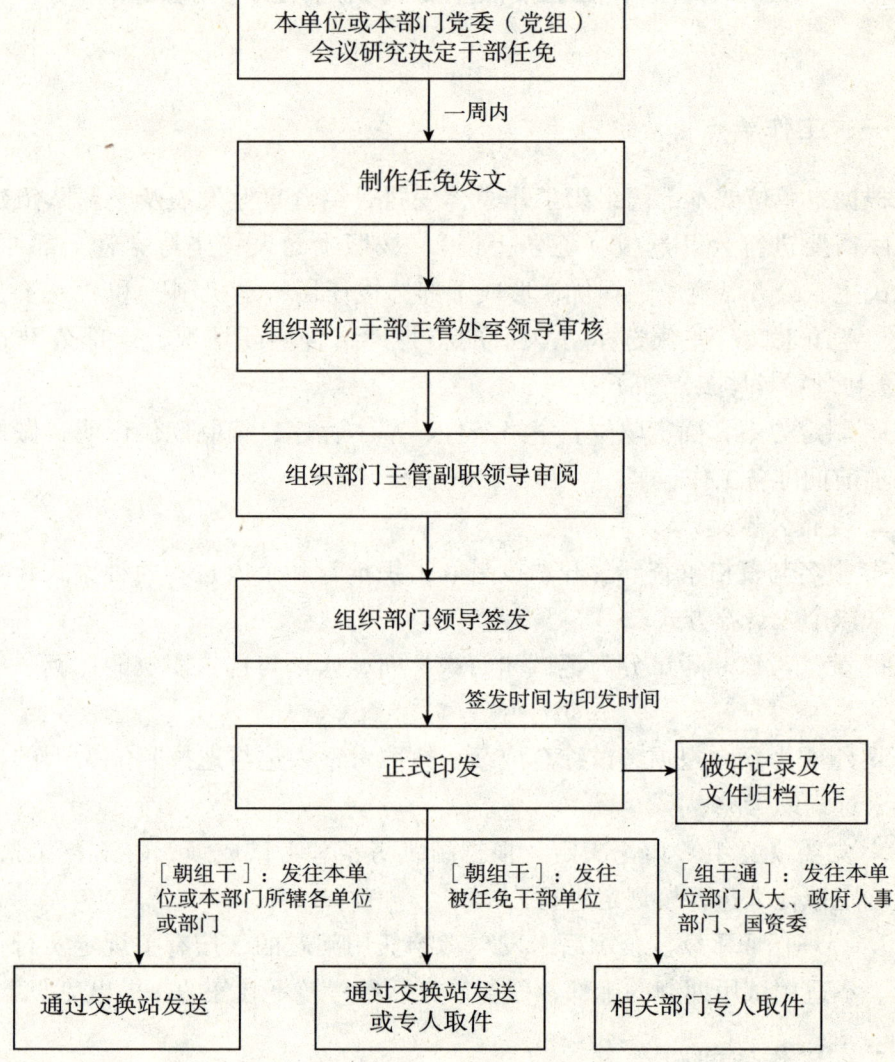

第六节　干部公开选拔（竞争上岗）工作

一、工作要点：

根据本单位或本部门组织工作总体安排，结合事业发展及干部队伍建设的实际需要进行公开选拔（竞争上岗）。按照十七大"坚持党管干部原则，坚持民主、公开、竞争、择优，形成干部选拔任用科学机制"和"完善公开选拔、竞争上岗、差额选举办法"的精神，结合实际情况，干部公开选拔（竞争上岗）具体要点如下：

1. 制定方案，确定职位、资格条件、基本程序，编制职位说明，做好其他各项前期准备工作；

2. 发布公告；

3. 报名与资格审查。公开选拔采取组织推荐和个人自荐两种方式，竞争上岗采取个人自荐方式；

4. 统一考试。考试分为笔试和面试，面试人选与选拔职位的比例一般为5∶1；

5. 组织考察。根据考试综合成绩，按照考察人选与选拔职位3∶1的比例确定人选组织考察；

6. 党委（党组）讨论决定。根据组织考察和考试成绩，由党委（党组）研究确定拟任人选，按规定进行公示；

7. 办理任职手续。公示后未发现影响任用问题的，按有关规定实行任职试用。不适用试用期制的干部，任职一年后经考核不胜任的，提出免职意见。

二、工作依据：

1.《中华人民共和国公务员法》（主席令［第三十五号］）；

2.《党政领导干部选拔任用工作条例》；

3.《公开选拔党政领导干部工作暂行规定》（中办发［2004］13号）；

4.《党政机关竞争上岗工作暂行规定》（中办发［2004］13号）。

三、工作标准：

1. 严格按照规定的内容和程序操作；
2. 确保民主、公开、公正、公平；
3. 了解考察对象情况广泛深入，实事求是；
4. 反映情况全面、客观、准确、清楚；
5. 严格遵守各项组织人事纪律。

四、职岗要求：

工作人员应具备：
1. 公道正派，具有较高的思想政治素质；
2. 注重学习，知识面较宽，熟悉相关政策；
3. 具有一定的综合分析能力和组织协调能力；
4. 严格遵守干部人事工作纪律，特别是严格执行保密制度和回避制度。

五、相关单位：

1. 本单位或本部门纪检监察部门；
2. 本单位或本部门人事部门；
3. 用人单位。

六、环节流程：

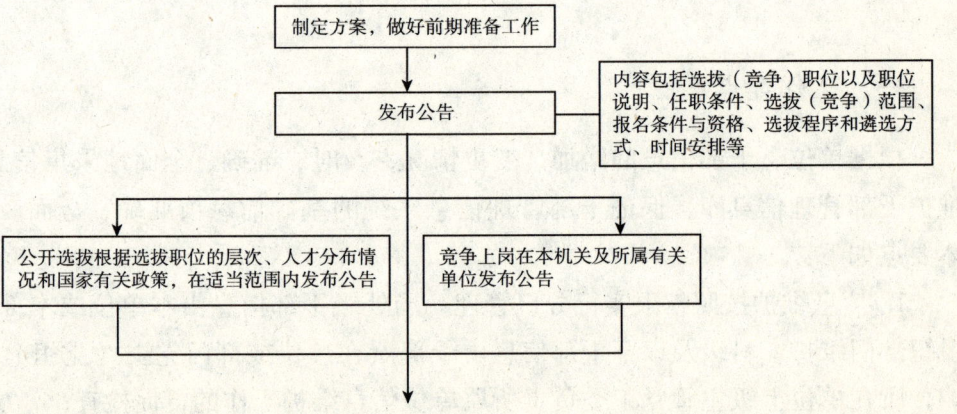

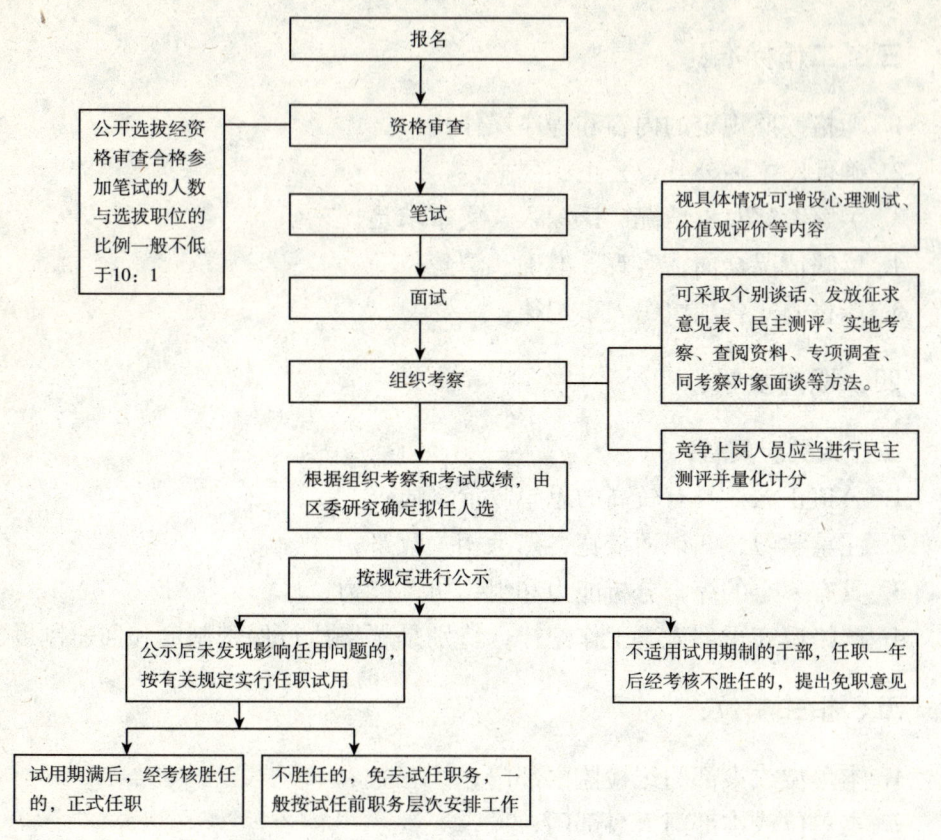

第七节 《干部信息管理系统》信息维护工作

一、工作要点：

根据单位、干部信息的增加、变更情况，及时、准确、全面地采集信息，维护干部管理信息库，保证干部管理信息系统的基础信息项准确、全面。具体要点如下：

1. 信息维护按照权限实行分口管理。局处级干部信息由本单位或本部门组织部门维护，科级及以下干部信息由干部所在单位或部门党委（党组）维护，所在单位上级主管党工委负责所属单位信息维护工作的督促检查；

2. 干部职务和日常信息变动后，本单位或本部门工作责任人及时采集信息；

3. 对采集信息进行核准，及时、准确、完整地录入《干部信息管理系统》；

4. 本单位或本部门组织部门和主管党工委定期开展检查，保证基础信息准确、全面，确保多媒体上会演示、干部信息查询和统计、任免发文、《干部名册》制作等系统应用功能运转正常。

二、工作依据：

1. 上级相关文件、规定；

2. 本单位或本部门有关文件、规定，如：

（1）《关于干部信息管理系统应用及维护工作的相关规定》（朝组通〔2006〕14号）；

（2）《朝阳区〈干部信息管理系统〉运行制度（试行）》；

（3）《朝阳区〈干部信息管理系统〉操作规范（试行）》；

3. 依据工作实际需要。

三、工作标准：

1. 严格按照各项规定和权限使用干部信息管理系统，不得擅自修改和删除系统组件及数据；

2. 按照分工，干部信息管理要严格细致，干部信息维护要及时、准确、完整；

3. 定期备份干部信息基础数据；

4. 检查干部信息工作广泛、深入；

5. 干部信息原始材料存档及时、完整。

四、职岗要求：

工作人员应具备：

1. 公道正派，具有较高的思想政治素质；

2. 工作认真负责，严谨细致；

3. 具有一定的计算机操作和应用能力；

4. 熟悉《干部信息管理系统》基本操作和维护流程；

5. 具有较强的责任意识，了解干部人事工作，遵守组织人事纪律，保守秘密。

五、相关单位：

1. 本单位或本部门组织人事部门；
2. 干部所在单位或部门主管党工委；
3. 干部所在单位或部门。

六、环节流程：

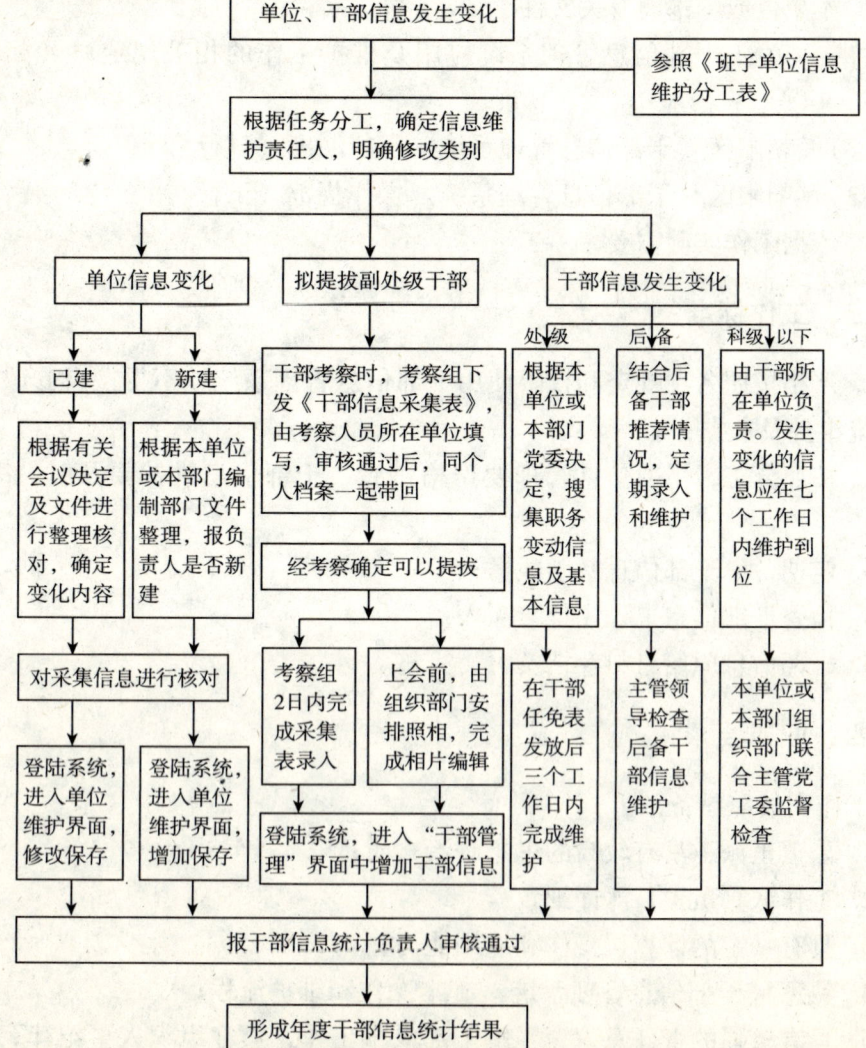

第八节　处级干部选拔任用全程记实工作

一、工作要点：

为规范干部选拔任用的工作程序，提高干部选拔任用工作质量，结合本地区实际，对处级干部选拔任用开展全程记实工作。具体要点如下：

1. 在干部选拔任用工作中，统一使用《干部选拔任用工作全程记实表》（以下简称《记实表》），对选拔程序和重要情况进行全程记实；

2. 责任人根据干部选拔任用的民主推荐、考察、酝酿、讨论决定等工作程序的履行情况，在《记实表》相应栏目中，对工作完成时间、形成文书等情况进行记录；

3. 对在选拔任用工作中出现的一些特殊情况和重要情况，由责任人在《记实表》相应栏目的备注中详细记录；

4. 干部选拔任用工作结束后，责任人在三日内将《记实表》、相关文书等材料整理完毕，交部门复核员审核；

5. 复核员三日内复核完毕后，将相关材料报部门负责人审阅；

6. 部门负责人在三日内审阅完毕后，将相关材料交部门档案管理员存档保存。

二、工作依据：

1. 《党政领导干部选拔任用工作条例》（中发〔2002〕7号）；

2. 《中国共产党党内监督条例（试行）》（中发〔2003〕17号）。

三、工作标准：

1. 实行一人一表、一事一记。

2. 坚持依法办事、实事求是、责任明确、分级办理的原则，确保干部选拔任用工作的每一道程序、每一个环节记录准确，事实清楚；对重要情况，要分阶段、分环节逐条填写清楚，详细、真实地记录时间、地点、责任人、事由、结果；记录必须措词准确，字迹清楚，客观真实，并由记录人、审核人签字。

3. 对干部选拔任用过程中形成的民主推荐材料、干部考察材料、征求意见情况、讨论干部会议记录及其他能够反映干部选拔任用情况的材料，要收集齐全，及时整理归档。

四、职岗要求：

工作人员应具备：

1. 政治素质好，组织观念强，坚持原则，依法行政；

2. 掌握党和国家与干部工作相关的方针、政策、法律法规，熟悉组织人事政策和干部科业务工作；

3. 工作认真细致、严谨规范，组织协调能力、综合分析能力、语言文字表达能力较强。

五、相关单位：

1. 各主管党委（党组）、党工委；
2. 被选拔任用干部所在单位。

六、环节流程：

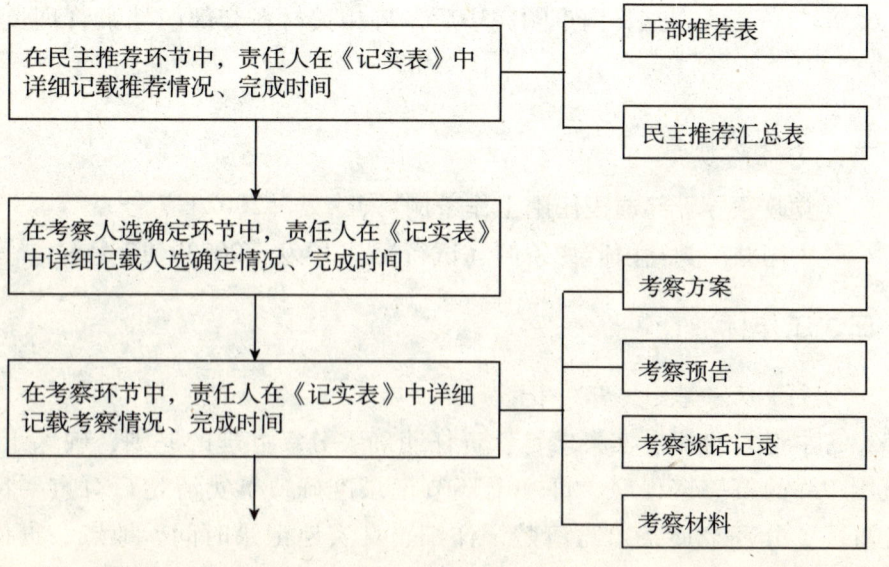

第九节　党政人才资源统计工作

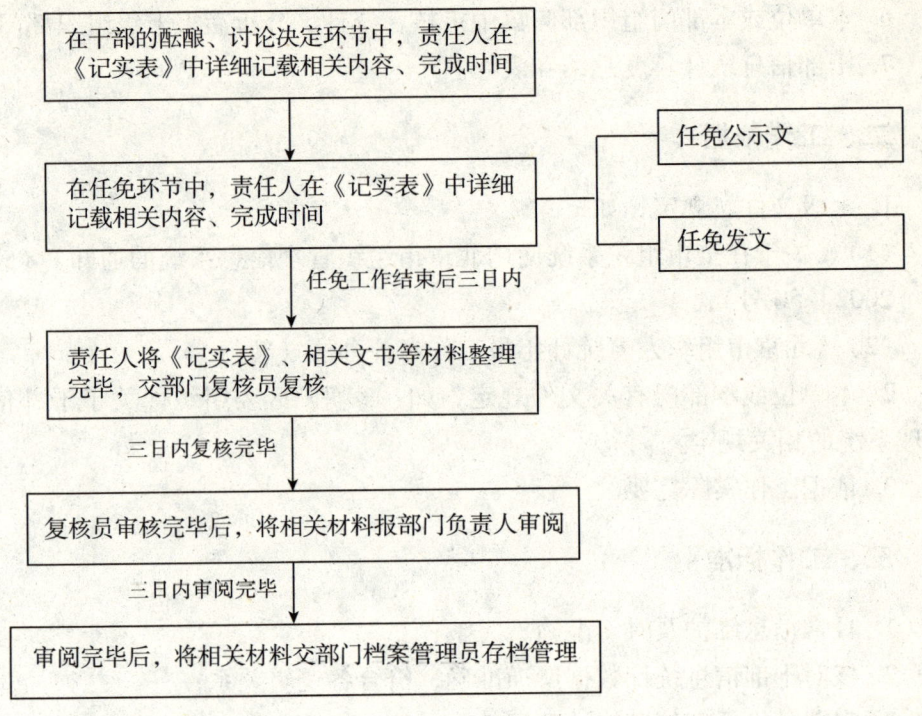

第九节　党政人才资源统计工作

一、工作要点：

按照中央、市委要求，对某一特定时段（通常是一年）本单位或本部门党政人才信息进行分类汇总统计，反映干部队伍的各种结构和人员变化情况。具体要点如下：

1. 制定工作方案，部署安排；

2. 党政人才所在单位日常维护干部信息；

3. 党政人才所在单位定期核对数据，及时保存电子档案；

4. 本单位或本部门组织部门及相关主管党工委采取日常抽查与定期集中检查相结合的方式，对干部信息基础数据进行检查，保证干部信息完整、准确；

5. 每年年底党政人才所在单位上报统计表和统计分析报告；

6. 本单位或本部门组织部门集中审核、统计、分析后报上级组织部门；

7. 干部信息统计年度总结和表彰。

二、工作依据：

1. 上级文件、规定，如：

（1）《关于在全市组织系统使用北京市组织管理信息系统的通知》（京组通〔2002〕50号）；

（2）《北京市组织人事统计年报工作考评办法（暂行)》；

2. 本单位或本部门有关文件规定，如：《朝阳区委组织部关于干部信息管理系统的相关规定》；

3. 依据工作实际需要。

三、工作标准：

1. 日常信息维护及时、准确、完整；

2. 核对干部信息统计数据严谨准确，符合各逻辑关系；

3. 定期备份干部信息统计数据；

4. 检查各单位干部信息和统计工作广泛、深入；

5. 干部信息年度统计、上报按时、保质、保量。

四、职岗要求：

工作人员应具备：

1. 公道正派，具有较高的思想政治素质；

2. 工作认真负责，严谨细致，具有一定的组织协调能力；

3. 掌握统计分析的相关专业知识；

4. 具有较强的计算机操作应用能力，熟悉《干部信息管理系统》基本操作和维护流程；

5. 具有较强的责任意识，了解干部人事工作，遵守组织人事纪律，保守秘密。

五、相关单位：

本单位或本部门所属相关单位或本部门。

第九节　党政人才资源统计工作

六、环节流程：

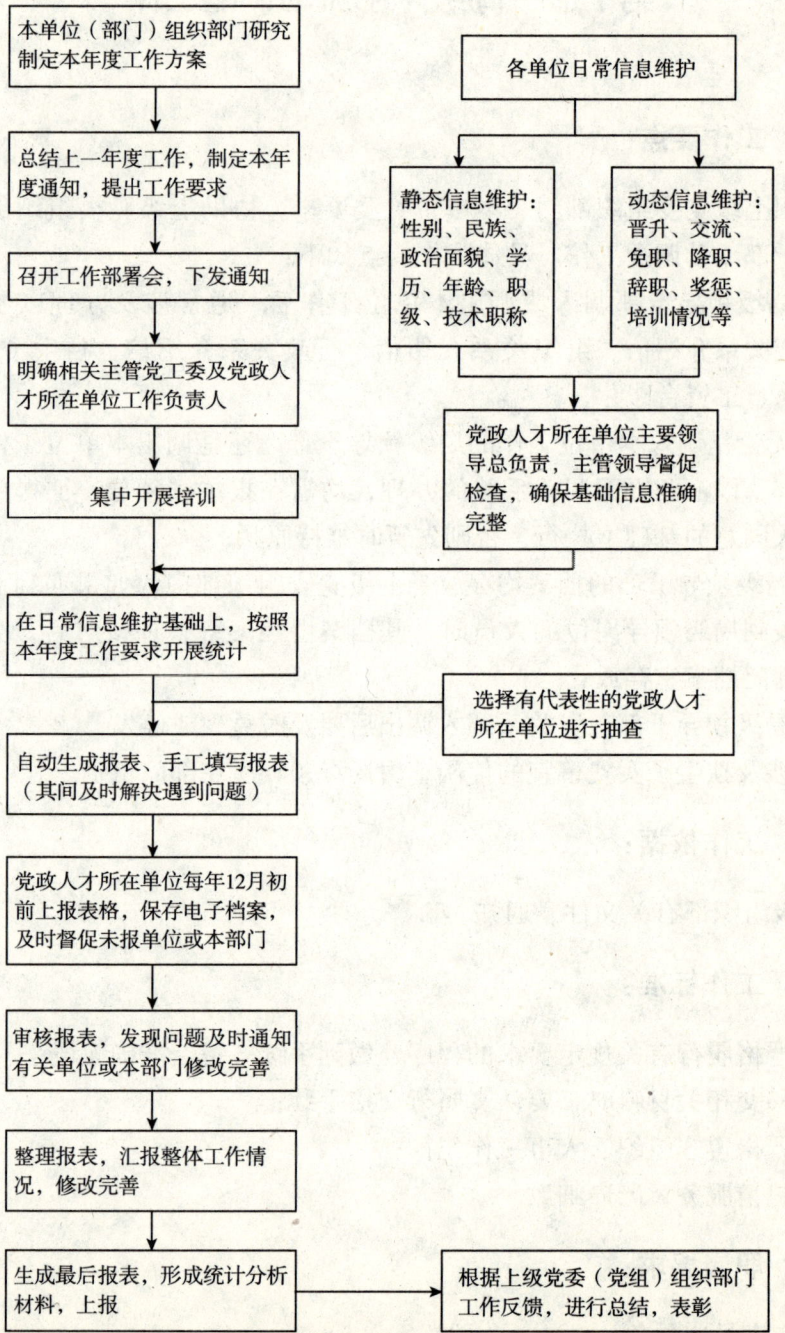

045

第十节　局级干部流动调配工作

一、工作要点：

按照上级党委组织部门、本单位党委要求，协助上级党委组织部做好在职局级干部流动调配工作。具体工作要点如下：

1. 局级领导干部调入或调出本单位工作后，通常涉及办理以下调动手续：工资关系介绍信、组织关系介绍信、行政关系介绍信、独生子女关系、工会关系、工资台账；

2. 无论是调入本单位工作的局级领导干部，还是调出本单位工作的局级领导干部，以上两方面调动手续的办理，均需在报主管领导，征得局级领导干部本人同意的基础上执行，否则先暂时维持原状；

3. 局级领导干部的档案均存放于上级党委组织部门，如果遇到本单位有被新提拔到局级领导岗位的人员时，其档案由档案室整理核对后，交上级党委组织部门档案室存放；

4. 局级领导干部工资关系调入调出后要及时兑现或停发；

5. 涉及独生子女费事宜的信函，由局级领导所在部门负责。

二、工作依据：

上级组织部有关文件、通知。

三、工作标准：

1. 严格履行有关规定要求的程序，做到手续齐备、准确无误；

2. 移交相关材料时，要认真履行交接手续；

3. 严格遵守组织、人事工作纪律；

4. 热情服务，严谨细致。

四、职岗要求：

工作人员应具备：

1. 具有较高的思想政治素质；
2. 熟悉人事调配的政策规定，具有较高的政策水平；
3. 具有一定的沟通协调能力和文字表达能力。

五、相关单位：

局级干部所在单位。

六、工作流程：

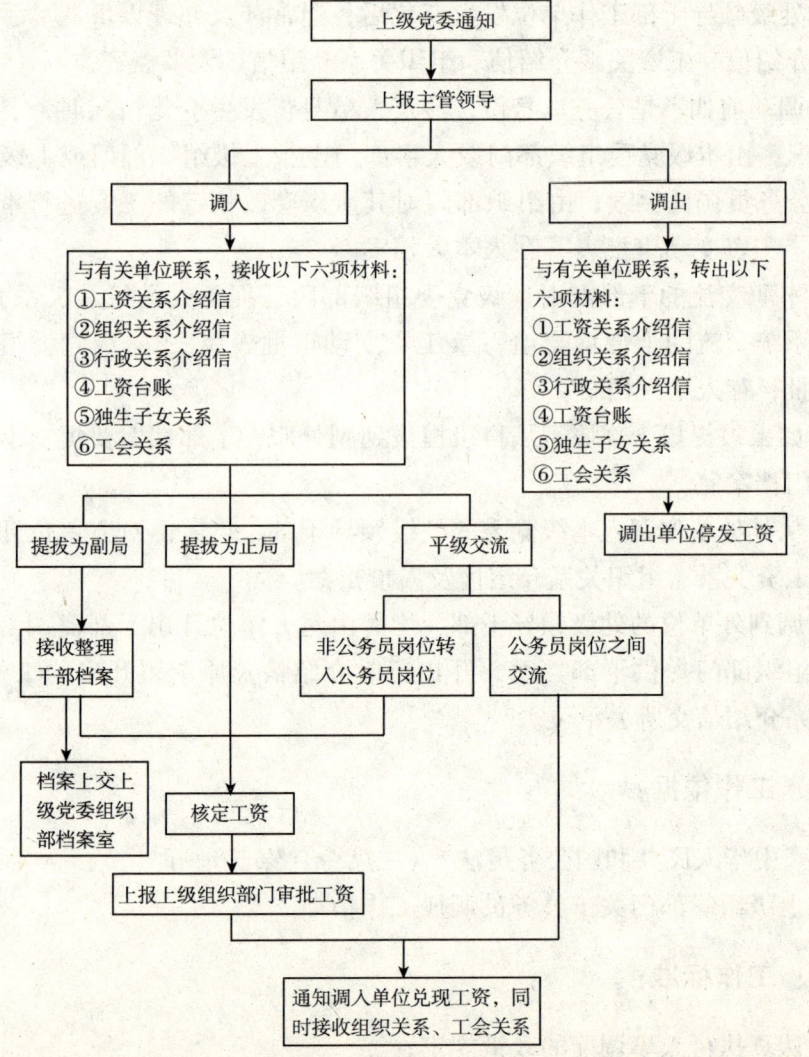

第十一节　处级干部流动调配工作

一、工作要点：

按照上级关于流动调配相关政策及本级党委要求，负责本级党委管理的在职处级干部（企业除外）流动调配手续办理工作。具体工作要点如下：

1. 处级领导干部工作单位发生变化后，通常涉及办理以下调动手续：行政关系介绍信、工资关系介绍信、组织关系介绍信、人事档案。

2. 调动前如不是公务员身份，涉及人员身份发生变化情况时，要视调入单位情况，由本级党委组织部门或人事部门上报上级组织部门或上级人事部门办理公务员调任手续；由组织部门对其重新套改核定的工资进行审批，审批后的"工资变动审批表"存入本人档案。

3. 平职交流的干部需由本级党委组织部门开据此人的行政关系介绍信；公务员系统交流的干部均需填写《工资变动审批表》，由本级党委组织部门进行审批，存入个人档案。

4. 如果被提拔干部属于从科级提拔到副处职，干部档案要提交本级党委组织部门档案室。

5. 从其他单位调入本级党委的处级领导干部，均需由对方单位开出行政关系、工资关系、组织关系介绍信及人事档案。

6. 调到外单位的处级领导干部，均需由对方单位开出干部商调函，由本级党委组织部门提供干部档案、开出行政介绍信及原单位开出的工资关系、组织关系介绍信交所去单位。

二、工作依据：

1. 《中华人民共和国公务员法》（主席令［第三十五号］）；
2. 上级组织部门关于公务员调任工作精神。

三、工作标准：

1. 认真执行人事调配的政策规定；

2. 严格履行有关规定要求的程序，做到手续齐备、准确无误；

3. 移交相关材料时，要认真履行交接手续；

4. 严格遵守组织、人事工作纪律；

5. 热情服务，严谨细致。

四、职岗要求：

工作人员应具备：

1. 具有较高的思想政治素质；

2. 熟悉人事调配的政策规定，具有较高的政策水平；

3. 熟悉处级干部工资基本情况；

4. 具有一定的沟通协调能力和文字表达能力。

五、相关单位：

1. 本级党委组织部门；

2. 涉及人员所在单位。

第二章 领导班子建设和干部队伍建设工作

六、工作流程：

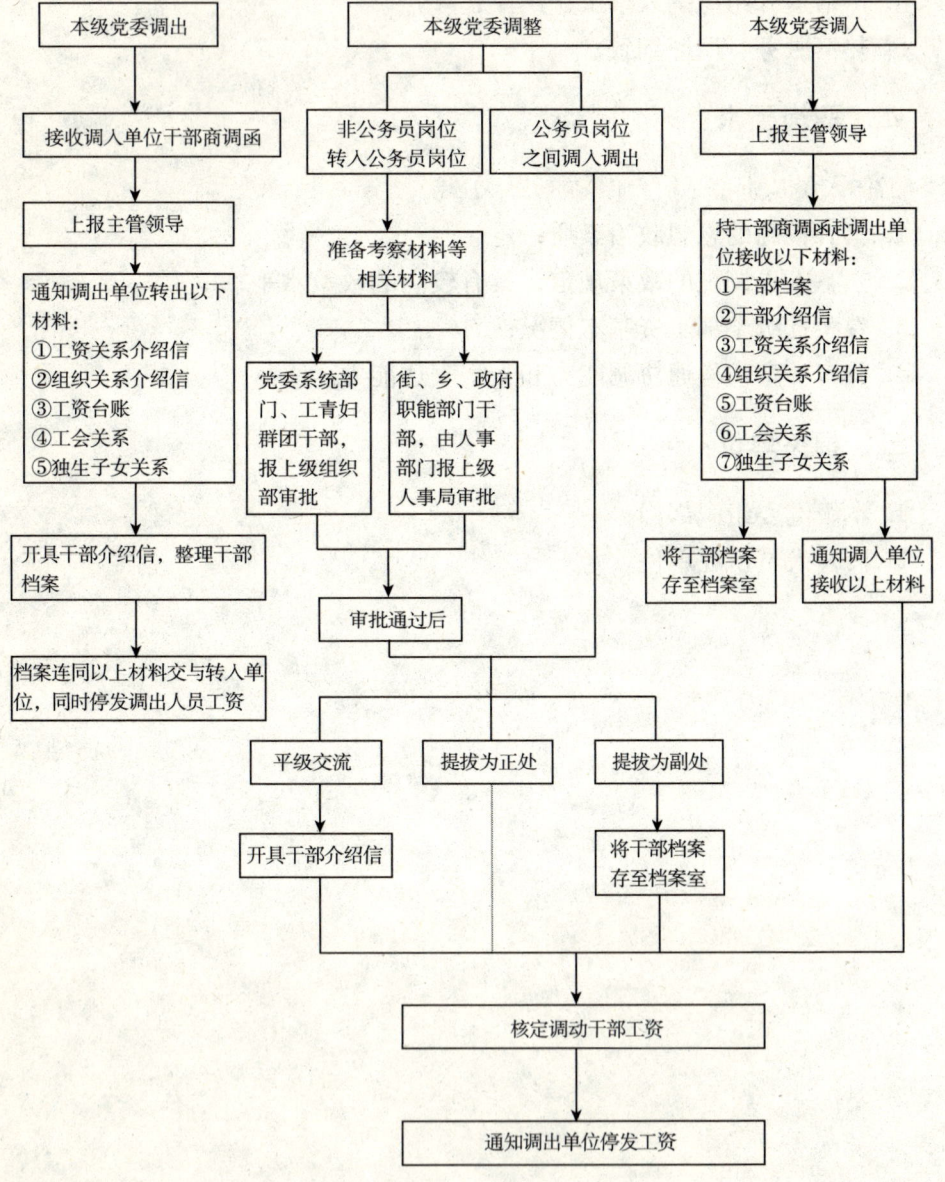

```
┌──────────────┐    ┌──────────────┐         ┌──────────────┐
│  本级党委调出  │    │  本级党委调整  │         │  本级党委调入  │
└──────┬───────┘    └──────┬───────┘         └──────┬───────┘
       │              ┌────┴────┐                   │
┌──────┴───────┐  ┌───┴────┐ ┌──┴──────┐    ┌──────┴───────┐
│接收调入单位干部│  │非公务员岗│ │公务员岗位│    │  上报主管领导  │
│    商调函     │  │位转入公务│ │之间调入调│    └──────┬───────┘
└──────┬───────┘  │员岗位  │ │出       │           │
       │          └───┬────┘ └──┬──────┘   ┌───────┴────────┐
┌──────┴───────┐      │          │          │持干部商调函赴调出单│
│  上报主管领导  │  ┌───┴────┐     │          │位接收以下材料：   │
└──────┬───────┘  │准备考察材│     │          │①干部档案        │
       │          │料等相关材│     │          │②干部介绍信       │
┌──────┴───────┐  │料      │     │          │③工资关系介绍信    │
│通知调出单位转出│  └───┬────┘     │          │④组织关系介绍信    │
│以下材料：     │  ┌───┴───┐      │          │⑤工资台账        │
│①工资关系介绍信│  │        │      │          │⑥工会关系        │
│②组织关系介绍信│ ┌┴───┐ ┌──┴──┐   │          │⑦独生子女关系     │
│③工资台账     │ │党委系│ │街、乡│   │          └────┬─────────┘
│④工会关系     │ │统部门│ │、政府│   │               │
│⑤独生子女关系 │ │、工青│ │职能部│   │      ┌────────┴──┐  ┌────┴────┐
└──────┬───────┘ │妇群团│ │门干部│   │      │将干部档案 │  │通知调入单│
       │          │干部，│ │，由人│   │      │存至档案室 │  │位接收以上│
┌──────┴───────┐ │报上级│ │事部门│   │      └───────────┘  │材料     │
│开具干部介绍信，│ │组织部│ │报上级│   │                     └────┬────┘
│整理干部档案   │ │审批  │ │人事局│   │                          │
└──────┬───────┘ └──┬─┘ │审批  │   │                          │
       │             │   └──┬──┘   │                          │
┌──────┴───────┐     └───┬──┘      │                          │
│档案连同以上材料│      ┌──┴───┐     │                          │
│交与转入单位，同│      │审批通过│     │                          │
│时停发调出人员工│      │后     │     │                          │
│资            │      └──┬───┘     │                          │
└──────────────┘  ┌──────┼──────┐  │                          │
                  │      │      │  │                          │
            ┌─────┴──┐┌──┴──┐┌──┴──┴─┐                        │
            │平级交流 ││提拔为││提拔为副│                        │
            └────┬───┘│正处  ││处      │                        │
                 │    └──┬──┘└───┬───┘                        │
          ┌──────┴──┐    │   ┌───┴────┐                       │
          │开具干部介│    │   │将干部档案│                       │
          │绍信     │    │   │存至档案室│                       │
          └─────────┘    │   └────────┘                       │
                         │                                    │
                  ┌──────┴────────────────────────────────────┘
                  │
          ┌───────┴────────┐
          │ 核定调动干部工资 │
          └───────┬────────┘
                  │
          ┌───────┴────────┐
          │通知调出单位停发工资│
          └────────────────┘
```

050

第十二节　局级干部工资福利审核工作

一、工作要点：

按照工资福利政策及上级组织部门要求，协助上级组织部门做好在职局级干部工资福利工作。具体工作要点如下：

1. 局级领导干部工资变动事宜和办理退休手续由上级组织部门审批，本单位组织部门负责协助管理；

2. 局级干部工资变动涉及以下变化的，需向上级组织部门上报工资变动请示及工资变动审批表：

（1）部分局级干部的级别工资滚动；

（2）每年年度考核结束后，部分局级干部的级别工资档次调整；

（3）提拔到局级领导岗位人员的工资核定或由非公务员工资变更为公务员工资；

3. 上级组织部门审批后，由本单位组织部门通知局级干部所在单位，由所在单位按照相应标准兑现工资；

4. 由外单位平级调入的公务员身份局级干部的工资不需要上级组织部门审批，每年增长职务补贴、工作津贴等其他工资时，一般不需要上级组织部门审批，布置工作由本单位人事部门统一安排，各单位按照相关文件自行落实；

5. 在职局级干部达到退休年龄时，按照上级组织部门、本单位党委意见办理退休手续。

二、工作依据：

1. 京工改办［2006］1—14 号；

2. 上级组织部门有关文件、通知；

3. 本单位人事部门有关通知、会议精神；

4. 《工资福利政策选编》7、8、10、11、12 册。

三、工作标准：

1. 认真执行工资福利的政策规定；

2. 严格履行有关规定要求的上报程序，做好工资变动的落实、审批材料的归档；

3. 严谨细致，核定工资确保准确无误；

4. 严格遵守组织、人事工作纪律。

四、职岗要求：

工作人员应具备：

1. 具有较高的思想政治素质；

2. 熟悉工资政策，具有较高的工资政策水平；

3. 熟悉局级干部工资基本情况；

4. 具有一定的综合分析能力和文字表达能力。

五、相关单位：

局级干部所在单位。

六、工作流程：

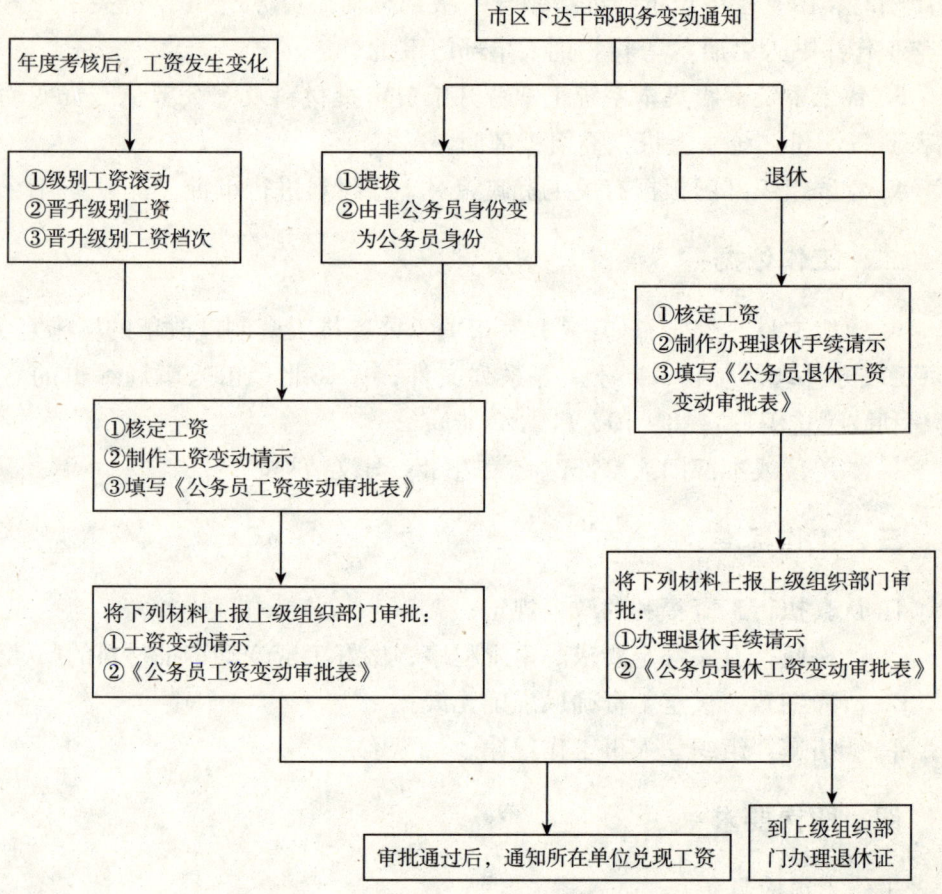

第十三节　处级干部工资福利审核工作

一、工作要点：

按照工资福利政策及本单位党委要求，负责本级党委管理的在职处级干部（企业除外）工资福利管理及退休手续办理等工作。具体工作要点如下：

1. 涉及处级干部因职务变动原因导致工资调整，须由干部所在基层单位上报"公务员工资变动审批表"进行审批、备案；

2. 年度考核结束后，级别工资滚动、按年度考核结果晋升工资，调整工作津贴时，由基层单位上报处级领导"级别滚动人员名册"、"机关工作人员调整工作津贴人名册"等材料到人事部门审批；

3. 各工委负责收集本系统正常晋升工资审批材料及"公务员工资变动审批表"各一份，统一上报党委组织部门。

4. 党委组织部门根据有关工资政策对上报材料进行审批、备案、归档。

二、工作依据：

1. 上级文件、规定，如：《北京市关于公务员工资制度改革的实施意见》（京工改办［2006］1—14 号）等系列文件，见（北京市人事局编辑的《工资福利政策选编》7、8、10、11、12 册）；

2. 本单位或本部门人事部门有关通知、会议精神。

三、工作标准：

1. 认真执行工资福利的政策规定；
2. 严格履行有关规定要求的审批程序，做好工资变动审批材料的归档；
3. 严谨细致，核定工资确保准确无误；
4. 严格遵守组织、人事工作纪律。

四、职岗要求：

工作人员应具备：
1. 具有较高的思想政治素质；
2. 熟悉工资政策，具有较高的工资政策水平；
3. 熟悉处级干部工资基本情况；
4. 具有一定的综合分析能力和文字表达能力。

五、相关单位：

组织部门、人事部门、相关工委。

第十四节 基层党组成员调整工作

六、工作流程：

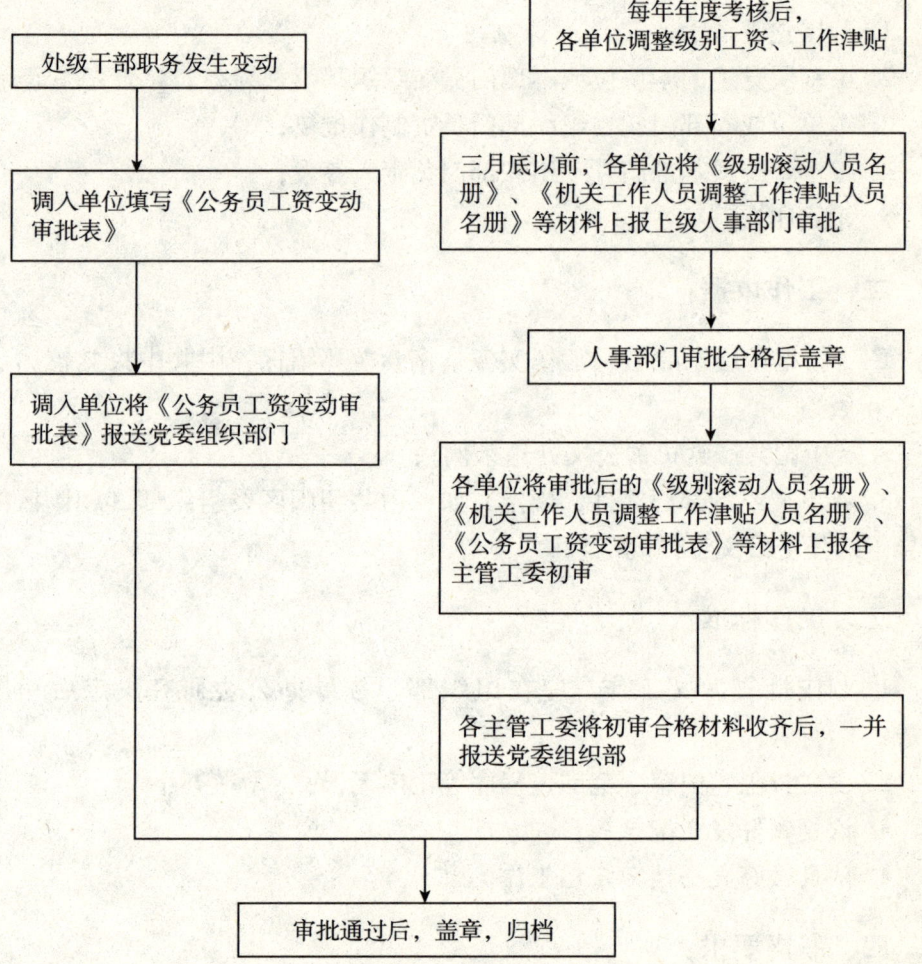

```
处级干部职务发生变动                          每年年度考核后，
       │                                各单位调整级别工资、工作津贴
       ↓                                           │
调入单位填写《公务员工资变动              三月底以前，各单位将《级别滚动人员名
审批表》                                册》、《机关工作人员调整工作津贴人员
       │                                名册》等材料上报上级人事部门审批
       │                                           │
       │                                           ↓
       ↓                                人事部门审批合格后盖章
调入单位将《公务员工资变动审                        │
批表》报送党委组织部门                              ↓
       │                                各单位将审批后的《级别滚动人员名册》、
       │                                《机关工作人员调整工作津贴人员名册》、
       │                                《公务员工资变动审批表》等材料上报各
       │                                主管工委初审
       │                                           │
       │                                           ↓
       │                                各主管工委将初审合格材料收齐后，一并
       │                                报送党委组织部
       │                                           │
       │                                           │
       └───────────────┬──────────────────────────┘
                       ↓
              审批通过后，盖章，归档
```

第十四节 基层党组成员调整工作

一、工作要点：

基层成立党组由本单位或本部门党委常委会研究决定。由于领导班子成

员发生变化，涉及党组成员调整的，需要请示本单位或本部门组织部门，由组织部门领导办公会研究决定，并正式行文予以批复。结合实际情况，基层党组成员调整工作具体要点如下：

1. 基层党组请示；
2. 由基层党组的本单位或本部门党委组织部门领导办公会研究决定；
3. 本单位或本部门党委组织部门负责制作批复；
4. 报本单位或本部门党委组织部门负责人签发；
5. 正式印发。

二、工作依据：

1. 《新编基层党的组织工作实务指南》（郑绍保，中共中央党校出版社2004年版）；
2. 《中国共产党机关公文处理条例》；
3. 本单位或本部门文件、规定，如：中共朝阳区委组织部《朝阳区处级领导干部任免发文工作规范》。

三、工作标准：

1. 制作批复发文工作，应在组织部门领导办公会研究决定后一周内完成；
2. 发文权限、内容、范围、程序等正确无误；
3. 认真做好发文记录；
4. 认真做好文书档案归档工作。

四、职岗要求：

工作人员应具备：

1. 公道正派，政治素质好，组织观念强，严格遵守组织人事纪律；
2. 掌握党和国家与干部工作相关的方针、政策、法律法规，熟悉组织人事政策和干部科业务工作；
3. 工作认真细致、严谨规范，具有一定的组织协调能力；
5. 一般应从事组织工作、人事工作二年以上，大学本科以上文化程度，中共党员。

五、相关单位：

1. 本单位或本部门党委办公室、行政办公室；
2. 基层单位主管党工委；
3. 相关单位党组。

六、工作流程：

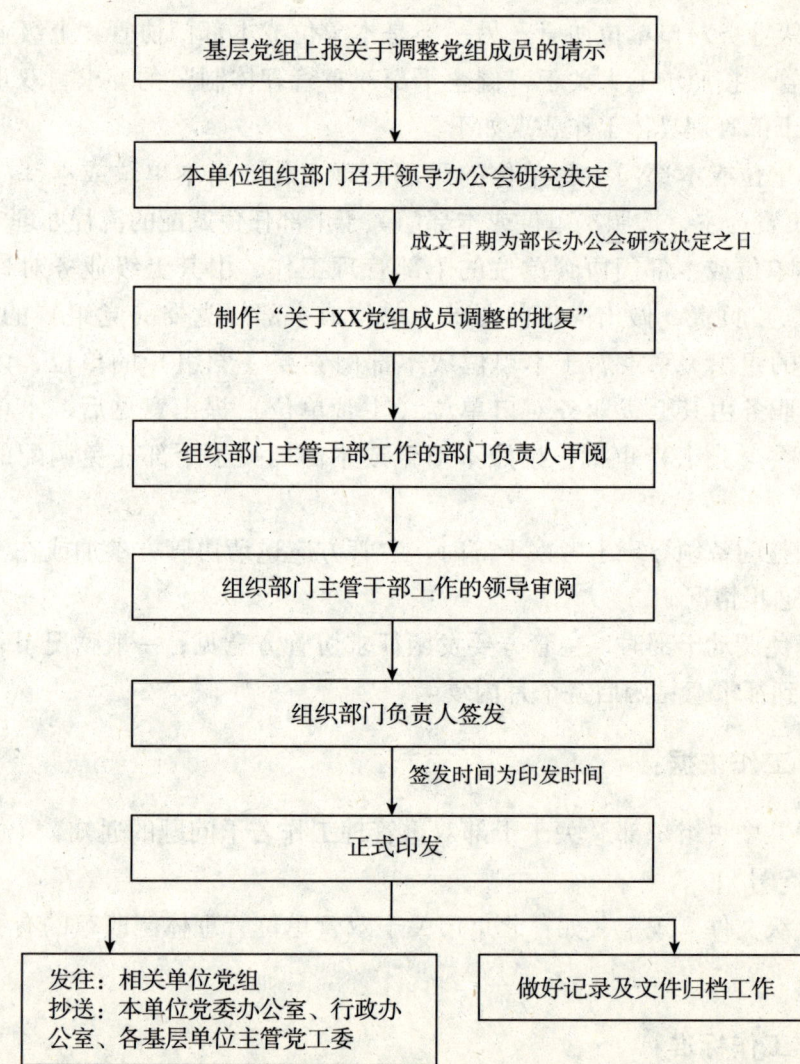

第十五节　双重管理单位处级干部管理工作

一、工作要点：

按照管理权限，双重管理单位分为两类，一类是本单位或本部门主管，该单位上级业务对口单位协管；另一类是本单位或本部门协管，上级业务对口单位主管。按照十七大关于"健全干部双重管理体制"的要求，双重管理单位处级干部管理具体工作要点如下：

1. 本单位或本部门主管单位的干部管理工作，由本单位或本部门党委（党组）负责为主，按照本单位或本部门关于干部任免调配的流程办理。

2. 本单位或本部门协管单位的干部管理工作，由其上级业务对口单位（主管单位）负责，做出决定前征求本单位或本部门党委（党组）的意见。其中：党的组织关系隶属于本单位或本部门党委（党组）的单位，该单位党的领导职务由其上级业务对口单位（主管单位）提出意见后，本单位或本部门党委（党组）审批，按照本单位或本部门关于干部任免调配的流程办理。

3. 调整配备领导班子考察干部时，主管方应邀请协管方参加或在考察后向协管方通报情况。

4. 任免调动干部时，主管方要发函征求协管方意见；一般情况下，协管方应在接到征求意见函后一个月内复函。

二、工作依据：

1. 中共中央组织部《关于干部双重管理工作若干问题的通知》（组通字〔1991〕35 号）；

2. 上级文件、规定，如：北京市关于双管单位管理体制改革的有关文件规定。

三、工作标准：

1. 认真执行相关政策规定；

2. 严格履行有关程序，做到手续齐备、及时、准确；

3. 严格遵守组织、人事工作纪律。

四、职岗要求：

工作人员应具备：

1. 具有较高的思想政治素质；

2. 熟悉干部人事政策规定，具有较高的政策水平；

3. 具有一定的沟通协调能力和文字表达能力。

五、相关单位：

本单位或本部门组织部门、有关主管工委，涉及人员所在单位及其上级
业务对口单位。

六、工作流程：

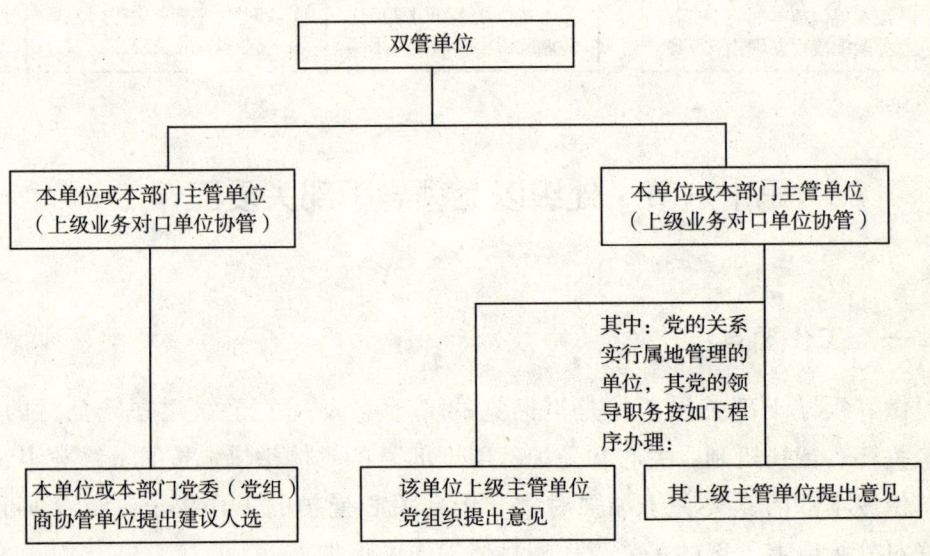

第二章 领导班子建设和干部队伍建设工作

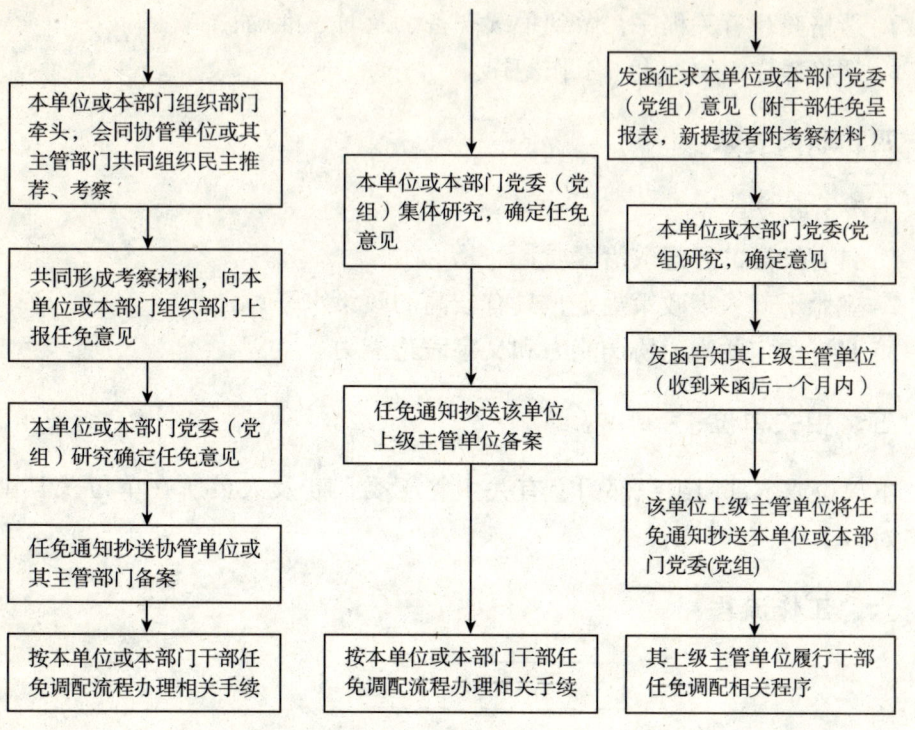

第十六节 处级以上领导干部关爱工作

一、工作要点：

做好领导干部关爱工作是贯彻党的"十七大"关于"建立健全党内激励、关怀、帮扶机制，关心和爱护基层干部"的具体举措。按照上级党组织、本单位或本部门党委关于加强对领导干部关心爱护的工作要求，结合实际，做好对处级以上干部的关爱工作。具体工作要点如下：

（一）开展健康关爱宣传活动：

1. 开展健康关爱宣传活动。每季度向局、处级干部发放健康知识手册，每年举办1—2次健康知识讲座；

2. 开展健康进课堂活动。在干部教育培训中，增加健康知识、心理健康辅导等内容，帮助干部树立健康的生活理念，掌握基本的养生保健知识。

（二）开展健身服务活动：

1. 定期开展运动健身咨询服务，适时发放科学健身知识手册，指导处级以上干部科学开展健身活动；

2. 为处级以上干部开展健身活动提供便利条件；

3. 每年组织举行1—2次局、处级干部体育比赛。

（三）做好干部医疗保障服务工作：

1. 为正处级以上干部建立健康档案，实施分类管理，确定重点服务对象；

2. 每年组织正处级以上领导干部进行一次健康检查，全面了解掌握局、处级领导干部的身体健康状况，做到预防为主，发现问题及早诊治；

3. 做好绿色医疗通道的管理和服务工作，保证局、处级领导干部在生病时得到及时的医疗服务。

（四）落实干部休假制度和干部谈话谈心制度：

1. 认真落实中央和上级党组织关于领导干部休假工作的有关规定，每年有计划地安排正处级以上领导干部休假；

2. 坚持谈话谈心制度，适时与干部进行谈话谈心，加强与干部的思想、情感沟通和交流。

（五）做好处级干部慰问相关工作：

1. 每年重大节日前为处级领导干部送慰问信；

2. 节日期间为局、处级领导提供电影票，组织游园、参加文化活动，丰富业余文化生活；

3. 当正处级领导干部本人或其近亲属遇有重大疾病等情况时，由本单位组织部门协调相关部门和领导进行慰问。

二、工作依据：

1. 上级有关做好干部关爱工作的指示精神；

2. 上级文件、规定，如：

（1）北京市《关于认真做好区县局级领导干部年度健康体检和休假工作的通知》（京办字［2004］26号）；

（2）《中共北京市委组织部、北京市人事局关于进一步做好我市党政机关工作人员休假工作的通知》（京组通［2007］56号）；

3. 本单位或本部门文件、规定，如：《中共北京市朝阳区委组织部关于进一步加强干部关爱工作的通知》（朝组通 [2008] 12 号）。

三、工作标准：

1. 建立干部信息报告制度，畅通信息渠道，及时了解处级以上领导干部在健康、生活、工作等方面的情况；

2. 发现领导干部遇有需要组织部门与之谈话谈心或者需要领导慰问的情况，应及时与有关部门沟通，了解情况；

3. 举行体检、举办体育比赛、安排休假等常规活动，需要制定全面、细致的工作方案，工作期间要热情、周到；

4. 平时注重增强服务意识，注重与各方面的沟通协调。

四、职岗要求：

工作人员应具备：

1. 具有较强的责任心和服务意识；

2. 对处级干部的基本情况比较了解；

3. 工作认真细致，热情周到，具有较强的组织协调能力。

五、相关单位：

各工委，文化、体育、卫生系统等部门。

六、工作流程：

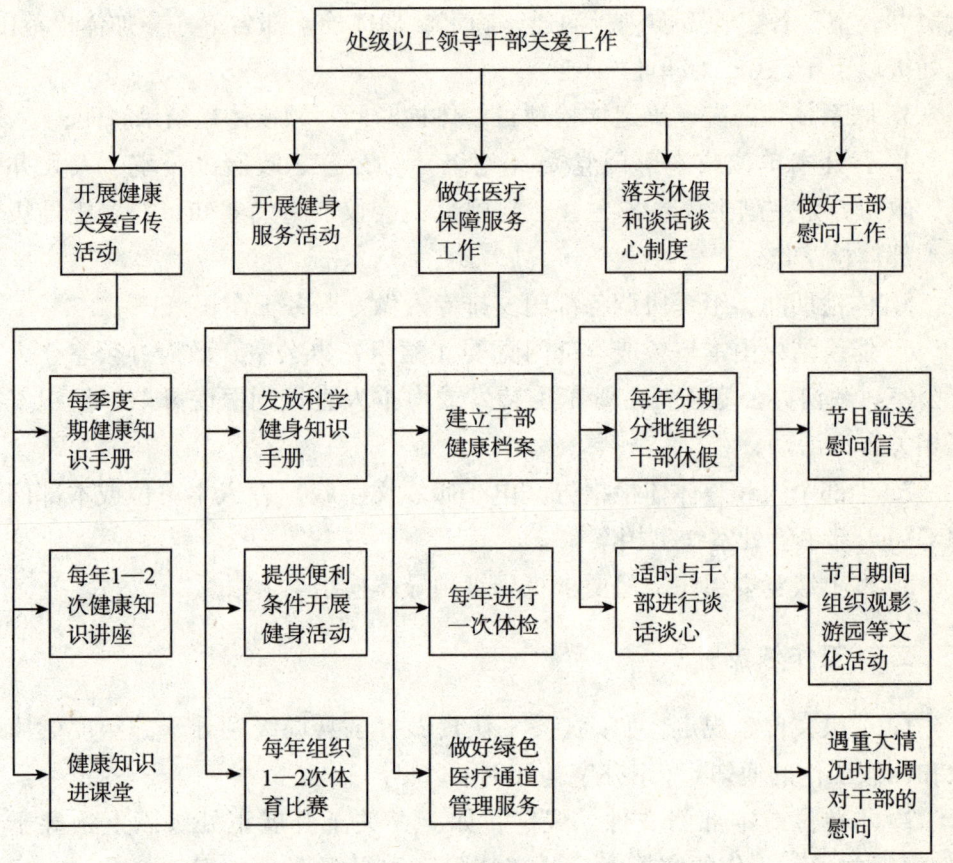

第十七节　正处级以上干部体检工作

一、工作要点：

根据十七大关于"建立健全党内激励、关怀、帮扶机制"的精神，按照上级党委、本单位或本部门党委（党组）关于加强领导干部关心爱护的工作要求，进一步增强领导干部健康意识，结合本单位或本部门实际，组织开展正处级以上干部体检工作。工作要点如下：

1. 制定《正处级以上干部体检工作方案》；

2. 与本单位或本部门党委（党组）办公室、政府办公室、人大办公室、政协办公室、各主管工委进行沟通，确定参加体检干部名单（参加体检范围：正处级以上干部、二级单位一把手）；

3. 联系体检医院，确定体检项目、体检时间、领取体检结果时间；

4. 召开本单位或本部门党委（党组）办公室、政府办公室、人大办公室、政协办公室副主任、各主管工委副书记会议，下发通知，部署正处级以上干部体检工作；

5. 体检期间，组织协调各部门安排专人做好服务工作；

6. 体检结果由本单位或本部门党委（党组）办公室、政府办公室、人大办公室、政协办公室、各主管工委转发或由本人直接到医院领取，组织安排好相关咨询活动；

7. 干部个人和整体体检报告（电子版、文字版）存入本单位或本部门组织部门干部主管处室文书档案；

8. 按上级党委组织部门要求将局级领导体检结果上报。

二、工作依据：

1. 上级文件、规定，如：《关于认真做好区县局级领导干部年度健康体检和休假工作的通知》（京办字［2004］26号）；

2. 本单位或本部门文件、规定，如：《关于开展正处级以上领导干部"健康五关爱"工作的实施意见》（朝阳区委组织部××年××月××日印发）。

三、工作标准：

1. 制定工作方案，要求周到、细致，特别是体检项目要根据局处级干部的实际情况体现较强的针对性；

2. 统计参加体检的干部名单，要求全面、准确，做到不重不漏；

3. 部署体检工作，要求注重细节，做到体检时间明确、安排批次合理、乘车路线清晰、注意事项具体等；

4. 体检期间，现场要协调医院，安排导医，并由各主管工委派专人负责配合做好对本系统领导干部的现场服务、流程引导、信息咨询等工作；

5. 对于因故未能按计划参加体检的处级领导，在整体体检结束后，统一安排补检；

6. 体检工作期间，注意与医院、各系统负责人员保持信息畅通，对于工作进展情况和出现的问题及时沟通上报。

四、职岗要求：

工作人员应具备：

1. 具有相关的医疗保健知识；

2. 具有比较强的责任心；

3. 具有一定的组织协调和沟通能力；

4. 对全区正处级以上干部基本情况比较了解。

五、相关单位：

1. 本单位或本部门党委（党组）办公室、政府办公室、人大办公室、政协办公室；

2. 本单位或本部门各主管工委。

六、环节流程：

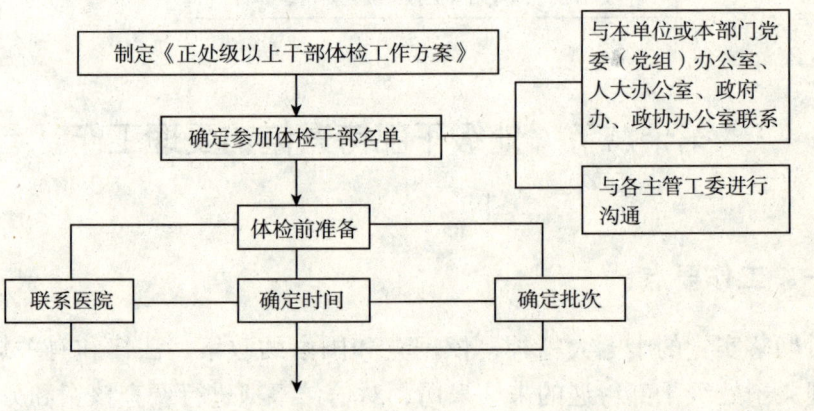

第二章 领导班子建设和干部队伍建设工作

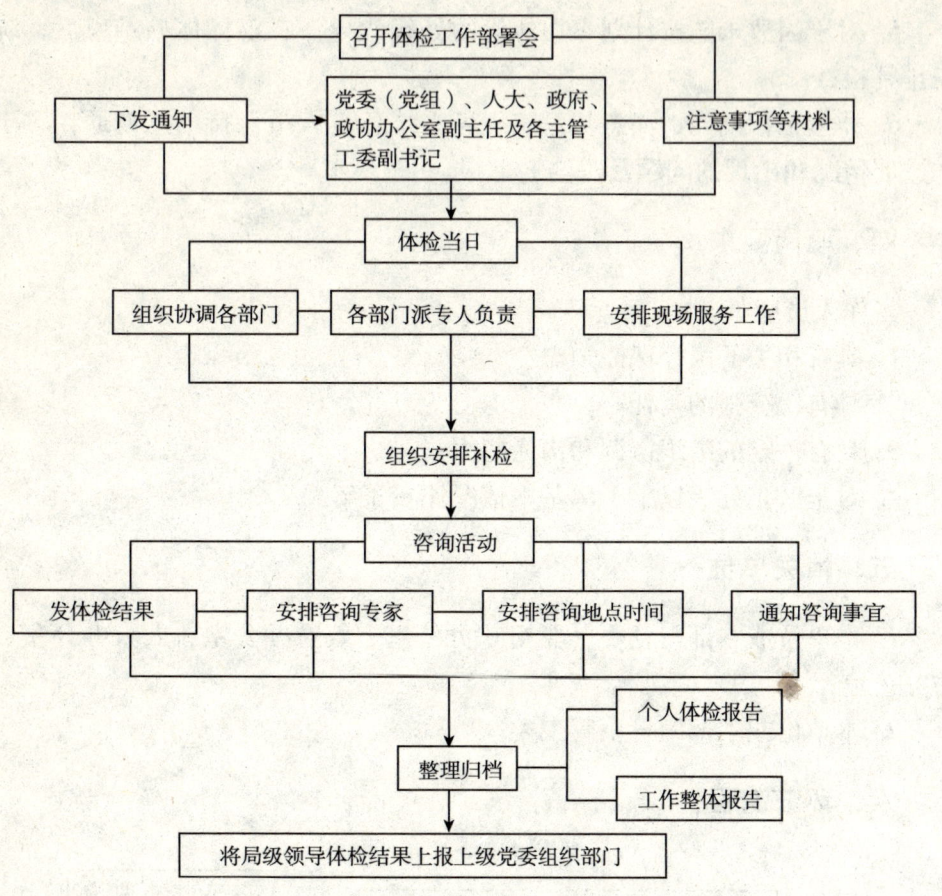

第十八节 处级干部待遇信访受理工作

一、工作要点：

贯彻落实党的十七大精神，依据党和国家的政策、法律和有关规定，认真受理关于处级干部待遇的来信来访，对信访事项进行调查核实和分析研究，督促和协调有关部门予以妥善处理，切实维护处级干部的合法权益。具体要点如下：

1. 接待来访：针对来信、来电、传真、电子邮件、登门上访等不同信访形式，整理登记信访人姓名、工作单位、职务、电话和上访反映的主要问题等相关信访事项内容；

2. 归口管理：按照信访事项受理的要求，将信访事项及时上报科长、主管部长，根据批示意见，联系责任单位调查核实，有针对性地采取措施，妥善处理，防止不良影响的产生、扩大；

3. 督促催办：督促检查责任单位对信访事项的处理，在规定时间内答复信访人；

4. 形成意见：依据调查核实结果，形成调查处理意见，报送科长、主管部长审阅；

5. 归档整理：信访事项办理完毕后，将登记笔录、处理意见及其他有关调查资料整理存档；

6. 总结分析：定期研究分析信访情况，及时提出完善政策和改进工作的建议。

二、工作依据：

1.《信访条例》（中华人民共和国国务院令第431号）；

2.《中共中央、国务院关于进一步加强新时期信访工作的意见》（中发〔2007〕5号）

3.《中共中央组织部关于印发〈党委组织部门信访工作暂行规定〉的通知》（组通字〔2006〕23号）

4. 上级文件、规定，如：《中共北京市委组织部关于转发中共中央组织部〈关于印发《党委组织部门信访工作暂行规定》的通知〉的通知》（京组通〔2006〕49号）。

三、工作标准：

1. 严格按照有关政策及时处理并做好思想疏导工作，特别是对不符合政策的信访事项，要耐心细致地做好信访人的思想工作，确保不激化矛盾；

2. 形成信访处理意见要做到事实清楚、定性准确、处理恰当、手续完备。

四、职岗要求：

工作人员应具备：

1. 熟悉处级干部待遇的有关政策；
2. 具有较强的沟通协调能力；
3. 具有较强的语言文字表达能力。

五、相关单位：

信访事项所涉及的单位及相关工委。

六、环节流程：

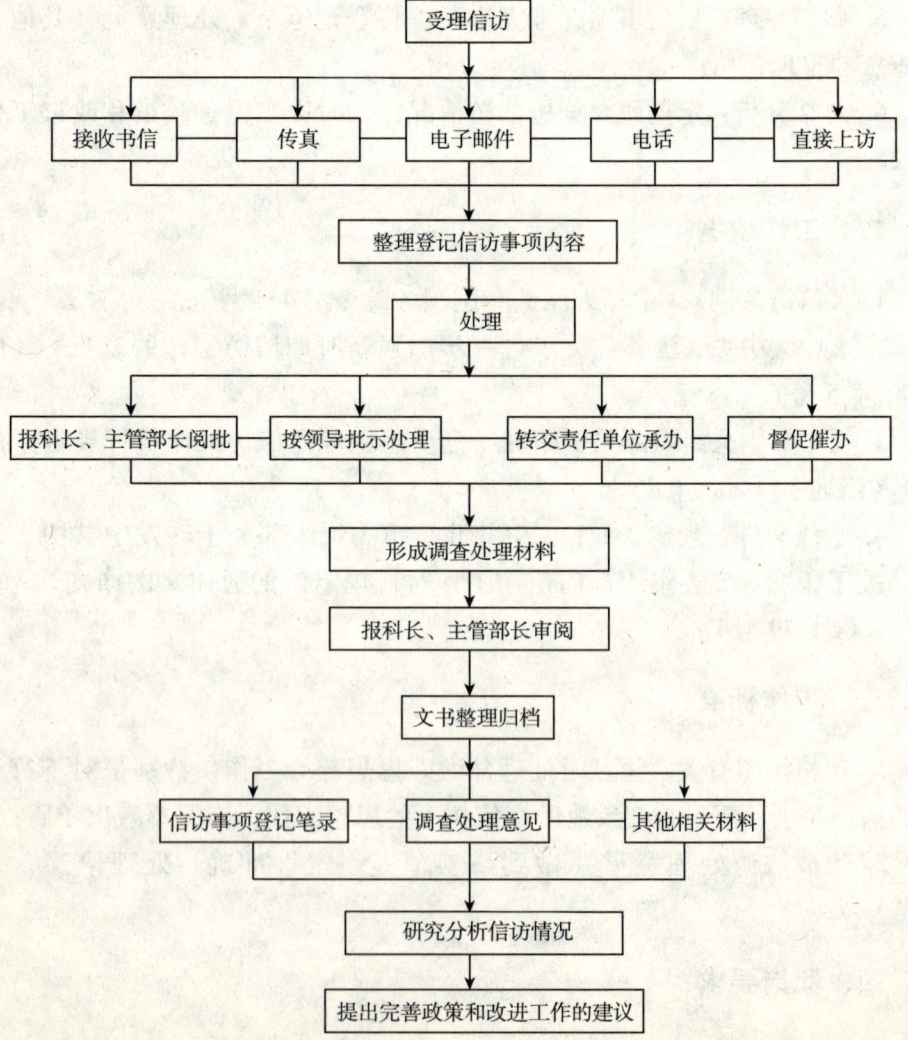

第十九节　干部信访受理工作

一、工作要点：

贯彻落实党的十七大精神，依据党和国家的政策、法律和有关规定，认真受理党员、干部、群众或有关组织关于干部问题的来信来访，对信访事项进行调查核实和分析研究，督促和协调有关部门予以妥善处理，切实维护信访人的合法权益。具体要点如下：

1. 负责处理本单位或本部门处级领导班子、领导干部和干部队伍建设有关情况和问题及干部待遇和管理等方面的信访事项；

2. 对于收到的信访事项统一登记后，在15日内转交相关部门或直接办理；

3. 对组织人事部门直接办理的信访事项要及时组织调查核实，妥善处理，对转交相关部门办理的信访事项，要督促检查相关单位对信访事项进行处理；

4. 信访事项应当自受理之日起60日内办结，并提出信访处理意见；

5. 注意研究分析信访情况，及时提出完善政策和改进工作的建议。对可能造成影响的重大、紧急信访事项要及时上报，及时采取措施，防止不良影响的产生、扩大；

6. 按照文书档案管理要求，将相关材料进行分类归档。

二、工作依据：

1.《信访条例》（中华人民共和国国务院令第431号）；

2.《中共中央、国务院关于进一步加强新时期信访工作的意见》（中发〔2007〕5号）

3.《中共中央组织部关于印发〈党委组织部门信访工作暂行规定〉的通知》（组通字〔2006〕23号）

4. 上级文件、规定，如：《中共北京市委组织部关于转发中共中央组织部〈关于印发《党委组织部门信访工作暂行规定》的通知〉的通知》（京组通〔2006〕49 号）。

三、工作标准：

1. 接待上访要注意文明礼貌，耐心细致，记录要内容清楚，事实准确，记录完整；

2. 信访处理意见要事实清楚、定性准确、处理恰当、手续完备；

3. 严格按照有关政策及时处理并做好思想疏导工作；

4. 实名信访要做到件件有回音，事事有着落。

四、职岗要求：

工作人员应具备：

1. 公道正派，具有较高的思想政治素质；

2. 了解本单位或本部门情况，熟悉本单位或本部门下属各单位领导干部情况；

3. 不卑不亢，具有一定的语言文字表达能力；

4. 严谨细致，一丝不苟，注重细节；

5. 清正廉洁，严守组织人事纪律，保守秘密。

五、相关单位：

1. 纪检监察部门；

2. 信访事项所涉及的单位及相关工委。

六、环节流程：

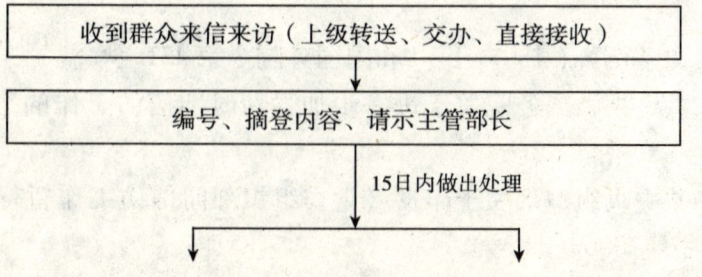

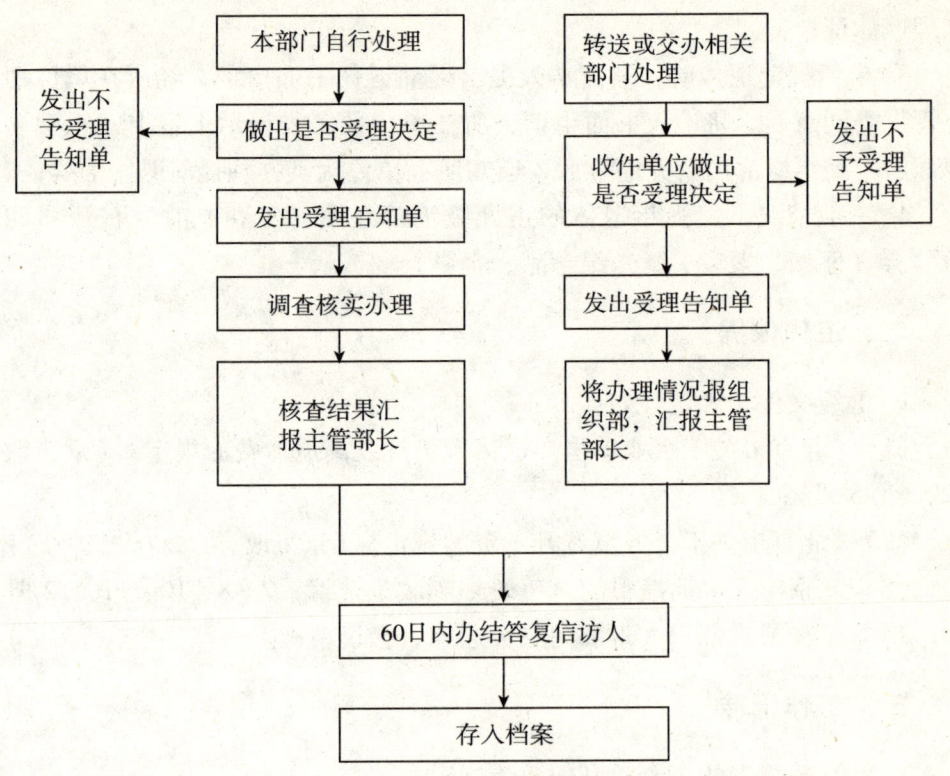

第二十节　处级干部退休办理工作

一、工作要点：

根据党的"十七大"关于"全面做好离退休干部工作"的精神，按照有关工资福利政策及本单位或本部门党委（党组）要求，对处级干部（企业除外）退休进行审批办理。具体工作要点如下：

1. 正处级干部到达退休年龄，经领导谈话后，通知所在单位为该人办理退休手续，同时办理退休证。谈话时间一般安排在到达退休年龄的下一个月，退休金从办理退休手续的下一个月开始执行；

2. 副处级干部到达退休年龄，所在单位或主管工委领导与干部谈话后，由干部所在单位负责向上一级党委上报相关材料，组织部门负责审批，同时办理退休证；

3. 申请提前退休时，需由本人提出提前退休书面申请，经所在单位请示主管工委同意后，将本人书面申请、所在单位及工委请示上报上一级党委组织部门，经组织部门研究通过后，通知所在单位为其办理提前退休手续；

4. 一般情况下，当年退休的正处级干部在第二年春节前后召开"四个一"会（座谈、聚餐、赠送纪念品、合影）。

二、工作依据：

1. 上级文件、规定，如：

（1）《北京市关于事业单位离退休人员计发离退休费的规定》（京工改办 [2006] 5 号）；

（2）《北京市关于公务员晋升工资的规定》（京工改办 [2006] 9 号）；

（3）北京市人事局编辑的《工资福利政策选编》7、8、10、11、12 册；

2. 本单位或本部门人事部门有关通知、会议精神。

三、工作标准：

1. 认真执行退休工资福利的政策规定；

2. 严谨细致，严格履行有关规定程序，核定工资确保准确无误；

3. 严格遵守组织、人事工作纪律。

四、职岗要求：

工作人员应具备：

1. 具有较高的思想政治素质；

2. 熟悉工资政策，具有较高的工资政策水平；

3. 熟悉处级干部工资基本情况；

4. 具有一定的综合分析能力和组织协调能力。

五、相关单位：

各工委、退休人员所在单位。

六、工作流程：

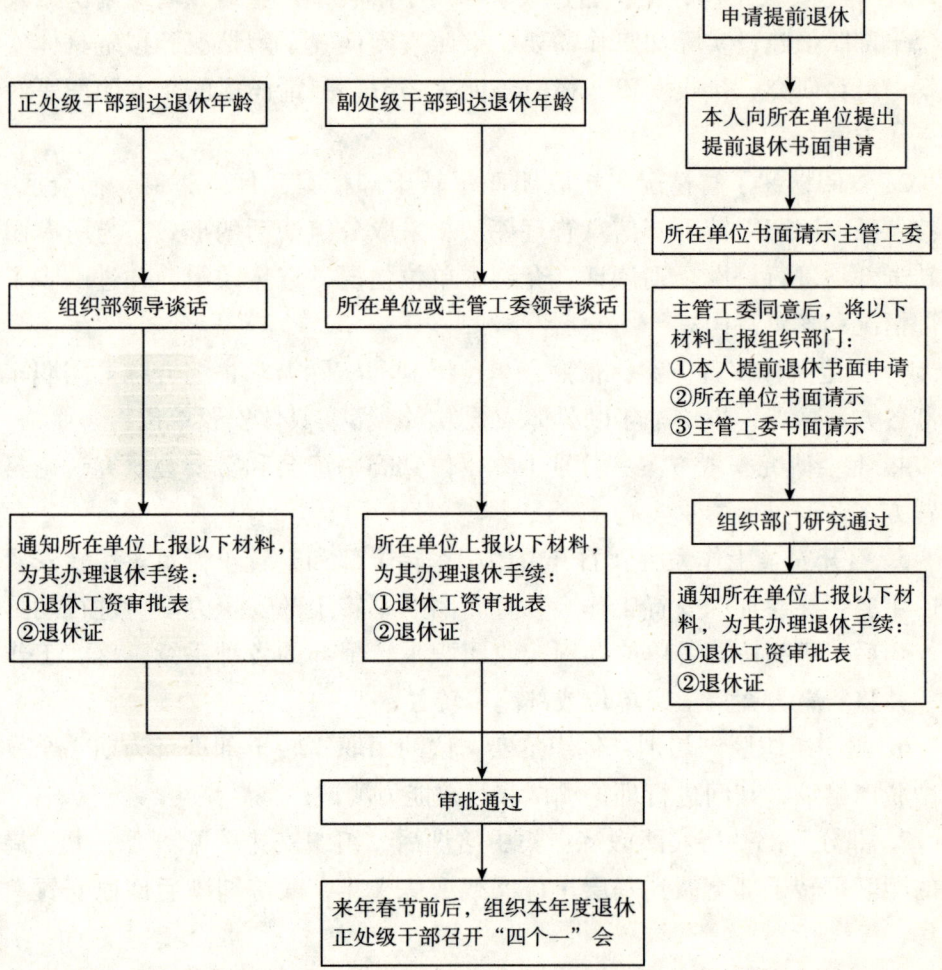

第二十一节　团职军转干部安置工作

一、工作要点：

为认真贯彻落实中央和上一级党委军转安置工作政策和指示精神，结合我区实际，拟分八个步骤，切实做好团职军转干部安置工作。具体工作要点如下：

1. 制定安置工作方案：通过人事部门了解各单位空编、增编情况以及各单位干部队伍建设实际和工作需要，按照查阅档案了解情况、拟定具体安置方案、上会研究、接收安置、集中培训等环节，制定详尽的年度团职军转安置工作方案；

2. 查阅档案了解情况：接收团职军转干部档案，仔细查阅，摸清底数，将信息录入团职军转干部信息管理库后，采取分组谈话的形式，与所有团职军转干部均进行一次个别谈话，介绍本单位情况，宣传政策，并进一步了解干部情况和安置意向；

3. 拟定具体安置方案：依照各单位编制和实际需求，综合统筹团职军转干部各方面情况，拟定本年度具体安置方案，落实具体安置单位；

4. 上会研究安置方案：分别上本单位党委书记会和常委会研究讨论具体安置方案，通过后着手实施；

5. 召开安置工作大会：召开由团职军转干部和安置单位负责军转安置工作的主要领导参加的安置工作会，宣布团职军转干部安置方案，进行动员部署，会后，组织协调各单位办理接收团职军转干部的各种手续，落实工作岗位，并将安置方案报上级单位或部门军转办；

6. 集中组织脱产培训：组织落实岗位的团职军转干部进行为期一个月的集中脱产培训，其间进行理论测试和行政能力测试；

7. 部分干部基层实践锻炼：集中培训后，组织安排分配到委、办、局机关的团职军转干部下派到基层单位实践锻炼半年，锻炼期满后回原安置单位工作；

8. 相关文件整理归档：年度团职军转干部安置工作结束后将相关文件整理归档。

二、工作依据：

1. 《中共中央、国务院、中央军委关于印发〈军队转业干部安置暂行办法〉的通知》（中发〔2001〕3号）；

2. 《中共中央、国务院、中央军委印发〈关于进一步做好军队转业干部安置工作的意见〉的通知》（中发〔2007〕8号）；

3. 上级单位或本部门相关文件规定，如：《北京市关于做好××××年军队转业干部安置工作的通知》。

三、工作标准：

1. 思想上高度重视，计划周密，工作扎实；
2. 接收安置中，充分考虑团职军转干部的综合素质和家庭情况；
3. 重视组织协调，做好对团职军转干部的管理与服务。

四、职岗要求：

工作人员应具备：
1. 熟悉团职军转干部安置工作的有关政策；
2. 服务热情，具有一定的沟通协调能力；
3. 严格遵守组织人事纪律。

五、相关单位：

安置单位及相关工委。

六、环节流程：

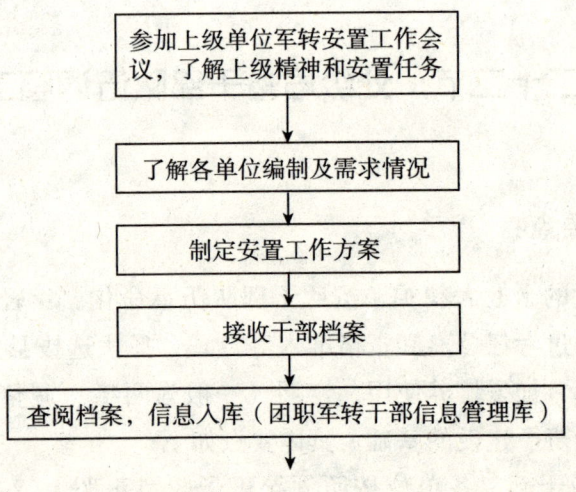

第二章　领导班子建设和干部队伍建设工作

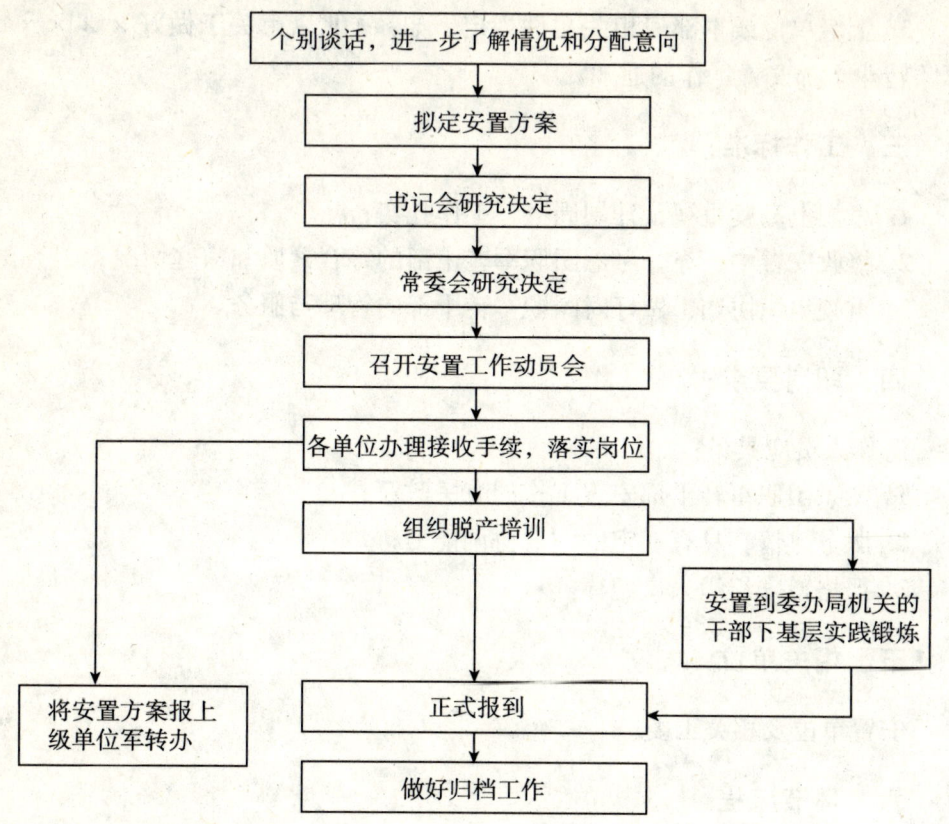

第二十二节　处级后备干部队伍调整工作

一、工作要点：

贯彻落实党的十七大精神，按照干部队伍革命化、年轻化、知识化、专业化的方针，通过考任分离和资格准入等方式，择优选拔县（处）级党政领导班子后备干部，加强培养使用，定期（一般为两年）调整充实，强化动态管理，夯实领导班子建设的基础。具体要点如下：

1. 推荐后备干部。各单位按照领导班子职数正职1：2、副职1：1的比例，在民主推荐的基础上，经党委（党组）集体研究，提出组织推荐的后备干部人选。符合后备干部资格和条件的个人也可以自荐，由组织人事部门进行资格审查；

2. 组织资格考试。对通过资格审查的处级后备干部人选，由组织人事部门进行笔试，视具体情况可增加心理测试或工作价值观测评；

3. 组织考察。组织人事部门采取个人陈述、民主测评、个别谈话等方式，全面了解后备干部情况；

4. 确定后备干部人选。组织人事部门根据考试成绩和考察情况，综合工作经历、任职时间等因素，征求各方面意见，确定后备干部名单并向基层各单位进行反馈，由基层各单位建立后备干部培养档案；

5. 加强培养使用。根据后备干部特点和成长需要，制定培养计划，有针对性地安排后备干部参加理论培训和实践锻炼。坚持备用结合，适时提拔各方面条件比较成熟的后备干部，定期对后备干部队伍进行调整充实，形成动态管理。

二、工作依据：

1. 《党政领导干部选拔任用工作条例》（中发［2002］7号）；

2. 《党政领导班子后备干部工作规定》（中办发［2003］30号）；

3. 本单位或本部门规定；如：《中共北京市朝阳区委关于加强处级党政领导班子后备干部工作的意见》（朝组通［2004］20号）。

三、工作标准：

1. 严格按照后备干部调整工作方案确定的程序操作；

2. 推荐后备干部人选民主、公开；

3. 考试能够较好地反映后备干部人选的基本素质和能力水平；

4. 考察了解后备干部人选情况广泛深入，实事求是；

5. 后备干部人选确定注重群众公认，注重实绩和潜能；

6. 后备干部培养使用坚持备用结合、动态管理，体现针对性和实效性；

7. 严格遵守后备干部调整工作各项纪律。

四、职岗要求：

工作人员应具备：

1. 公道正派，具有较高的思想政治素质；

2. 注重学习，知识面较宽，具有胜任后备干部调整工作的政策水平和业务知识；

3. 具有一定的综合分析能力和组织协调能力；

4. 作风严谨细致，注意听取下属各工委和基层单位的意见；

5. 严格遵守组织人事工作纪律。

五、相关单位：

1. 本单位或本部门党委下属各工委；

2. 本单位或本部门下属各单位；

3. 本单位或本部门人事部门。

六、环节流程：

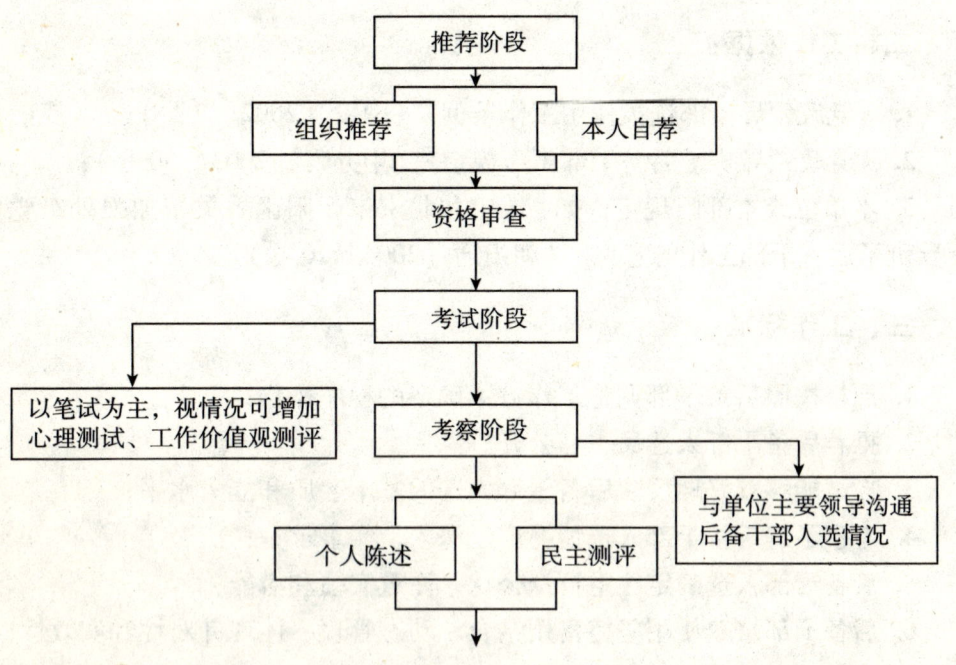

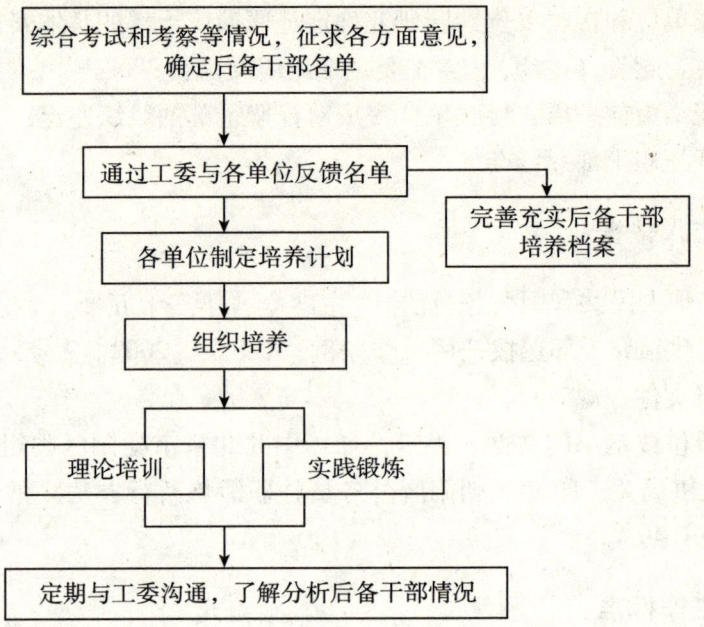

第二十三节　年轻干部挂职锻炼工作

一、工作要点：

按照十七大"加大培养选拔优秀年轻干部力度，鼓励年轻干部到基层和艰苦地区锻炼成长，提高年轻干部马克思主义理论素养和政治素质"的精神，根据本单位或本部门关于公务员挂职锻炼的有关规定，结合实际情况，开展年轻干部挂职锻炼，具体工作要点如下：

1. 下发年轻干部挂职锻炼通知，明确程序，要求各单位结合实际情况，按规定制定并上报实施方案；

2. 采取个人申请和组织决定相结合的方式，各单位确定挂职锻炼的年轻干部人选；

3. 会同人事部门研究拟定挂职干部分配方案；

4. 召开挂职干部部署暨培训会；

5. 挂职干部分配到位；

6. 选派单位和接收单位共同研究确定挂职锻炼干部的具体安排；

7. 各主管党委（党组）、党工委定期组织交流会；

8. 挂职结束前一周，接收单位完成对挂职干部的组织鉴定；

9. 召开挂职干部总结会。

二、工作依据：

1. 《中华人民共和国公务员法》（主席令［第三十五号］）；

2. 《党政领导干部选拔任用工作条例》（中发［2002］7号）；

3. 上级文件、规定；

4. 本单位或本部门文件、规定，如：中共北京市朝阳区委组织部、北京市朝阳区人事局关于印发《朝阳区公务员挂职锻炼暂行办法》的通知（京朝人字［2005］49号）。

三、工作标准：

1. 思想认识到位，组织工作严密；

2. 安排单位要充分考虑挂职干部的特长；

3. 做好对工作的指导、协调和监督；

4. 严格遵守各项组织人事纪律。

四、职岗要求：

工作人员应具备：

1. 公道正派，具有较高的思想政治素质；

2. 热情服务，谦虚谨慎；

3. 具有一定的沟通能力和组织协调能力；

4. 严格遵守干部人事工作纪律。

五、相关单位：

1. 本单位或本部门人事部门；

2. 各主管党委（党组）、党工委；

3. 选派单位；

4. 接收单位。

六、环节流程：

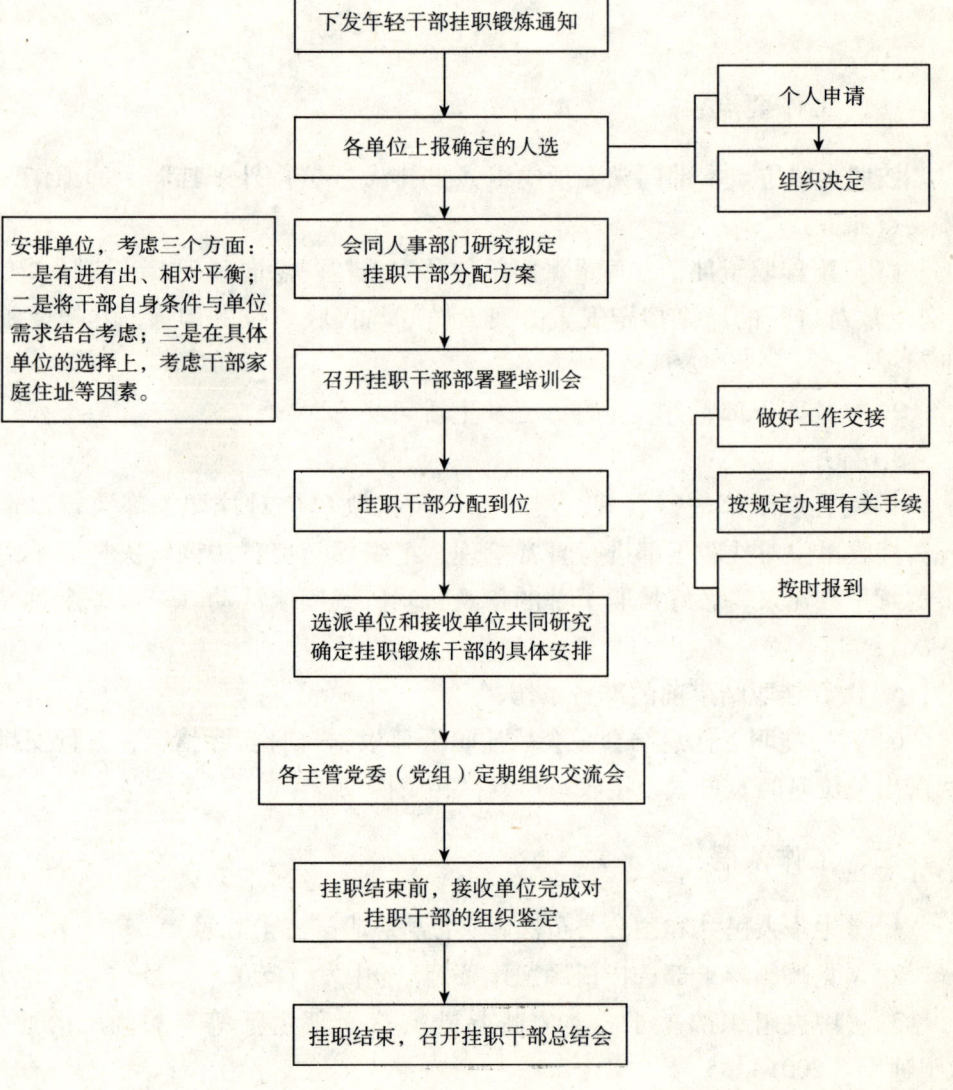

第二十四节　外地挂职干部接收工作

一、工作要点：

按照本单位或本部门党委（党组）安排做好接待外来挂职干部工作，具体要点如下：

1. 分配挂职干部。在尊重派出单位及本人挂职意向基础上，按照"专业（岗位）对口"的原则拟定安置方案，做好与接收单位的沟通，并报请领导批示；

2. 接挂职干部，并安排好办公及生活问题；

3. 召开欢迎会；

4. 对挂职干部进行管理。组织部门及接收单位对挂职干部实行双重管理。接收单位对挂职干部进行日常管理，组织部门负责协调解决挂职干部提出的意见或建议、做好挂职干部的参观、调研或座谈活动（一般一个月左右一次）；

5. 做好挂职结束前的准备工作；

6. 召开挂职工作总结会。会后挂职干部根据自身实际情况，自行安排返回派出单位时间及方式，接收单位提供相关协助。

二、工作依据：

1. 《中华人民共和国公务员法》（主席令［第三十五号］）；

2. 《党政领导干部选拔任用工作条例》（中发［2002］7号）；

3. 《中央组织部关于妥善安排易地交流干部生活等有关问题的通知》（组通字［2001］35号）。

三、工作标准：

1. 思想认识到位，组织严密；

2. 安排单位要充分考虑挂职干部的特长；

3. 做好组织工作，做好对挂职干部的管理与服务；

4. 不定期了解情况，妥善处理挂职干部遇到的问题；

5. 严格遵守各项组织人事纪律。

四、职岗要求：

工作人员应具备：

1. 公道正派，具有较高的思想政治素质；

2. 热情服务，谦虚谨慎；

3. 具有一定的沟通能力和组织协调能力；

4. 严格遵守干部人事工作纪律。

五、相关单位：

1. 派出单位；

2. 本单位或本部门人事部门；

3. 接收单位。

六、环节流程：

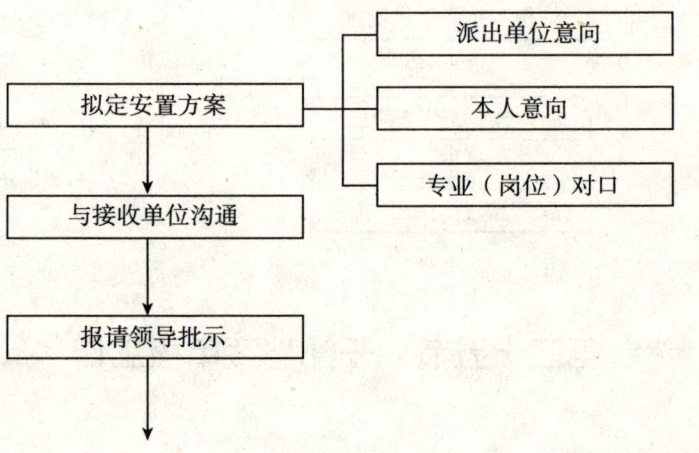

第二章 领导班子建设和干部队伍建设工作

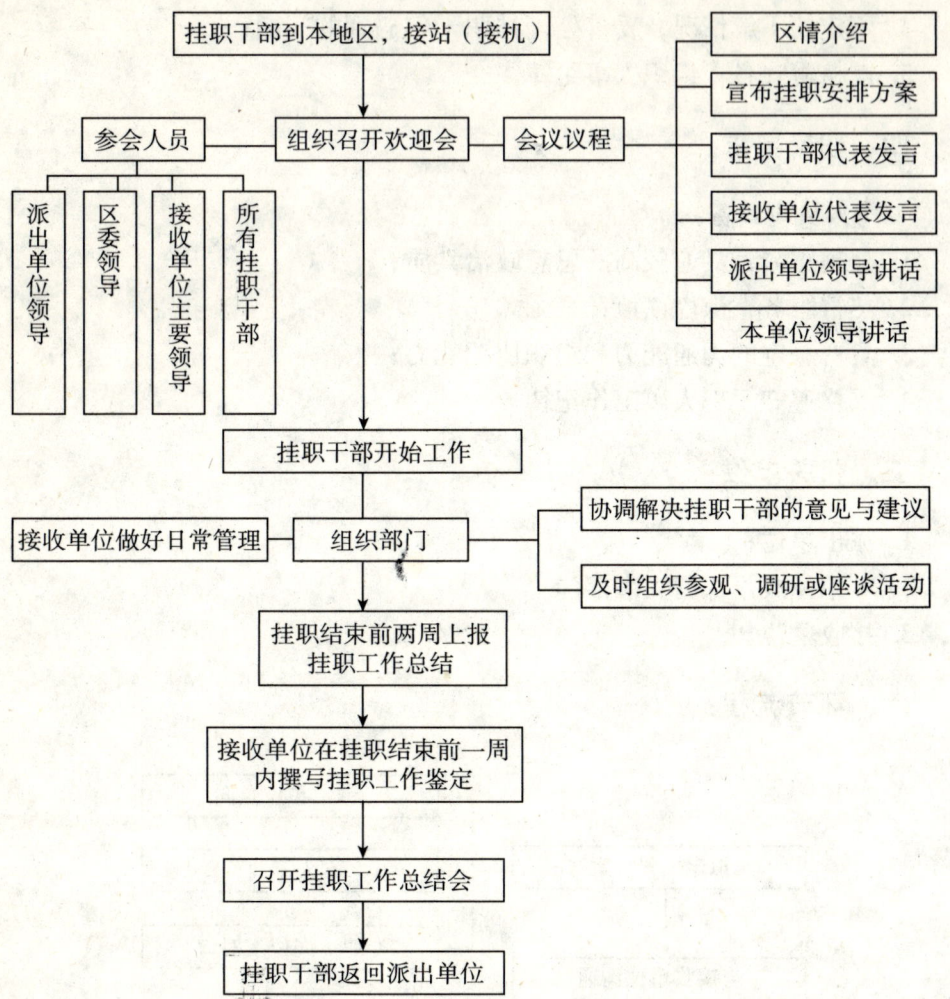

第二十五节 干部档案审核工作

一、工作要点：

根据《中央组织部办公厅关于进一步开展干部人事档案审核工作的通知》（组厅字〔2006〕5号）要求，对干部人事档案的"三龄一历"等方面进行审核，为干部的选拔任用提供服务和基础保证。具体要点如下：

1. 制定干部档案审核工作方案；

2. 确定干部档案审核程序；

3. 成立审核领导小组，指定专门审核人员；

4. 对干部档案进行全面、准确的审核工作；

5. 将审核修改后的干部履历表反馈本人，并进行重新填写，经本人签字后返回档案管理部门归档；

6. 修正干部管理系统的相关信息。

二、工作依据：

1. 《中央组织部办公厅关于进一步开展干部人事档案审核工作的通知》（组厅字〔2006〕5号）；

2. 上级文件、规定，如：《中共北京市委组织部关于开展干部档案审核工作的通知》（京组通〔2006〕4号）；

3. 本单位或本部门的文件、规定，如：《中共朝阳区委组织部关于开展干部档案审核工作方案》（朝组发〔2006〕10号）。

三、工作标准：

1. 干部档案审核工作符合有关规定要求的审核程序；

2. 干部履历各项内容及历次任免与档案原始材料相符；

3. 干部档案齐全完整、干部任免准确无误、干管系统真实可靠，实现三者完全统一。

四、职岗要求：

工作人员应具备：

1. 公道正派，具有较高的思想政治素质和相应资格；

2. 熟悉干部档案工作，具备胜任审核工作的政策水平和业务知识；

3. 有较强的保密意识，严格遵守组织人事纪律。

五、相关单位：

1. 党（工）委各部门；

2. 行政各部门；

第二章　领导班子建设和干部队伍建设工作

3. 基层管档单位。

六、环节流程：

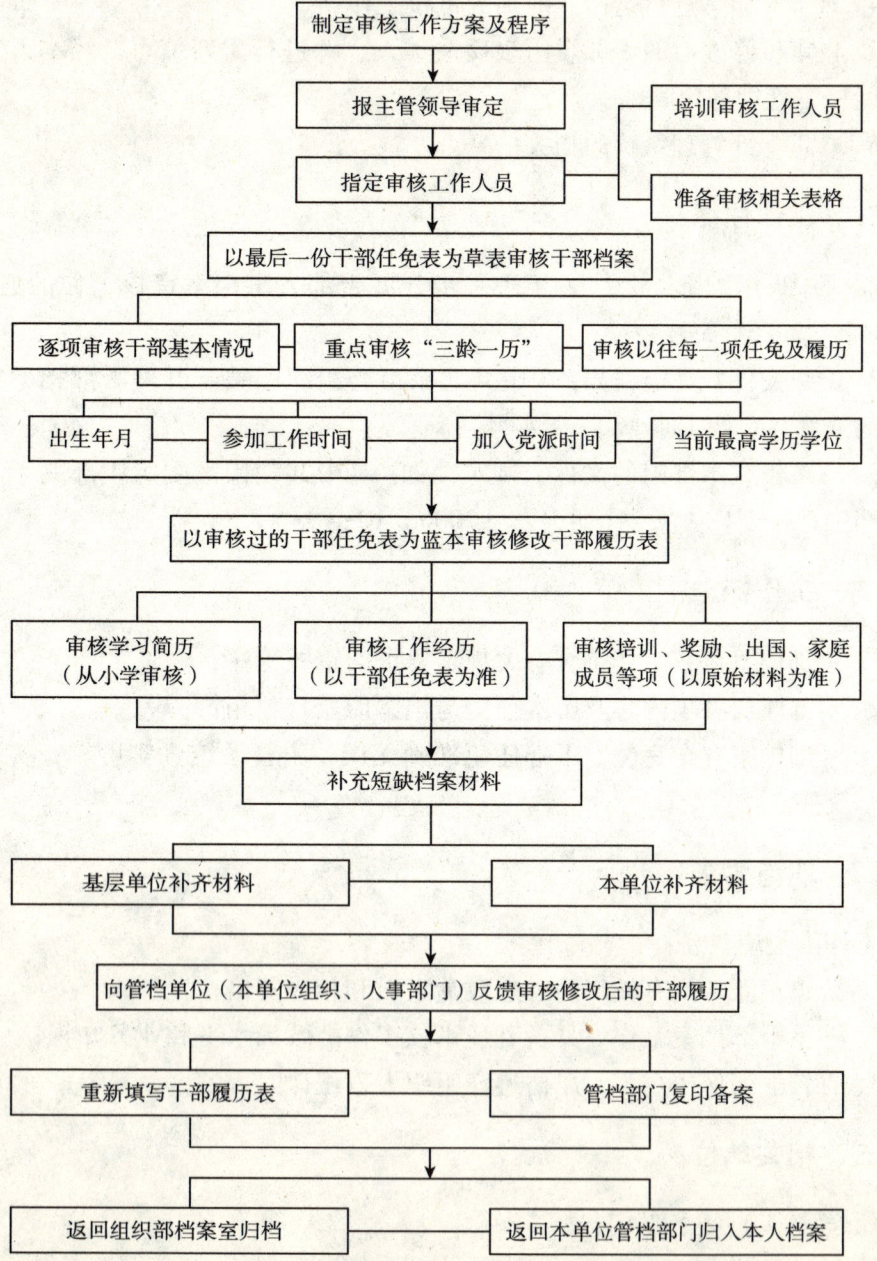

第二十六节　提拔处级领导干部档案管理工作

一、工作要点：

根据中央组织部、国家档案局关于《干部档案工作条例》第二章第六条关于"县以上（含县）机关、单位的干部档案要按照干部管理权限集中统一管理"的规定，做好提拔处级领导干部档案管理工作，为领导班子和干部队伍建设提供服务和基础保证。具体要点如下：

1. 按照干部档案审核程序，对被提拔的处级领导干部档案进行全面、准确的审核；
2. 按照规定与要求对被提拔的处级领导干部档案进行整理；
3. 对档案进行归档、整理、编号、入库。

二、工作依据：

1. 中央组织部《干部档案整理细则》；
2. 《中央组织部办公厅关于进一步开展干部人事档案审核工作的通知》（组厅字〔2006〕5号）；
3. 上级文件、规定，如：《中共北京市委组织部〈关于印发干部档案工作条例实施细则〉的通知》（京组通〔1991〕328号）。

三、工作标准：

1. 提拔处级领导干部档案管理工作符合有关规定及要求；
2. 档案审核符合规定的审核程序；
3. 档案整理达到完整、真实、条理、准确。

四、职岗要求：

工作人员应具备：
1. 较高的政治素质和相应资格；
2. 熟悉干部档案工作，具备胜任审核档案工作的政策水平和业务知识；

3. 严格遵守组织人事纪律，责任心强。

五、相关单位：

1. 党（工）委各部门；
2. 行政各部门；
3. 基层管档单位。

六、环节流程：

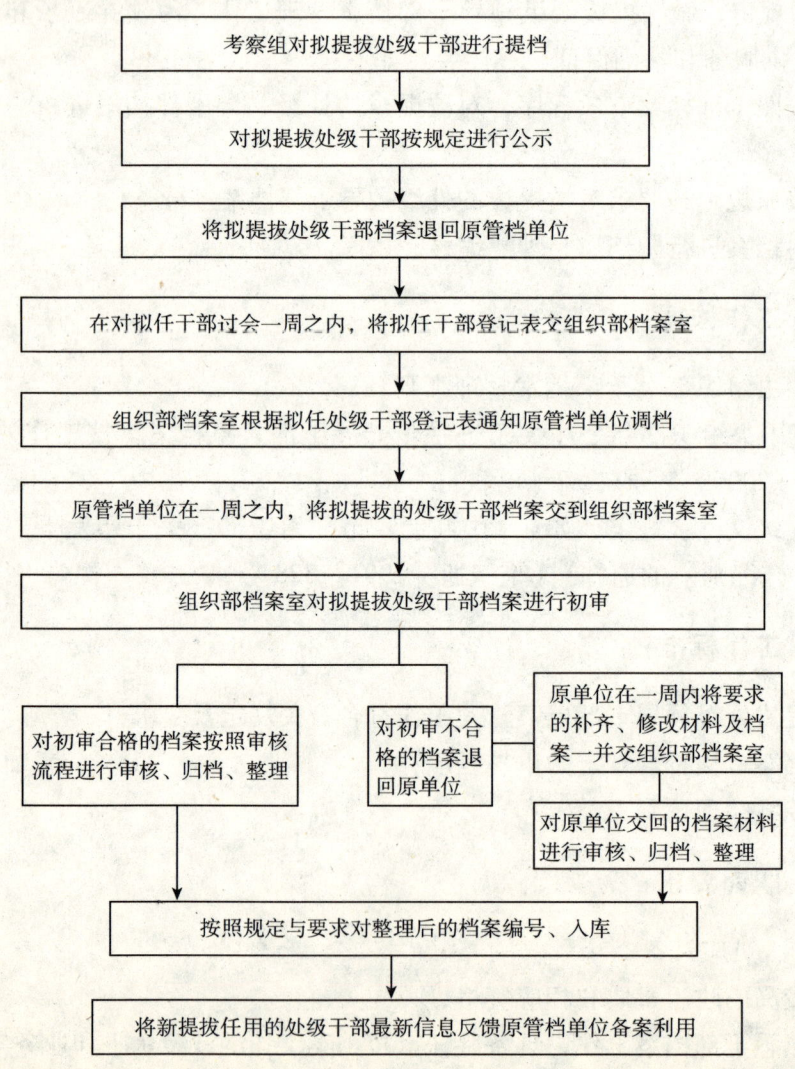

第二十七节　干部学历学位材料归档工作

一、工作要点：

根据《中央办公厅、国务院办公厅关于转发〈中央组织部、人事部、教育部、国务院学位委员会关于加强和规范干部学历、学位管理工作的意见〉的通知》（厅字［2002］4号）要求，认真做好干部的学历、学位清理、审核及相关材料的归档工作，为组织干部部门历史地、真实地、准确地、全面地考察了解干部和正确选拔任用人才提供依据。具体要点如下：

1. 对干部学历学位归档材料按照相关文件要求进行准确的审核认证；
2. 将审核后的相关学历、学位信息输入干部管理系统；
3. 将相关的学历、学位材料归档。

二、工作依据：

1.《中央组织部关于印发〈干部人事档案材料收集归档规定〉的通知》（组通字［1996］14号）；

2.《中央办公厅、国务院办公厅关于转发〈中央组织部、人事部、教育部、国务院学位委员会关于加强和规范干部学历、学位管理工作的意见〉的通知》（厅字［2002］4号）；

3.《中央组织部关于干部学历、学位检查清理实施意见的通知》（组厅字［2002］9号）；

4. 上级文件、规定，如：《中共北京市委组织部关于贯彻落实〈中央组织部办公厅关于干部学历、学位检查清理实施意见的通知〉的通知》（京组通［2002］45号）；

5.《学历、学位检查清理的依据》（中共北京市委组织部2002年9月3日）；

6.《国家教育部高校学生司关于有关学历认定政策的答复》（中共北京市委组织部干部调配处2003年3月4日）。

三、工作标准：

1. 对学历学位材料的收集、审核、归档工作符合有关规定的要求；
2. 归档的学历学位材料真实可靠，材料项目齐全完整；
3. 学历学位材料归档及时，干管系统信息输入准确。

四、职岗要求：

工作人员应具备：
1. 熟悉学历、学位审核、认证等相关业务知识；
2. 熟悉学历、学位档案材料形成、收集、归档的工作程序，具备胜任审核工作的政策水平和业务知识；
3. 了解国家承认学历、学位院校的相关信息；
4. 工作严谨细致，责任心强。

五、相关单位：

1. 国外学历、学位认证中心：中国留学服务中心；
2. 境内外联合办学学历、学位认证中心：全国高等学校学生信息咨询与就业指导中心；
3. 党（工）委各部门；
4. 行政各部门；
5. 基层管档单位。

六、环节流程：

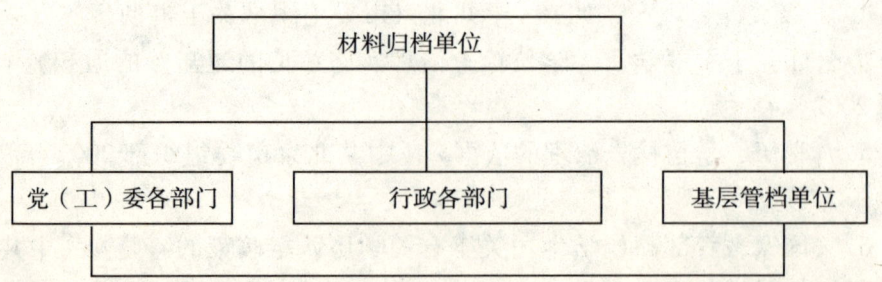

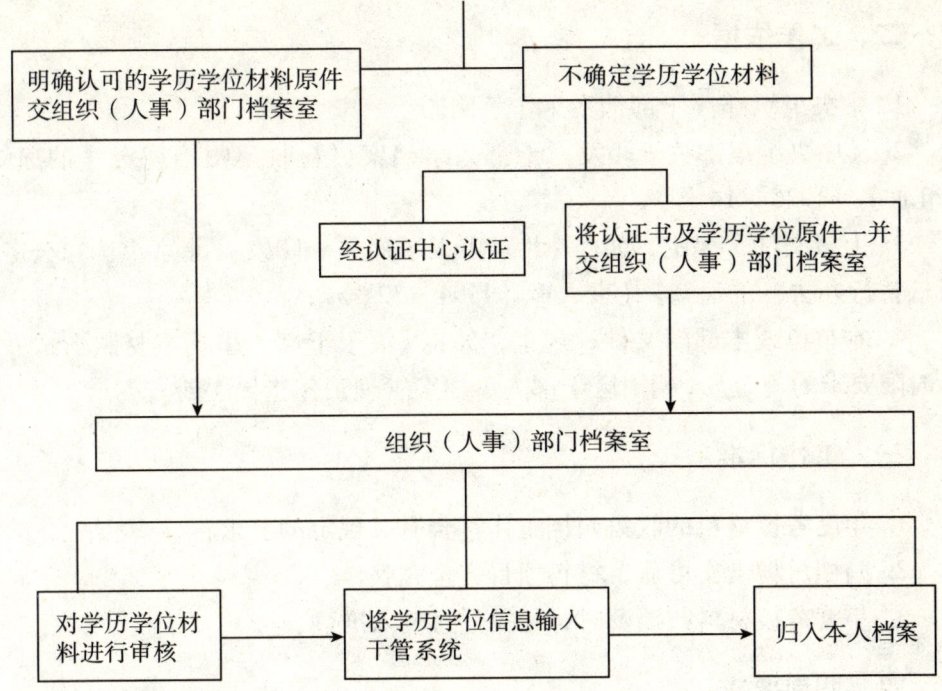

第二十八节　干部年度考核材料归档工作

一、工作要点：

根据《中华人民共和国公务员法》（主席令［第三十五号］）和《中央组织部关于印发〈干部人事档案材料收集归档规定〉的通知》（组通字［1996］14号）以及上级和本单位或本部门相关的文件规定，做好干部年度考核材料的收集归档工作，为组织干部部门历史地、全面地考察了解干部和正确选拔任用人才提供依据。具体要点如下：

1. 对归档的年度考核材料进行全面、准确的审核；
2. 将年度考核的相关信息输入干部管理系统；
3. 年度考核材料归档。

二、工作依据：

1. 中央组织部《干部档案工作条例》；
2. 《中央组织部关于印发〈干部人事档案材料收集归档规定〉的通知》（组通字〔1996〕14号）；
3. 上级文件、规定，如：《北京市人事局关于印发〈北京市国家公务员考核暂行办法〉的通知》（京人考〔1994〕32号）；
4. 本单位或本部门文件、规定，如：《关于干部人事档案材料形成及送达时限要求的规定》（朝阳区干部人事档案管理工作指导手册）。

三、工作标准：

1. 年度考核材料的收集归档工作符合有关规定的要求；
2. 归档材料真实可靠，材料项目齐全完整；
3. 年度考核材料归档及时，相关信息输入准确。

四、职岗要求：

工作人员应具备：
1. 具有较高的政治素质和相应资格；
2. 熟悉年度考核材料形成、收集、归档的工作程序和相关政策，具备审核年度考核内容的业务知识；
3. 工作严谨细致，责任心强。

五、相关单位：

1. 党（工）委各部门；
2. 行政各部门；
3. 基层管档单位。

六、环节流程：

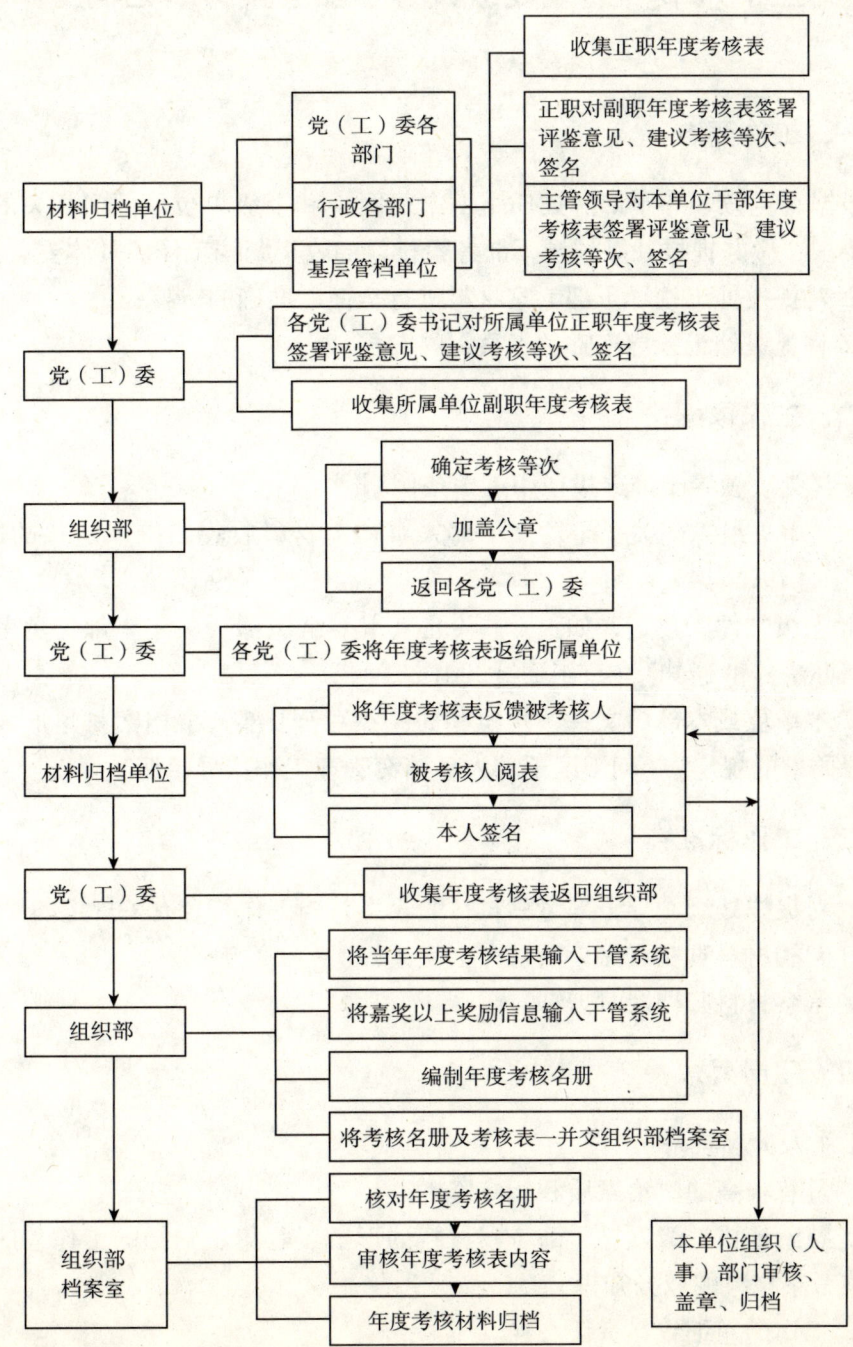

第二十九节　提拔处级领导干部考察材料归档工作

一、工作要点：

根据《党政领导干部选拔任用工作条例》和上级单位或部门相关的文件规定要求，做好提拔处级领导干部考察材料的收集归档工作。具体要点如下：

1. 对提拔处级领导干部考察材料进行全面、准确的审核；
2. 将提拔处级领导干部的考察材料归档。

二、工作依据：

1. 《党政领导干部选拔任用工作条例》；
2. 《中央组织部关于印发〈干部人事档案材料收集归档规定〉的通知》（组通字[1996]14号）；
3. 上级文件、规定，如：《中共北京市委组织部〈关于干部任免考察材料归档办法〉的通知》（京组通[2001]3号）；
4. 本单位或本部门文件、规定，如：《关于干部人事档案材料形成及送达时限要求的规定》（朝阳区干部人事档案管理工作指导手册）。

三、工作标准：

1. 对提拔处级领导干部考察材料的收集归档工作符合有关规定的要求；
2. 归档材料真实可靠，项目齐全完整；
3. 考察材料归档及时。

四、职岗要求：

工作人员应具备：
1. 具有较高的政治素质和相应资格；
2. 熟悉提拔处级领导干部考察材料的形成、收集、归档的工作程序，具备审核考察材料的业务知识；
3. 工作严谨细致，责任心强。

第二十九节 提拔处级领导干部考察材料归档工作

五、相关单位：

党（工）委组织部门。

六、环节流程：

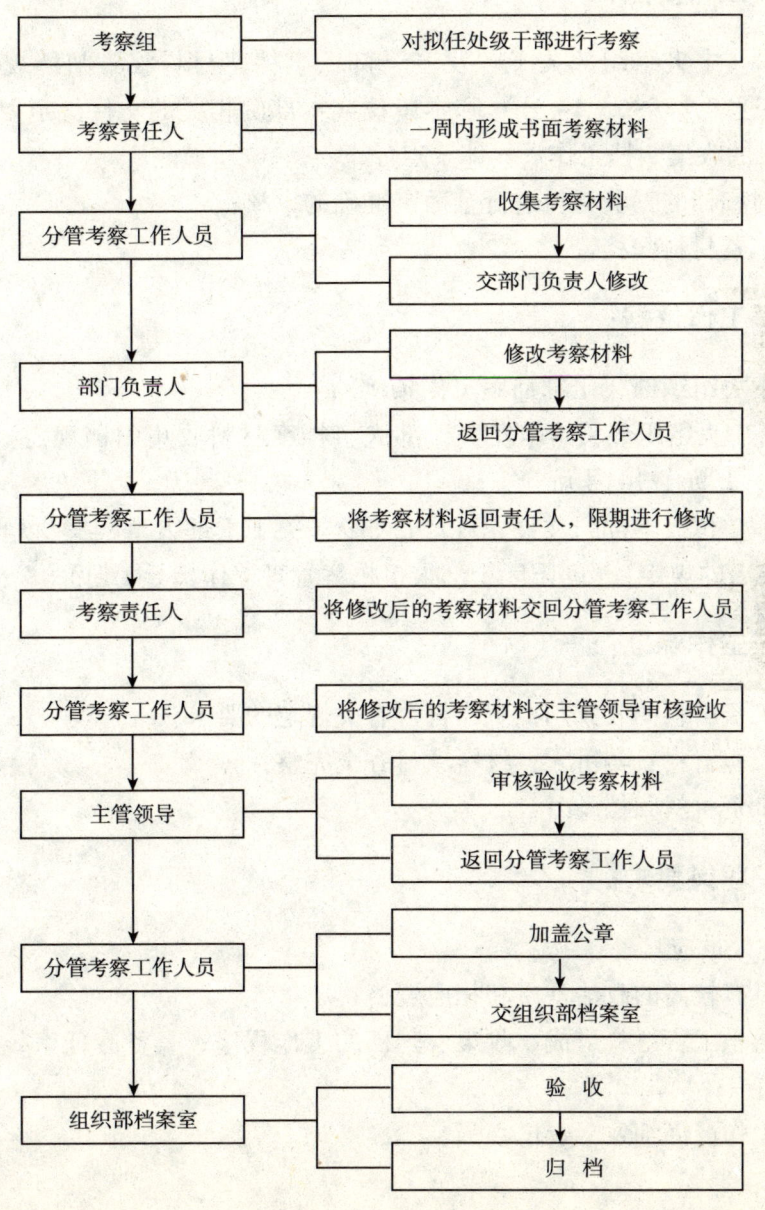

第三十节　干部工资审批材料归档工作

一、工作要点：

根据《中央组织部关于印发〈干部人事档案材料收集归档规定〉的通知》（组通字［1996］14号）和本单位或本部门相关的文件规定要求，做好工资材料的收集归档工作。具体要点如下：

1. 对归档的工资材料进行全面、准确的审核；
2. 工资材料归档。

二、工作依据：

1. 中央组织部《干部档案工作条例》；
2. 《中央组织部关于印发〈干部人事档案材料收集归档规定〉的通知》（组通字［1996］14号）；
3. 本单位或本部门文件、规定，如：《关于干部人事档案材料形成及送达时限要求的规定》（朝阳区干部人事档案管理工作指导手册）。

三、工作标准：

1. 工资材料的收集归档工作符合有关规定的要求；
2. 归档材料真实可靠，材料项目齐全完整；
3. 工资材料归档及时。

四、职岗要求：

工作人员应具备：

1. 具有较高的政治素质和相应资格；
2. 熟悉工资材料形成、收集、归档的工作程序，具备胜任审核工资材料的业务知识；
3. 工作严谨细致，责任心强。

第三十节 干部工资审批材料归档工作

五、相关单位：

1. 党（工）委各部门；
2. 行政各部门；
3. 基层管档单位。

六、环节流程：

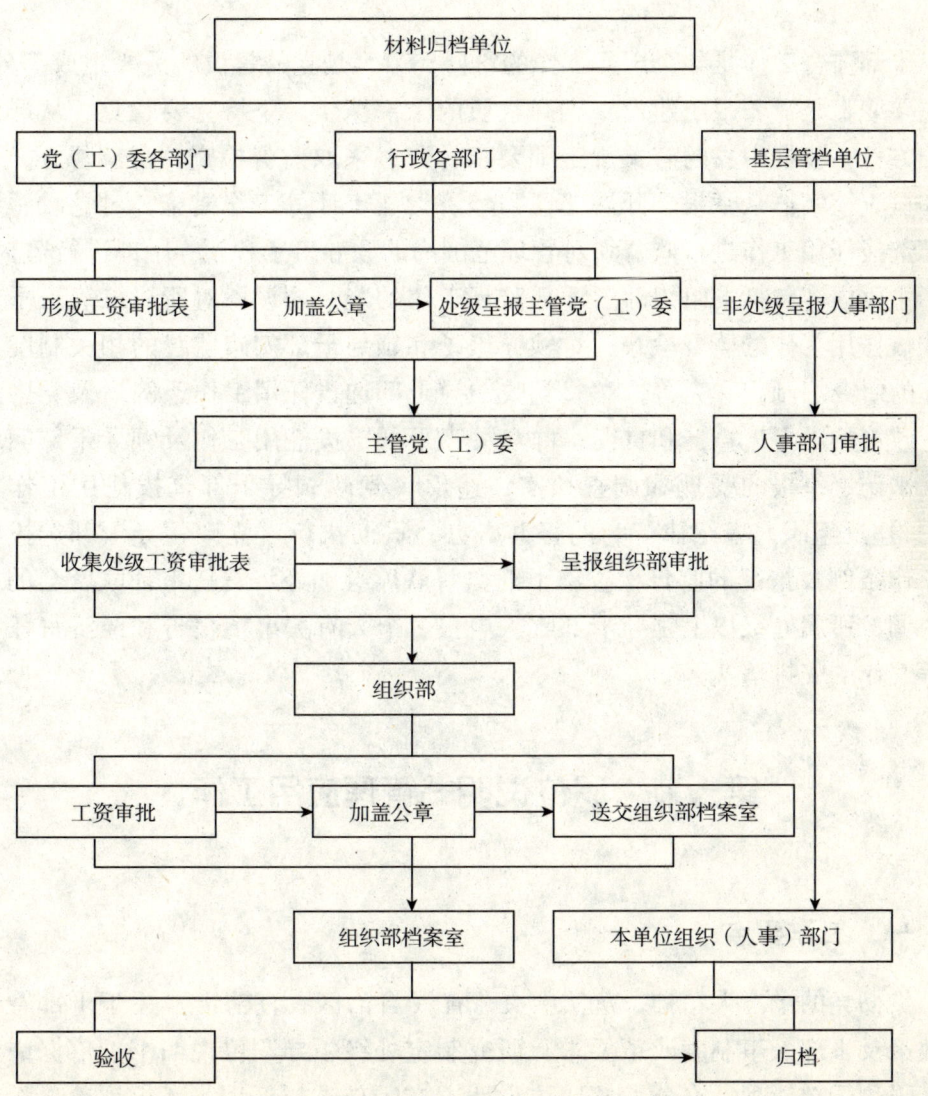

第三章　干部监督工作

干部监督工作是整个干部工作的重要环节，是党的建设的重要组成部分。其主要职责是：着眼于建设一支高素质的干部队伍，坚持党要管党、从严治党的方针，依据中央的有关规定和要求，通过采取监督检查、督察督办、受理和调查核实群众举报、开展巡视和经济责任审计等工作措施，对党政领导干部选拔任用工作进行监督和对管理范围内的领导班子和领导干部进行监督。

主要内容包括：组织部门干部监督工作的统一协调；对所属二级班子干部选拔任用工作的监督检查；对领导班子和领导干部实施监督的相关制度和措施的研究、制定和完善；对《党政领导干部选拔任用工作条例》及党内法规、政策的学习、宣传和贯彻；群众关于干部选拔任用工作及领导干部问题来信来访、举报的受理和调查核实，违反《党政领导干部选拔任用工作条例》、违反组织人事纪律行为的督办查办；贯彻执行《党政领导干部选拔任用工作条例》情况的监督检查；干部监督联席会、经济责任审计联席会的组织协调；所属处级以上领导干部收入申报、个人有关事项报告和经济责任审计等工作的安排落实。

第一节　职位说明书管理应用工作

一、工作要点：

贯彻党的十七大精神，落实中央、省（自治区、直辖市）关于干部管理的政策及干部人事制度改革要求，研究制定处级领导职位说明书，依据岗位职责强化干部管理，充分发挥职位说明书在干部选拔任用、考核评价、教育培训和监督激励中的作用，不断提高干部管理的制度化、规范化水平。具体要点如下：

1. 依据机构职能、工作性质与任务、职位职责与权限、任职条件与资格，进行职位分析，研究制订处级领导职位说明书；

2. 根据本单位或本部门处级领导职位空缺情况，依据职位说明书所确定的职位职责、任职条件和资格，选拔符合职位要求的处级领导干部；

3. 依据职位说明书所确定的职位职责和绩效指标，对处级领导干部的履职状况和工作实绩进行考核评价，根据考核结果任用和奖惩干部；

4. 依据职位说明书所确定的任职条件和资格，确定干部教育培养的方式和内容，有针对性地开展干部教育培训和培养锻炼工作，加强后备领导人才队伍建设；

5. 根据本单位或本部门下属单位职能配置、机构设置、领导职数配备变化的情况，及时对处级领导职位说明书进行修订。

二、工作依据：

1.《中华人民共和国公务员法》（主席令［第三十五号］）；
2.《党政领导干部选拔任用工作条例》（中发［2002］7号）；
3.《深化干部人事制度改革纲要》（中办发［2000］157号）；
4. 上级文件规定，如：《中共北京市委组织部关于印发〈关于制订和使用领导职位说明书的办法（试行）〉的通知》（京组发［2005］8号）。

三、工作标准：

1. 认真执行中央、省（自治区、直辖市）关于干部管理及干部人事制度改革的政策规定，合理界定处级领导职位的职责权限和任职资格条件，构建科学统一的处级领导干部职责管理体系；

2. 认真贯彻执行党的干部路线、方针和政策，依据处级领导职位说明书选拔任用干部，不断提升选人用人工作水平；

3. 依据处级领导职位说明书，加强干部日常管理和监督考核，不断提高干部管理的制度化、规范化水平；

4. 依据处级领导职位说明书，加强干部教育培训，强化能力素质，提升履职效能，切实提高领导班子建设和干部队伍建设水平；

5. 实事求是，公道正派，严格遵守组织人事工作纪律。

四、职岗要求:

工作人员应具备:

1. 具有较强的思想政治素质;
2. 熟悉有关干部管理及干部人事制度改革的政策规定,具有较高的政策水平;
3. 熟悉所属基层各单位职能配置、机构设置、人员编制及领导职数配置情况;
4. 具备一定的组织管理和人力资源管理知识,具有良好的组织能力和沟通协调能力。

五、相关单位:

本单位或本部门党委下属各工委、各基层单位。

六、环节流程:

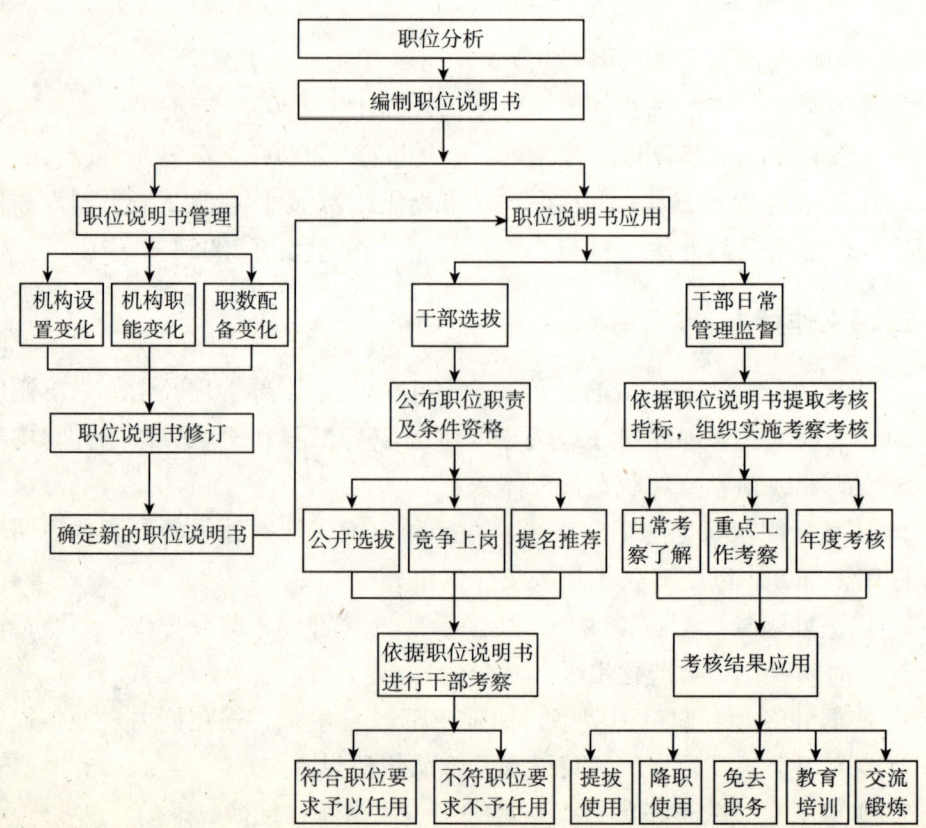

第二节 "12380"专线电话受理工作

一、工作要点：

根据中组部要求，全国组织系统要设立"12380"专用举报电话，加强干部工作中的民主监督，提高广大群众的知情权、参与权和监督权。结合实际情况，"12380"专线电话受理工作具体要点如下：

1. 接听记录：设专人接听电话，对举报人姓名、工作单位、职务、电话和举报对象以及举报的主要问题，逐一清楚地记入《"12380"受理举报情况记录表》；

2. 归口办理：根据举报内容和问题的严重程度，按照"分级负责，归口办理，谁主管谁负责，谁承办谁答复"的原则，直接答复或由责任单位对举报进行调查处理；

3. 催办结果：凡转有关部门处理，但未按时报告处理结果的均应催办；

4. 统计汇总：每季度对举报情况进行综合分析，分类统计，将结果汇报主管领导，并上报上级主管部门；

5. 归档整理：按照文书档案管理要求，将电话记录表、批办单、调查处理材料、季度综合分析、统计报表进行分类归档。

二、工作依据：

1. 组厅字［2005］12号文件《全国组织系统"12380"举报电话受理工作暂行规定》；

2. 上级文件、规定，如《关于做好组织系统"12380"专用举报电话受理工作的通知》（中共北京市委组织部）。

三、工作标准：

1. 接听电话要注意文明礼貌，耐心细致，电话记录要内容清楚，事实准确，记录完整；

2. 对当时能答复的要立即答复，对当时不能答复的要限时办理，实名举报要做到件件有回音，事事有着落；

3. 严格执行保密制度，不得将举报人情况和举报内容转给或者泄漏给被举报人及无关人员。

四、职岗要求：

工作人员应具备：

1. 公道正派，具有较高的思想政治素质；
2. 了解区情，熟悉本级党委管理处级领导干部情况；
3. 不卑不亢，具有一定的语言文字表达能力；
4. 严谨细致，一丝不苟，注重细节；
5. 清正廉洁，严守组织人事纪律，保守秘密。

五、相关单位：

1. 纪检监察部门；
2. 被举报人相关工委；
3. 被举报人所在单位。

六、环节流程：

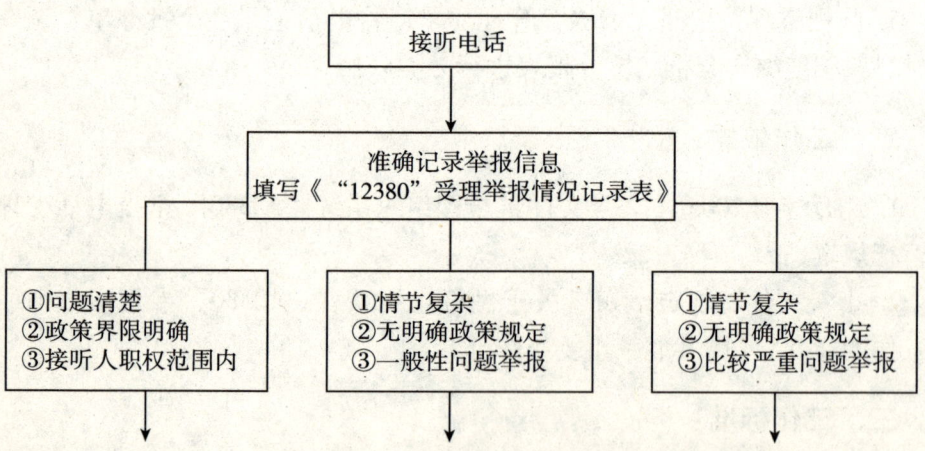

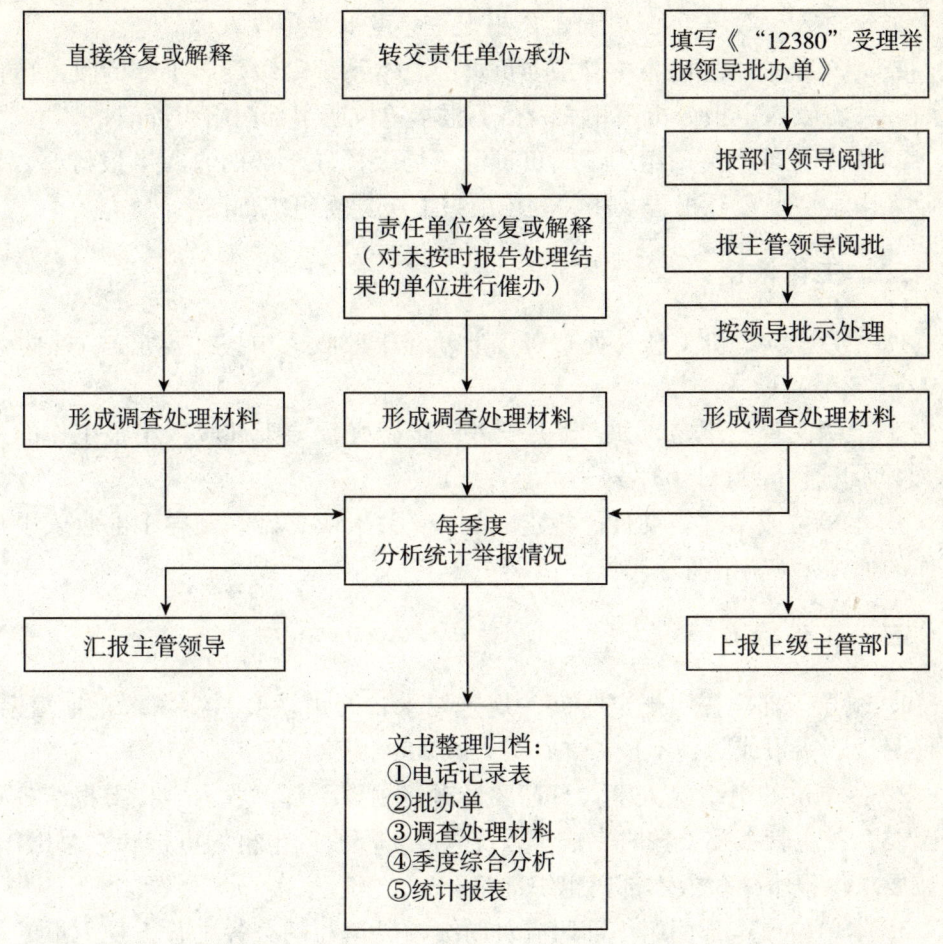

第三节 处级以上领导干部收入申报工作

一、工作要点：

为加强对领导干部的严格管理和监督，促进领导干部廉洁从政，根据十七大关于"加强干部选拔任用工作全过程监督"的精神及党中央有关规定，处级以上领导干部按照干部管理权限，每年应向组织（人事）部门申报个人收入。具体要点如下：

1. 领导干部收入申报工作每半年进行一次，本年度7月20日前申报本年

度上半年收入,次年 1 月 20 日前申报上一年度下半年收入;

2. 本单位或本部门各主管工委负责汇总本系统处级领导干部的收入申报材料,并将收入申报分析及相关表格上报本单位或本部门组织部门;

3. 本单位或本部门组织部门负责汇总局级领导干部的收入申报材料,并将收入申报情况汇总报告及相关表格上报上级党委组织部门。

二、工作依据:

1. 《关于党政机关县(处)级以上领导干部收入申报的规定》(中办发〔1995〕8 号);

2. 上级文件、规定,如:《关于进一步做好领导干部收入申报工作的通知》(京组通〔2003〕63 号);

3. 本单位或本部门文件、规定,如:《关于认真做好领导干部收入申报工作的通知》(朝组通〔2001〕19 号)。

三、工作标准:

1. 领导干部应按照规定时间、规定要求,严肃认真、实事求是地填写,不得漏报、错报或隐瞒不报,并在个人收入申报表上签字;

2. 各单位的组织(人事)部门要及时将领导干部的收入申报上报给各主管工委,各主管工委要按时完成本系统领导干部收入申报的审核和汇总工作,并按要求上报本单位或本部门组织部门;

3. 本单位或本部门组织部门应对局级领导填写的、各主管工委上报的材料认真审核,及时进行汇总分析,在规定时限内完成此项工作。

四、职岗要求:

工作人员应具备:

1. 政治素质好,组织观念强,坚持原则,依法行政;

2. 掌握党和国家与干部工作相关的方针、政策、法律法规,熟悉组织人事政策和干部科业务工作,能够熟练操作干部监督信息管理系统;

3. 工作认真细致、严谨规范,组织协调能力和文字能力较强。

五、相关单位:

1. 上级党委组织部门干部监督主管处室;

2. 本单位或本部门党委（党组）办公室、政府办公室、人大办公室、政协办公室及其他局级领导所在单位；

3. 本单位或本部门各主管工委。

六、环节流程：

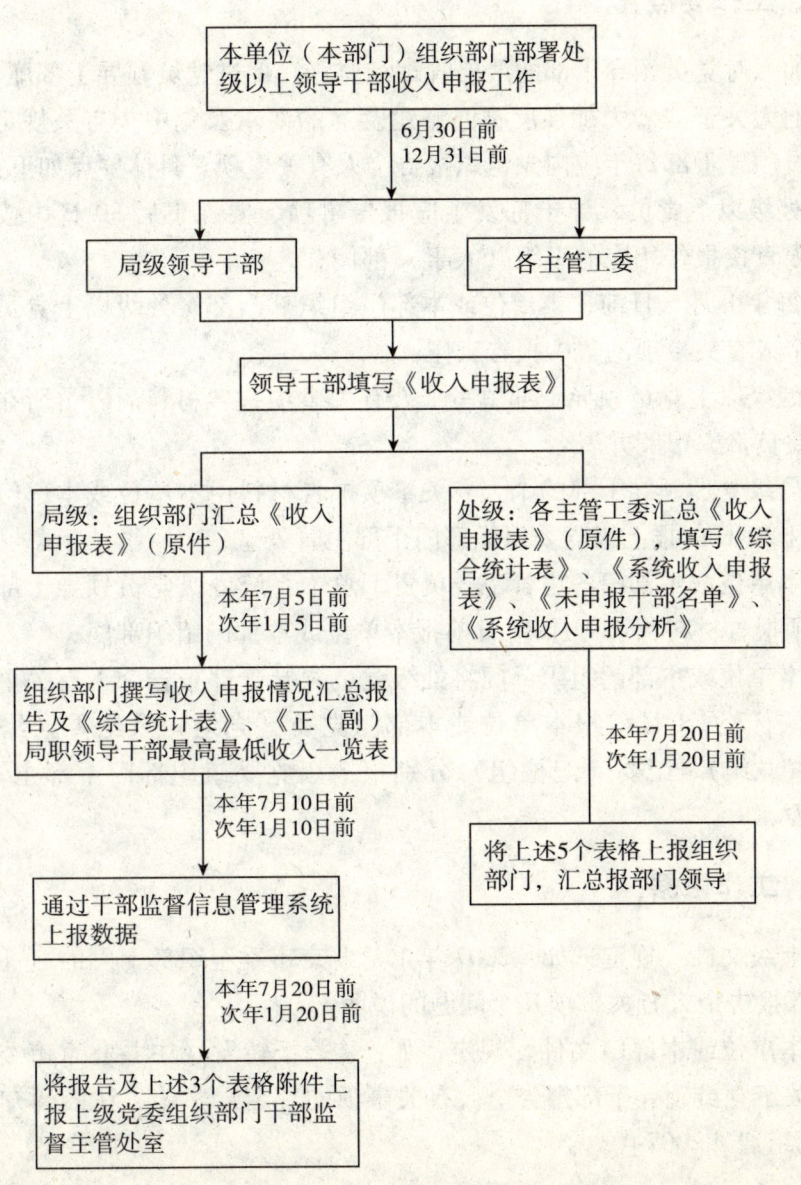

第四节　处级以上党员领导干部报告个人有关事项工作

一、工作要点：

为加强对党员领导干部的严格管理和监督，促进党员领导干部廉洁从政，根据十七大关于"着力加强反腐倡廉建设"的要求及党中央有关规定，处级以上党员领导干部每年应向党组织报告个人有关事项。具体要点如下：

1. 处级以上党员领导干部发生应报告事项，要在事后 30 日内按照干部管理权限直接报告相应的组织（人事）部门；

2. 每年 1 月 5 日前，本单位或本部门组织部门部署处级以上党员领导干部报告个人有关事项的集中报告工作；

3. 处级以上党员领导干部填写个人有关事项报告材料后，由所在单位党组织主要负责人审阅并署名；

4. 局级党员领导干部的个人有关事项报告材料由本单位或本部门组织部门于 1 月 20 日前报上级党委组织部门干部主管处室；

5. 本单位或本部门各主管工委负责汇总本系统处级党员领导干部的个人有关事项报告材料，于 1 月 31 日前报本单位或本部门组织部门；

6. 本单位或本部门组织部门将处级党员领导干部报告个人有关事项的情况报告，于 3 月 1 日前报本单位或本部门党委（党组）及纪委（纪检组），由党委（党组）、纪委（纪检组）分别报上级党委组织部门干部主管处室、上级纪委。

二、工作依据：

1. 上级文件、规定，如：2007 年 1 月北京市委组织部下发的《关于党员领导干部报告个人有关事项几个问题的说明》。

2. 本单位或本部门文件、规定，如：《关于转发〈中共北京市委办公厅印发《关于党员领导干部报告个人有关事项的规定》实施办法的通知〉的通知》（朝组通〔2007〕2 号）。

三、工作标准：

1. 党员领导干部报告个人有关事项必须实事求是，不得隐瞒或虚报；报告不清楚、不完整的，应限期补充报告或者重新报告；对无正当理由不按时报告的、不如实报告的、隐瞒不报的和不按党组织答复意见办理的，组织部门应当调查核实，并视情节轻重，采取批评教育、限期改正、责令作出检查、诫勉谈话、通报批评等方式予以处理。

2. 组织部门应按照干部管理权限，受理相关报告事项，在规定时限内完成此项工作，并将结果作为考察、考核党员领导干部的一项重要内容；对报告的个人有关事项内容，应当予以保密。

四、职岗要求：

工作人员应具备：

1. 政治素质好，组织观念强，坚持原则，依法行政；
2. 掌握党和国家与干部工作相关的方针、政策、法律法规，熟悉组织人事政策和干部科业务工作，能够熟练操作干部监督信息管理系统；
3. 工作认真细致、严谨规范，组织协调能力和文字能力较强。

五、相关单位：

1. 上级党委组织部门干部主管处室、干部监督主管处室；
2. 本单位或本部门纪委（纪检组）；
3. 享受局级待遇的领导干部所在单位；
4. 本单位或本部门党委各主管工委。

六、环节流程：

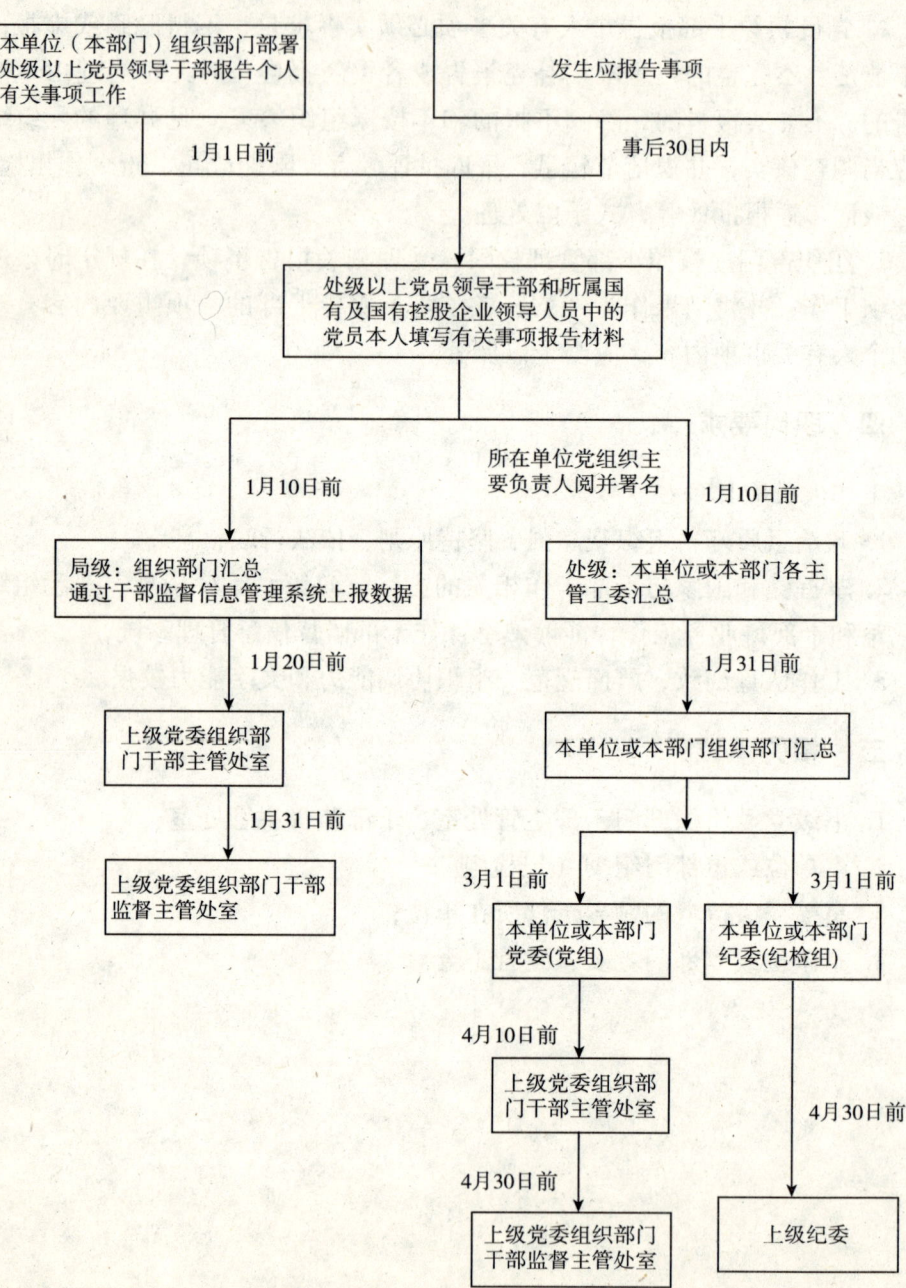

第五节　处级领导干部经济责任审计工作

一、工作要点：

为加强对处级领导干部的管理监督，严肃财经纪律，促进廉政勤政建设，根据十七大关于"加强干部选拔任用工作全过程监督"和"着力加强反腐倡廉建设"的精神，按照本单位或本部门的相关规定，对处级领导干部进行经济责任审计。具体要点如下：

1. 每年1月份根据上年处级班子"一把手"变动情况，研究提出本年度初步审计对象；

2. 每年第一季度召开本单位或本部门经济责任审计联席会，研究确定本年度审计对象；

3. 向本单位或本部门审计部门下达《任期经济责任审计委托书》，由审计部门负责审计实施工作，并上报审计结果报告；

4. 将审计结果作为对处级领导干部提拔使用、监督管理的参考依据。

二、工作依据：

1.《中华人民共和国审计法》（主席令［第四十八号］）；

2.《中共中央办公厅关于县级以下党政领导干部任期经济责任审计暂行规定》（中办发［1999］20号）；

3. 上级文件、规定，如：《关于印发〈北京市区县级以下党政领导干部任期经济责任审计暂行办法〉和〈北京市国有企业及国有控股企业领导人员任期经济责任审计暂行办法〉的通知》（京办发［2000］2号）；

4. 本单位或本部门文件、规定，如：

（1）《中共北京市朝阳区委办公室、北京市朝阳区人民政府办公室关于印发〈北京市朝阳区关于对处级领导干部实行离任经济责任审计监督的办法〉的通知》（朝办发［1995］35号）；

（2）《中共北京市朝阳区委办公室、北京市朝阳区人民政府办公室印发〈关于贯彻执行北京市领导干部任期经济责任审计"两个暂行办法"的实施办法〉的通知》(朝办发〔2000〕27号)。

三、工作标准:

1. 坚持党管干部、实事求是、群众路线和依法办事的原则,严格履行有关规定要求的经济责任审计各项程序;

2. 根据领导干部的调整情况,结合重点资金、重点项目、重点部门及领导干部任期时间长短等因素,确定需审计的领导干部名单,及时发出审计委托书;

3. 依据审计意见,及时对领导干部的提拔使用提出合理化建议。

四、职岗要求:

工作人员应具备:

1. 政治素质好,组织观念强,工作认真细致、严谨规范;

2. 掌握党和国家与经济责任审计工作相关的方针、政策、法律法规,熟悉组织人事政策和干部科业务工作;

3. 组织协调能力、综合分析能力、语言文字表达能力较强。

五、相关单位:

1. 本单位或本部门经济责任审计联席会成员单位;

2. 被审计领导干部原任职单位。

六、环节流程:

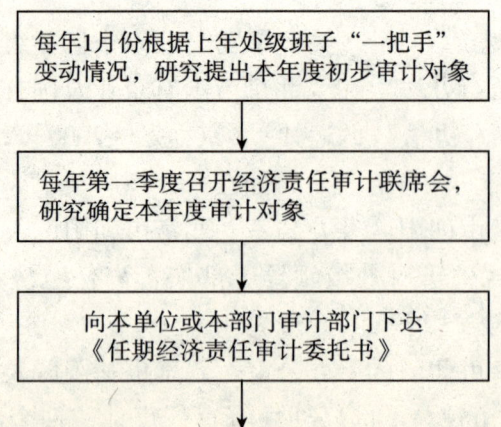

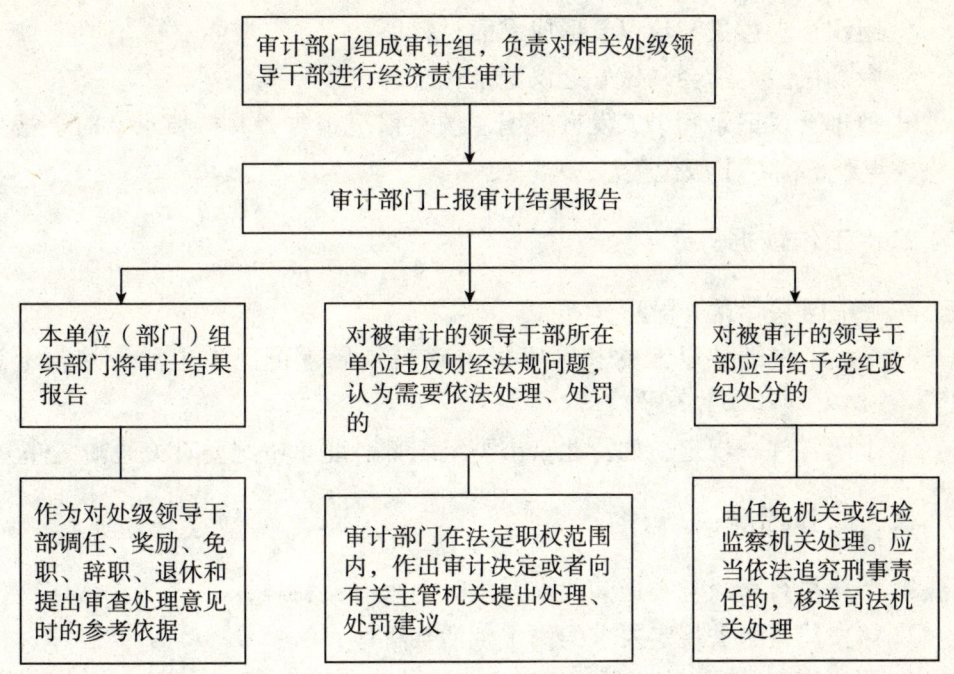

第六节 局级领导班子民主生活会工作

一、工作要点：

按照十七大关于"切实改进党的作风"、"着力建设高素质领导班子"的精神，根据中央和上级党委要求，定期召开局级民主生活会，通过发扬党内民主，开展批评和自我批评，提高依靠自身力量解决矛盾的能力，保证党的路线、方针、政策和决议的贯彻执行。具体要点如下：

1. 确定民主生活会主题，制订民主生活会方案，并按要求及时上报上级党委组织部门、上级纪委；

2. 联合本单位或本部门党委（党组）办公室、宣传部门、纪检部门等召开协调会，明确分工，各负其责；

3. 通知局级党委（党组）班子成员准备好发言提纲，做好发言准备，开展谈心活动；

4. 组织征求意见和建议，形成书面材料；

5. 参加民主生活会，做好会议记录；

6. 整理会议记录和个人发言提纲，撰写情况报告，并按要求及时上报上级党委组织部门、上级纪委。

二、工作依据：

1. 《中国共产党章程》；

2. 《关于改进县以上党和国家机关党员领导干部民主生活会的若干意见》（中组发［2000］3号）；

3. 上级文件、规定，如：北京市委组织部、北京市纪委有关通知文件。

三、工作标准：

1. 严格执行上级党委通知要求，按时上报有关材料；

2. 严格履行有关规定要求的民主生活会程序；

3. 严格遵守各项组织人事纪律；

4. 汇报材料全面、客观、准确、清楚。

四、职岗要求：

工作人员应具备：

1. 具有较高的思想政治素质；

2. 熟练掌握相关政策法规和业务知识；

3. 作风严谨细致，注重细节；

4. 严守组织人事纪律，保守秘密；

5. 具有较强的沟通能力和语言文字表达能力。

五、相关单位：

1. 本单位或本部门纪检部门；

2. 本单位或本部门党委（党组）办公室；

3. 本单位或本部门宣传部门。

六、环节流程：

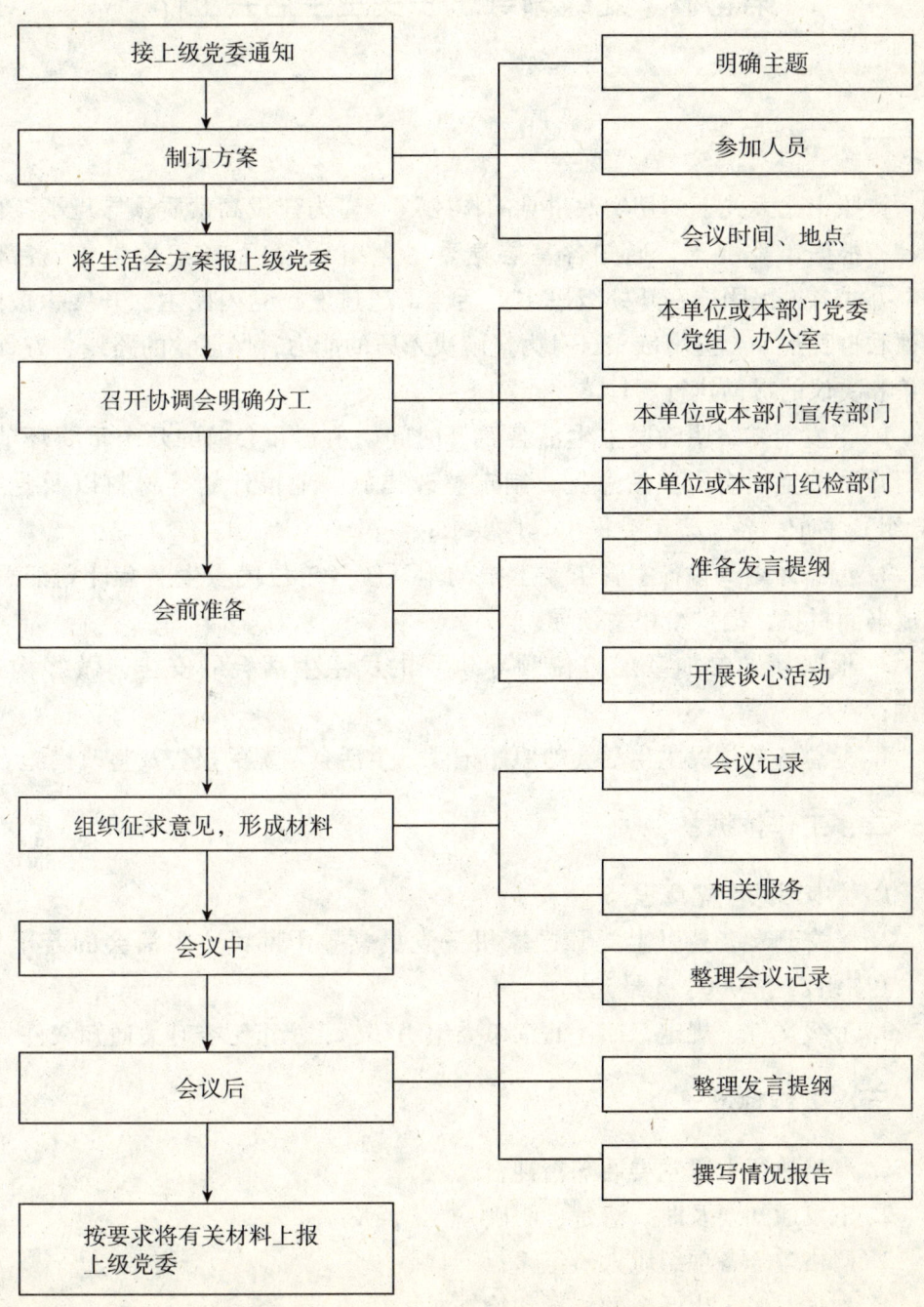

第七节 处级领导班子民主生活会工作

一、工作要点：

按照十七大关于"切实改进党的作风"、"着力建设高素质领导班子"的精神，根据市委要求，通知各基层党委（党组）、纪委（纪检组），各部、委、办，各人民团体召开处级民主生活会，通过发扬党内民主，开展积极的批评和自我批评，提高依靠自身力量解决矛盾的能力，保证党的路线、方针、政策和决议的贯彻执行。具体要点如下：

1. 下发通知。明确民主生活会召开时间、主题和会前的几个重要环节；对召开民主生活会、反馈意见、制定整改措施、上报计划等材料以及党委（党组）书记、各主管工委提出具体要求；

2. 汇总计划。将各主管工委上报的本系统各单位民主生活会计划汇总，形成书面材料，提供给相关领导；

3. 根据领导参加基层单位领导班子的民主生活会的安排，做好沟通协调；

4. 汇总各单位民主生活会的原始记录、生活会情况的报告及整改措施。

二、工作依据：

1. 《中国共产党章程》；
2. 《关于改进县以上党和国家机关党员领导干部民主生活会的若干意见》（中组发[2000]3号）；
3. 上级文件、规定，如：北京市委组织部、北京市纪委有关通知文件。

三、工作标准：

1. 严格执行上级党委通知精神；
2. 下发通知要及时、清楚、明确；
3. 严格遵守各项组织人事纪律；
4. 加强对民主生活会的指导和检查。

四、职岗要求：

工作人员应具备：

1. 具有较高的政治思想水平；
2. 了解各处级班子的基本情况；
3. 熟悉相关政策法规和业务知识；
4. 严守组织人事纪律，保守秘密；
5. 具有较强的语言文字表达能力和组织协调能力。

五、相关单位：

1. 本单位或本部门纪检部门；
2. 本单位或本部门各主管工委。

六、环节流程：

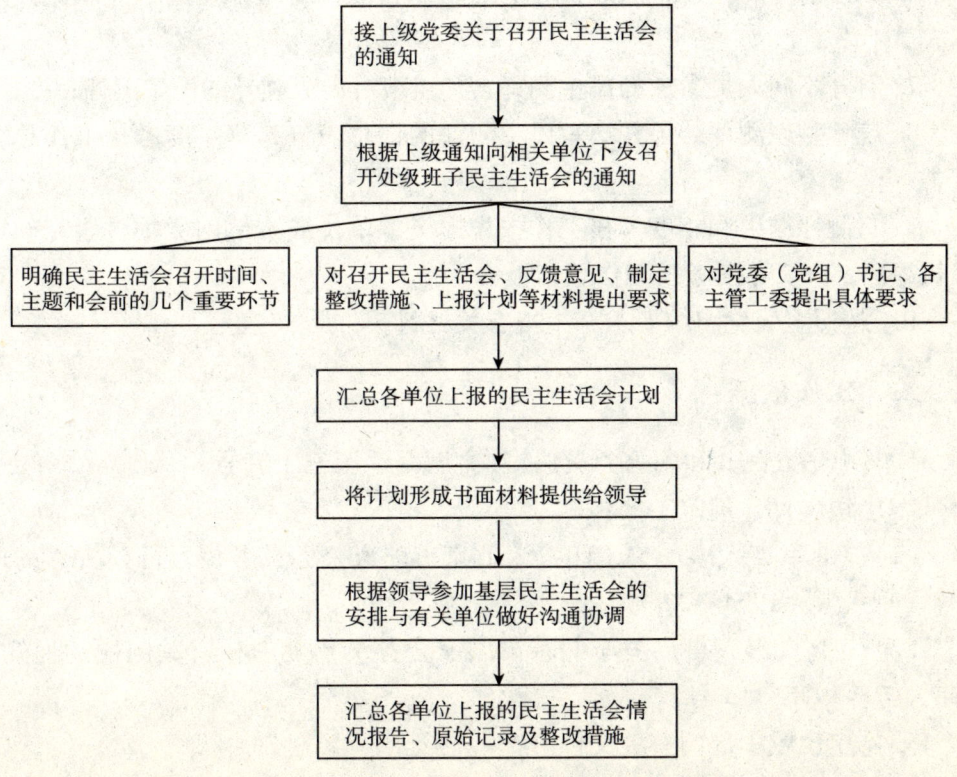

第八节　局级干部年度考核工作

一、工作要点：

按照上级党组织的部署和要求，结合本单位或本部门实际，开展局级干部年度考核工作。具体工作要点如下：

1. 制定考核工作初步方案。明确时间安排、考核程序及述职测评的方式、范围等；
2. 向本单位或本部门党委汇报工作方案；
3. 发出考核通知；
4. 收集述职报告、年度考核表；
5. 起草测评方案，确定测评范围；
6. 测评前一周内，将局级领导的书面述职报告复印并发放到述职测评范围人员手中；
7. 召开不同人员参加的民主测评会，组织对局级领导的民主测评；
8. 统计整理测评结果并填写民主测评的汇总表，起草年度考核工作总结报告；
9. 将测评结果和年度考核工作报告提交本单位或本部门党委，研究确定考核等次，审议年度考核工作总结报告；
10. 按照上级党组织要求，上报有关材料。

二、工作依据：

1. 《中华人民共和国公务员法》（主席令［第三十五号］）；
2. 上级文件、规定，如：
（1）《北京市人事局关于印发〈北京市国家公务员考核暂行办法〉的通知》（京人考［1994］32号）；
（2）《北京市人事局关于北京市国家公务员年度考核有关问题的通知》（京人考［1996］13号）；
3. 本单位或本部门有关文件。

三、工作标准：

1. 认真执行考核的政策规定；
2. 严格履行有关规定要求的考核程序；
3. 起草考核报告要如实反映考核情况；
4. 严格遵守考核工作纪律。

四、职岗要求：

工作人员应具备：
1. 具有较高的思想政治素质；
2. 组织纪律观念强；
3. 具有胜任考核工作所需要的政策水平和业务知识；
4. 具有一定的综合分析能力和文字表达能力。

五、相关单位：

1. 党委办公室、人大办公室、政府办公室、政协办公室；
2. 组织部门、宣传部门、纪检监察部门；
3. 参加局级考核的其他人员所在单位。

六、环节流程：

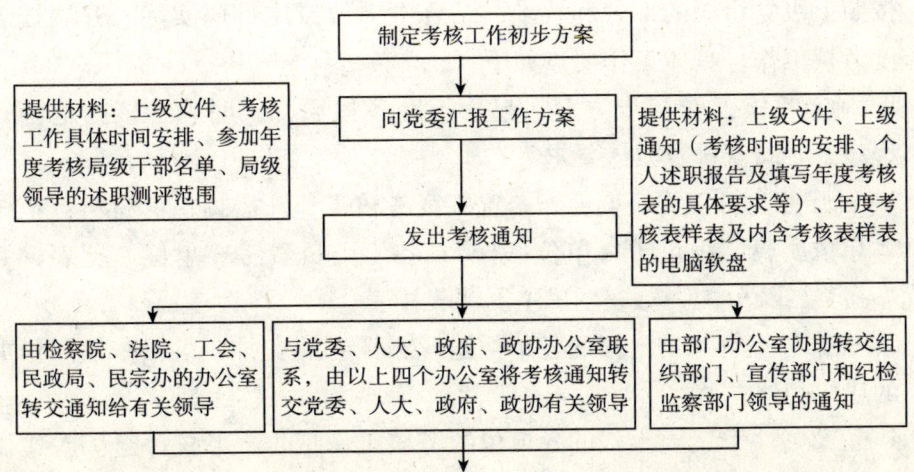

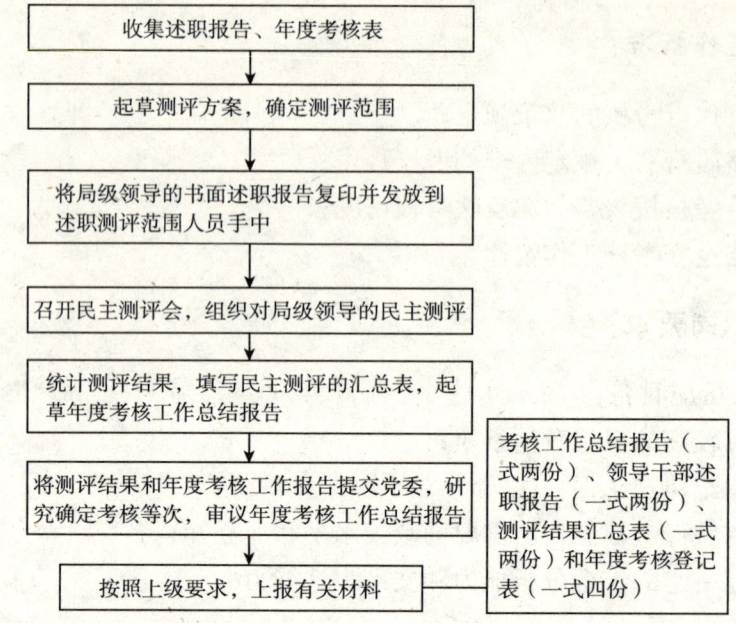

第九节　处级干部年度考核工作

一、工作要点：

按照上级党组织的部署和要求，结合本单位或本部门实际，开展处级干部年度考核工作。具体工作要点如下：

1. 制定考核工作初步方案，起草年度考核通知，明确考核的范围、内容、程序、时间安排及具体要求等；

2. 召开各主管工委协调会，布置年度考核工作。需提供的材料：考核通知（本单位所属二级班子每单位一份）；各工委负责考核单位一览表；考核评优、嘉奖名额分配一览表；民主测评表样表；

3. 根据各主管工委上报的各单位述职测评时间安排，组织参加部分重点单位的述职测评；

4. 汇总各主管工委上报的各单位的考核工作报告、考核评定等次建议名单、干部个人总结（述职报告）及干部年度考核登记表等材料；

5. 考核领导小组研究确定考核等次；

6. 将考核等次结果书面通知各主管工委，由各主管工委负责向本系统的干部反馈考核结果；

7. 对年度考核结果整理、分类、存档。

二、工作依据：

1. 《中华人民共和国公务员法》（主席令［第三十五号］）；

2. 上级文件、规定，如：

（1）《北京市人事局关于印发〈北京市国家公务员考核暂行办法〉的通知》（京人考［1994］32号）；

（2）《北京市人事局关于北京市国家公务员年度考核有关问题的通知》（京人考［1996］13号）；

3. 本单位或本部门有关文件，如：

（1）《北京市朝阳区处级党政领导班子和领导干部考核工作实施细则》（朝组通［2000］38号）；

（2）北京市朝阳区人事局有关公务员年度考核工作的文件。

三、工作标准：

1. 认真执行考核的政策规定；

2. 加强对处级干部考核的指导和检查；

3. 严格遵守考核工作纪律。

四、职岗要求：

工作人员应具备：

1. 具有较高的政治思想水平；

2. 了解各处级班子的基本情况；

3. 严守组织人事纪律，保守秘密；

4. 具有较强的语言文字表达能力和组织协调能力。

五、相关单位：

本单位人事部门；各主管工委。

六、环节流程：

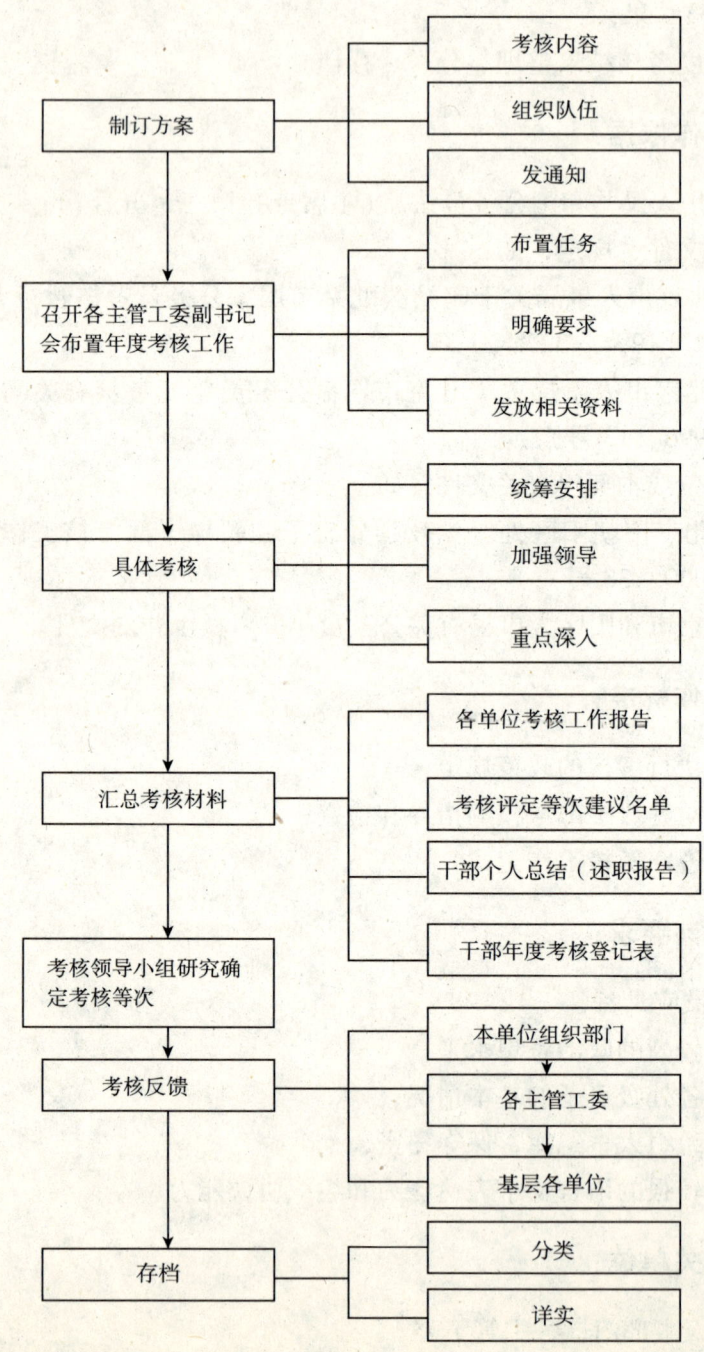

第十节　定期分析处级领导班子和领导干部工作

一、工作要点：

为加强领导班子和干部队伍建设，实现对领导班子和领导干部的动态管理，根据干部考核评价的有关政策精神，实施定期分析处级领导班子和干部工作。具体要点如下：

1. 按照上级工作精神，制定年度计划，确定工作重点；
2. 安排分工，明确分析的重点对象和重点内容；
3. 督促落实，做到分析工作经常化，分析信息反馈及时；
4. 汇总本单位或本部门相关主管党工委的反馈信息，整体分析，形成分析结果，提出科学合理建议；
5. 分析中的重要信息和分析结果及时上报本单位或本部门党委（党组）；
6. 针对分析结果提出合理化建议。

二、工作依据：

1. 《中华人民共和国公务员法》（主席令［第三十五号］）；
2. 《党政领导干部选拔任用工作条例》（中发［2002］7号）；
3. 上级文件、规定，如：《体现科学发展观要求的地方党政领导班子和领导干部综合考核评价试行办法》（中组发［2006］14号）；
4. 依据工作实际需要。

三、工作标准：

工作人员应具备：
1. 严格执行年度工作计划；
2. 严格履行工作程序；
3. 严格遵守组织人事纪律；
4. 汇报材料要求写实、准确、精炼；汇报要求及时、充分。

四、职岗要求：

工作人员应具备：

1. 公道正派，具有较高的思想政治素质；
2. 熟悉组织人事工作，具有胜任分析工作的政策水平和业务知识；
3. 具有一定的综合分析能力和语言文字表达能力；
4. 作风严谨细致，注重听取各方面的意见；
5. 严守组织人事纪律，保守秘密。

五、相关单位：

本单位或本部门相关主管党工委。

六、环节流程：

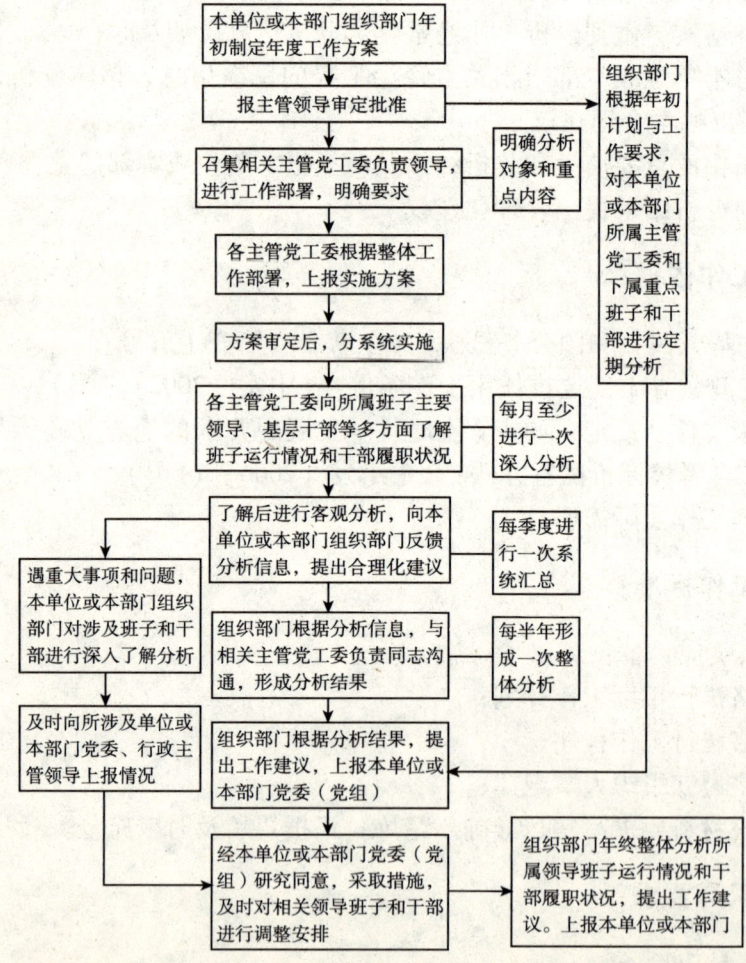

第四章　人才工作

　　中共中央、国务院《关于进一步加强人才工作的决定》中明确指出："党管人才主要是管宏观，管政策，管协调，管服务。各级党委要按照管好用活的要求，搞好统筹规划，制定人才工作重大方针政策，明确发展目标，坚持分类指导，积极提供服务，实行依法管理。"组织部门作为党委的重要职能部门，在党的人才工作中担负着"牵头抓总"的职责，重点是做好统筹规划、加强宏观指导，研究政策、为党委当好参谋，综合协调、加强力量整合，营造环境、建立激励机制，突出重点、直接掌握以至管理一批急需的优秀人才，努力做到用事业造就人才、用环境凝聚人才、用机制激励人才、用法制保障人才，更好地统筹人才发展和经济社会发展，更好地统筹人才工作的各个方面，把人才管好用活，为人才成长和充分发挥作用提供更有力的支持和更优良的服务。

第一节　人才工作领导小组会

一、工作要点：

　　人才工作领导小组会是全区人才工作的最高决策机构。

　　人才工作领导小组会主要职责是传达、学习重要会议、文件及讲话精神，研究贯彻具体实施意见；研究、部署全年人才工作要点和人才项目，总结全年工作；对重大事项进行研究决策。

　　参加会议范围是人才工作领导小组全体成员单位。

　　负责会议组织服务的主要事项：上年人才工作总结、人才项目评选方案和当年人才工作思路、要点、人才项目立项方案等材料的文字准备工作；通知会议召开的时间、地点、议题、负责会议记录等相关的会务组织服务工作；负责会议决定事项督办及会议材料整理、存档等工作。

二、工作依据：

1.《中共中央、国务院关于进一步加强人才工作的决定》（2003年12月26日）；

2. 胡锦涛在中国共产党第十七次全国代表大会上的报告；

3. 本单位或本部门文件、规定，如：

（1）《朝阳区"十一五"时期人才事业发展规划》；

（2）《朝阳区人才工作领导小组及办事机构工作职责》；

（3）《朝阳区人才工作领导小组工作规则》。

三、工作标准：

1. 严格执行中央、上级和本党委有关制度规定；

2. 会务组织程序严谨、规范，会议记录清晰、准确，并做好整理、存档等工作；

3. 注重实效，会议决定事项严格督查督办，并及时反馈。

四、职岗要求：

工作人员应具备：

1. 工作认真负责，严谨细致；

2. 具有较强的沟通和协调能力；

3. 具有较强的文字表达能力。

五、相关单位：

人才工作领导小组各成员单位。

六、环节流程:

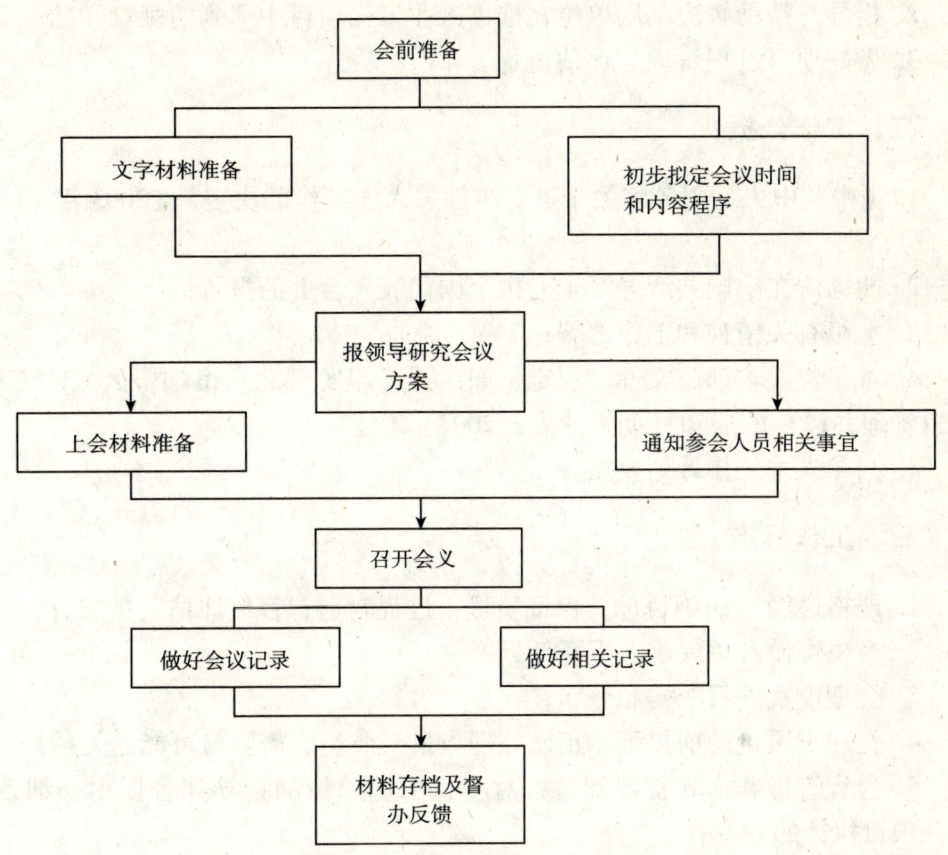

第二节 人才工作项目管理

一、工作要点:

实行人才工作项目管理,有利于加强对人才工作的统筹协调,有利于推进重点任务的完成,是实现管理的科学化、规范化和制度化的重要途径。工作要点如下:

1. 依据年度人才工作要点,在基层单位按人才工作要点与本单位重点任务提报人才工作项目的基础上，梳理、整合、确定年度人才工作项目，并将项目书下发到各基层单位；

2. 指导与帮助解决基层单位在推进人才工作项目中遇到的疑难问题；

3. 做好项目过程管理与评估监督。

二、工作依据：

1. 《中共中央、国务院关于进一步加强人才工作的决定》（2003 年 12 月 26 日）；

2. 胡锦涛在中国共产党第十七次全国代表大会上的报告；

3. 上级有关精神和工作部署；

4. 本单位或本部门文件、规定，如：关于印发《北京市朝阳区人才工作项目管理办法》的通知（朝人才发［2007］2 号）；

5. 当年人才工作计划要点。

三、工作标准：

1. 严格遵循"明确目标，保证质量，过程管理，督促评估"的方针；

2. 严格遵循有关要求，不降低标准；

3. 合理设置项目结构和分布；

4. 在注重质量的前提下，正确处理数量与质量、需要与可能的关系；

5. 过程管理和指导督促到位，对项目承担单位的指导和督促耐心细致，确保项目执行的效率；

6. 对项目成果严格考核评估，情况反馈及时准确。

四、职岗要求：

工作人员应具备：

1. 熟悉人才工作的整体规划与年度要点；

2. 具备项目管理与目标管理的业务知识与经验；

3. 具备较为丰富的人力资源管理的知识与经验；

4. 具备较强的沟通、协调与业务指导能力。

五、相关单位：

1. 人才工作领导小组；

2. 各基层人才工作机构。

六、环节流程：

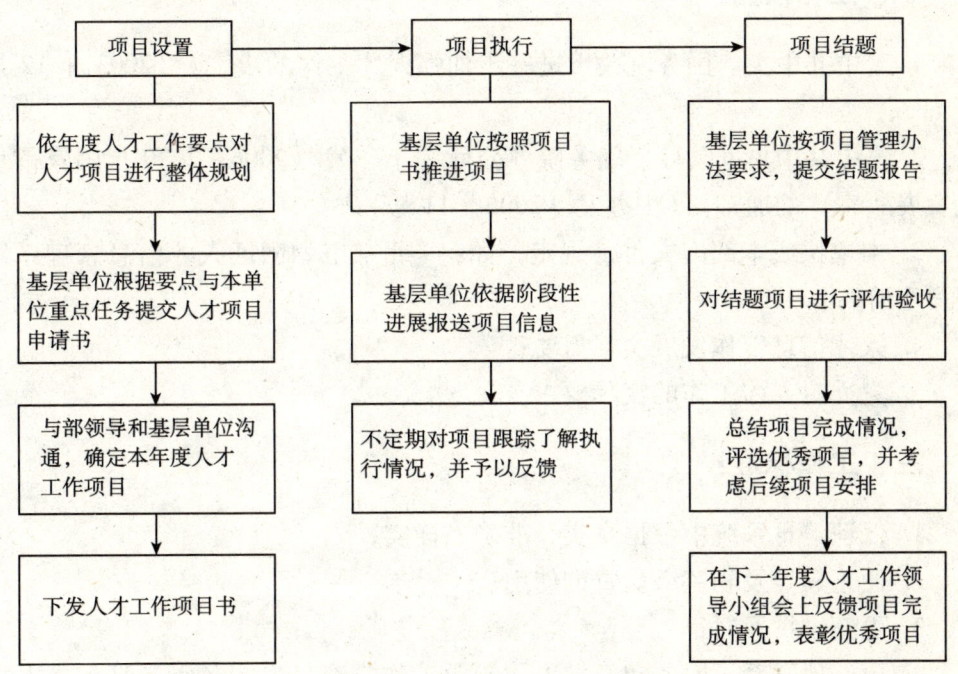

第三节 人才信息管理系统的维护及管理

一、工作要点：

人才工作充分利用现代电脑网络技术，能使人才工作更加规范、更加科学、更加高效、更有利于各级各类优秀人才在经济社会等各项事业中作用的发挥。具体要点如下：

1. 满足区域经济社会发展和人才信息工作的实际需要；

2. 确保人才信息管理系统的各项统计、查询、分析等功能模块的正常运行；

3. 督促各单位各部门做好数据的维护和更新工作，确保数据真实、

准确;

4. 及时了解和采集各部门工作需求,健全和完善系统功能。

二、工作依据:

1.《中共中央、国务院关于进一步加强人才工作的决定》(2003年12月26日);

2.《中共中央办公厅、国务院办公厅关于印发〈2006—2020年国家信息化发展战略〉的通知》(中办发〔2006〕11号);

3. 本单位或本部门文件、规定,如:《北京市朝阳区人才信息管理系统用户手册》;

4. 人才信息工作发展实际需要;

5. 党委对人才工作的实际要求。

三、工作标准:

1. 保证信息系统中数据真实、准确、详实;

2. 便于领导及相关人员查询使用;

3. 更新维护及时;

4. 更好地联系、服务和开发人才资源工作,充分发挥各级各类优秀人才在我区经济社会等各项事业中的作用。

四、职岗要求:

工作人员应具备:

1. 熟悉区域人才基本情况;

2. 熟悉人才信息管理系统的各项功能;

3. 对计算机软件比较熟悉,能做好基层单位与软件开发商之间的沟通交流工作;

4. 工作认真负责,严谨细致,能对单位提出的问题给予及时、耐心的解答。

五、相关单位:

1. 适用该人才信息网络系统的各相关单位;

2. 信息管理系统开发单位。

六、环节流程：

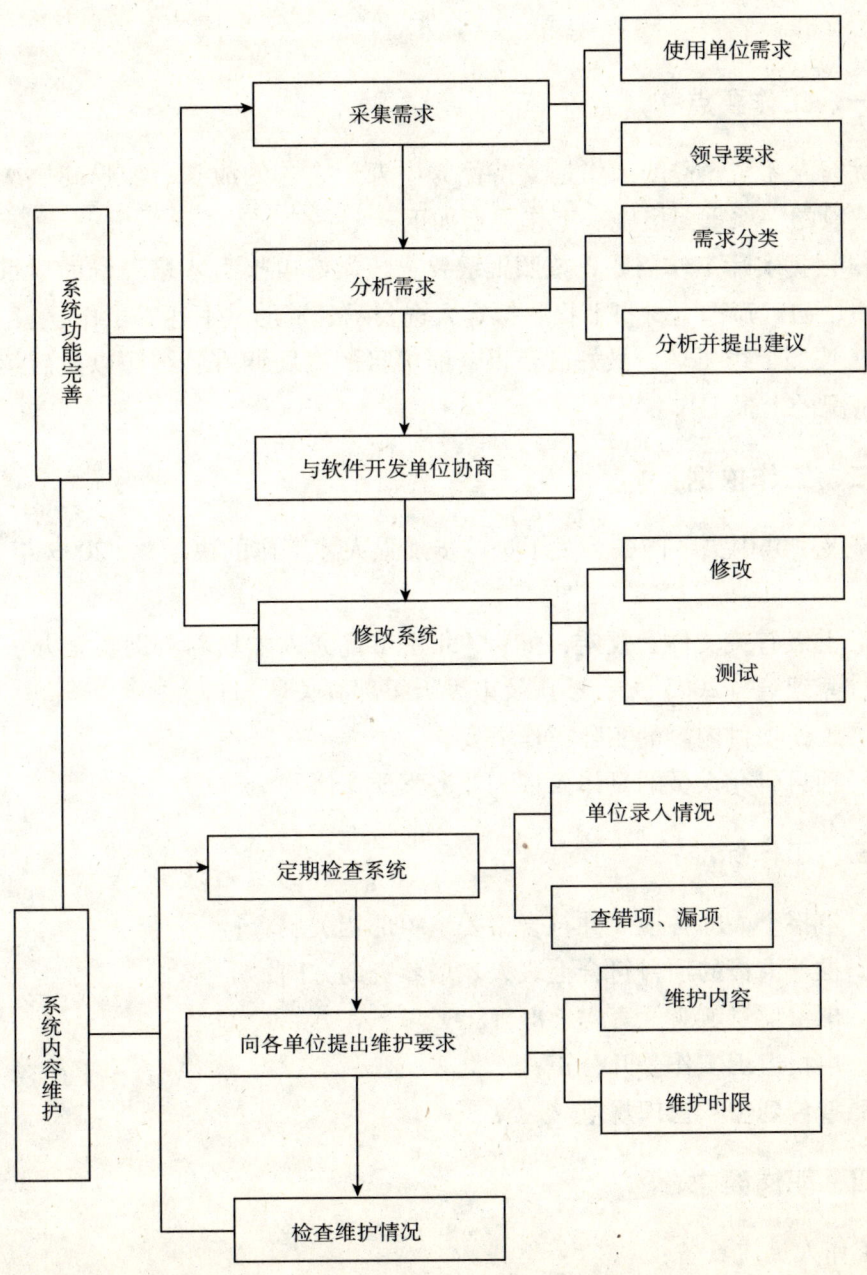

第四节　优秀人才培养资助项目申报工作

一、工作要点：

优秀人才培养资助工作是支持优秀中青年人才的成长，加强高层次人才队伍建设的一项重要措施。工作要点如下：

1. 根据实际工作需要，按照上级要求，做好申报人才培养资助项目的申报组织、初审筛选、材料上报、拟定人选公示、资助款下达等工作；
2. 按照上级要求，做好已获得资助项目的进展调查、结题以及后续跟踪管理情况的上报工作。

二、工作依据：

1. 《中共中央、国务院关于进一步加强人才工作的决定》（2003年12月26日）；
2. 上级有关文件、规定，如：《北京市优秀人才培养资助实施办法（试行）》（京组通［2005］30号）及市委组织部有关通知；
3. 工作项目内容的实际工作需要；
4. 项目研究人员的具体条件和业务素质。

三、工作标准：

1. 申报个人的各项要件符合市委组织部相关要求；
2. 推荐上报的项目符合上级人才培养资助方向；
3. 申报项目客观、真实、准确；
4. 申报组织工作公开公正；
5. 宣传到位、管理规范。

四、职岗要求：

工作人员应具备：

1. 熟悉优秀人才培养资助相关政策及人才培养、人才项目评价等相关业务；

2. 熟悉相关人才工作业绩情况；

3. 熟练掌握优秀人才培养资助管理信息系统应用；

4. 能对整项工作进行统筹考虑，做好与各工委和上级人才部门的沟通和协调；

5. 能认真、细致、耐心地解答各资助单位和个人提出的问题，做好与计算机公司的沟通工作。

五、相关单位：

1. 上级人才主管部门；

2. 各行政、企事业单位；

3. 各民营企业。

六、环节流程：

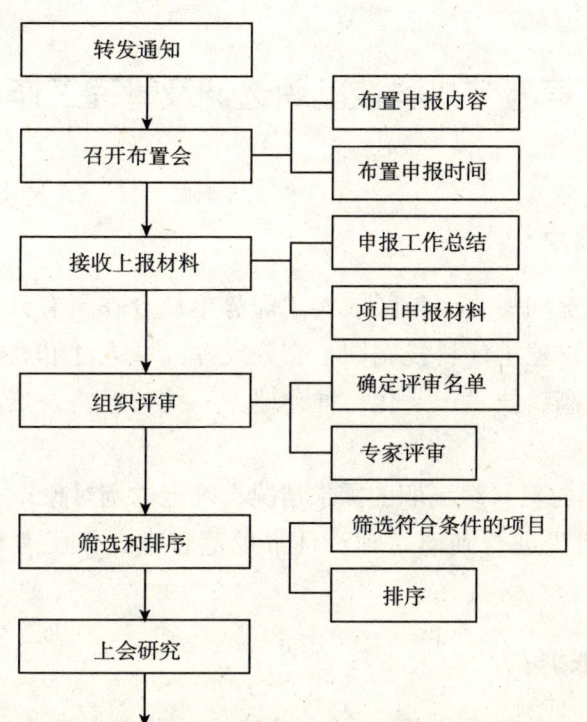

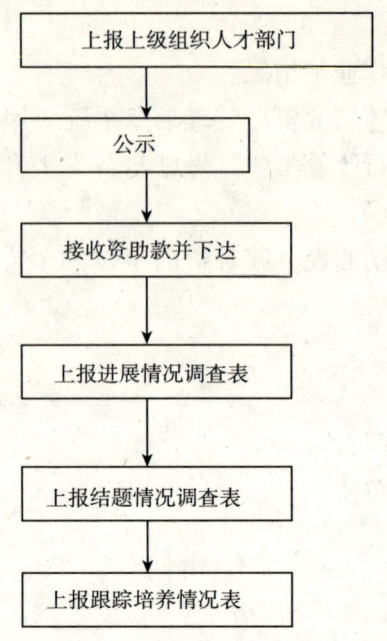

第五节　科技副职选调及管理工作

一、工作要点：

根据实际情况和需要，与区域人才优势单位合作，有计划、有重点地选择相关人才到本单位担任科技副职，充分发挥区域人才和科技优势，是促进科技成果转化和高新技术产业化，推动地方科技与经济发展的有效措施。具体要点如下：

1. 收集各单位对科级副职的需求情况，确定选调对象；
2. 对科技副职进行到岗培训、日常规范管理、年度考核及考核情况的反馈。

二、工作依据：

1. 《中华人民共和国公务员法》（主席令［第三十五号］）；
2. 《党政领导干部选拔任用工作条例》（中发［2002］7号）；

3. 本单位或本部门文件、规定，如：

（1）《朝阳区处级党政领导班子和领导干部考核工作实施细则》（朝组通［2000］38号）；

（2）《关于朝阳区基层科技副职选配及管理工作的意见（试行）》；

4. 全区对科技副职人才的实际需要。

三、工作标准：

1. 了解选调对象情况广泛深入、实事求是，选调科技副职人员的专长特点与挂职单位的工作实际需求相符合；

2. 与区域人才优势单位共同确定人选，选调程序民主、公开；

3. 严格遵守相关的选拔任用条件；

4. 及时跟踪了解选调对象在挂职单位的工作情况；

5. 对选调对象的考核客观公正。

四、职岗要求：

工作人员应具备：

1. 熟悉单位与区域人才工作情况；

2. 注重学习，知识面较宽，具有胜任科技副职干部选调工作的政策水平和业务知识；

3. 善于与区域人才优势单位沟通协调；

4. 认真负责，善于解决科技副职日常规范管理中出现的问题。

五、相关单位：

1. 选调对象挂职单位；

2. 区域人才优势单位；

3. 有关的科技部门。

六、环节流程：

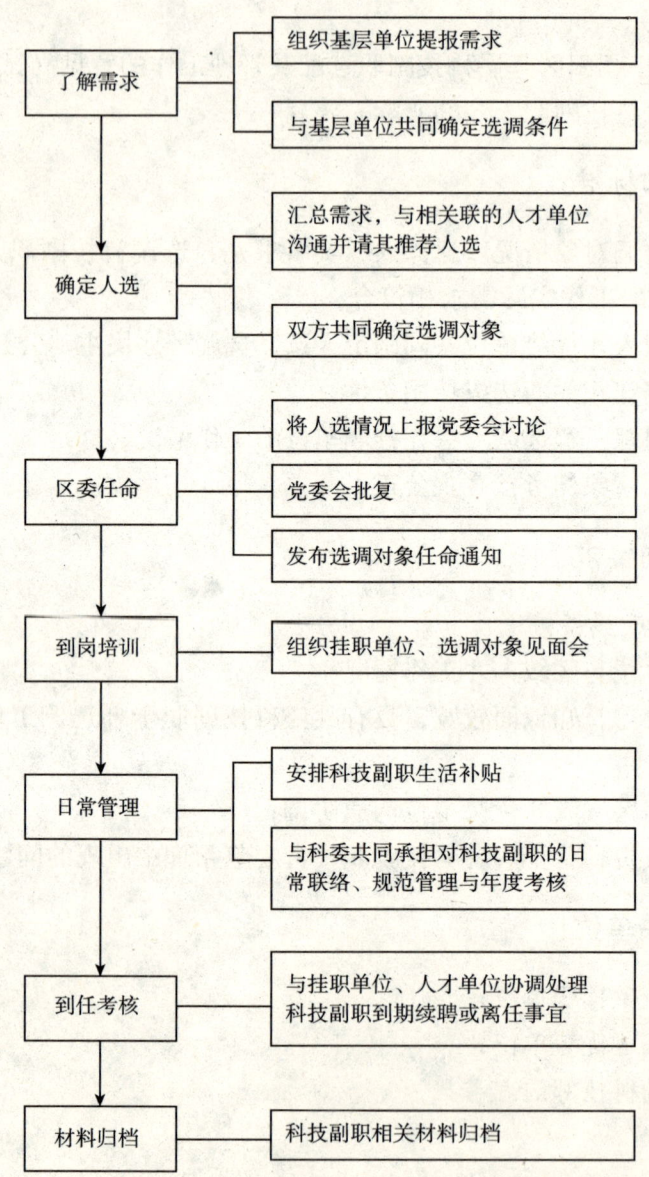

第六节　优秀人才及重视人才先进单位评选表彰工作

一、工作要点：

根据党委的整体部署，定期对优秀人才及重视人才先进单位进行评选、表彰，这是营造良好环境、建立激励机制，促进人才成长和推动实际工作的重要措施。

二、工作依据：

1. 胡锦涛在中国共产党第十七次全国代表大会上的报告；
2. 《中共中央、国务院关于进一步加强人才工作的决定》（2003年12月26日）；
3. 本单位或本部门文件、规定，如：
（1）《关于设立朝阳区"突出贡献人才奖"和"突出贡献人才提名奖"的决定》（京朝发［2004］12号）；
（2）《关于印发〈朝阳区"专业技术、管理拔尖人才"、"学术技术带头人"和"优秀青年知识分子"评选表彰管理办法〉（试行）的通知》（朝组发［2004］11号）；
（3）《关于印发〈朝阳区重视人才先进单位评选表彰管理办法〉（试行）的通知》（朝组发［2004］10号）；
4. 人才成长与实际工作推进的需要。

三、工作标准：

1. 受表彰个人和集体的各项要件符合相关文件要求；
2. 坚持"四个不唯"，为区域经济和社会各项事业发展做出贡献的各级各类优秀人才和先进集体均在评选范围；
3. 被评选对象事迹客观、真实、准确，经得起时间、实践、群众检验；
4. 评选表彰组织工作公开、公平、公正；
5. 宣传到位、管理规范；

6. 组织好典型人才、典型事迹的宣传工作，营造"四个尊重"的良好社会氛围。

四、职岗要求：

工作人员应具备：

1. 熟悉各类优秀人才及先进集体评选表彰的范围、标准、条件、管理办法，熟悉中央、上级及本单位对优秀人才和先进集体的相关奖项设置；

2. 熟悉本地区各级各类优秀人才的基本情况及近几年获得中央、上级表彰奖励的情况；

3. 能对整项工作进行统筹考虑，做好与各工委、人事部门、宣传部门等单位的沟通和协调；

4. 具备较强的文字表达能力，能为表彰会上的领导讲话稿等相关文字材料的撰写出谋划策。

五、相关单位：

1. 各行政、企事业单位；
2. 人事部门、宣传部门；
3. 各民营企业。

六、环节流程：

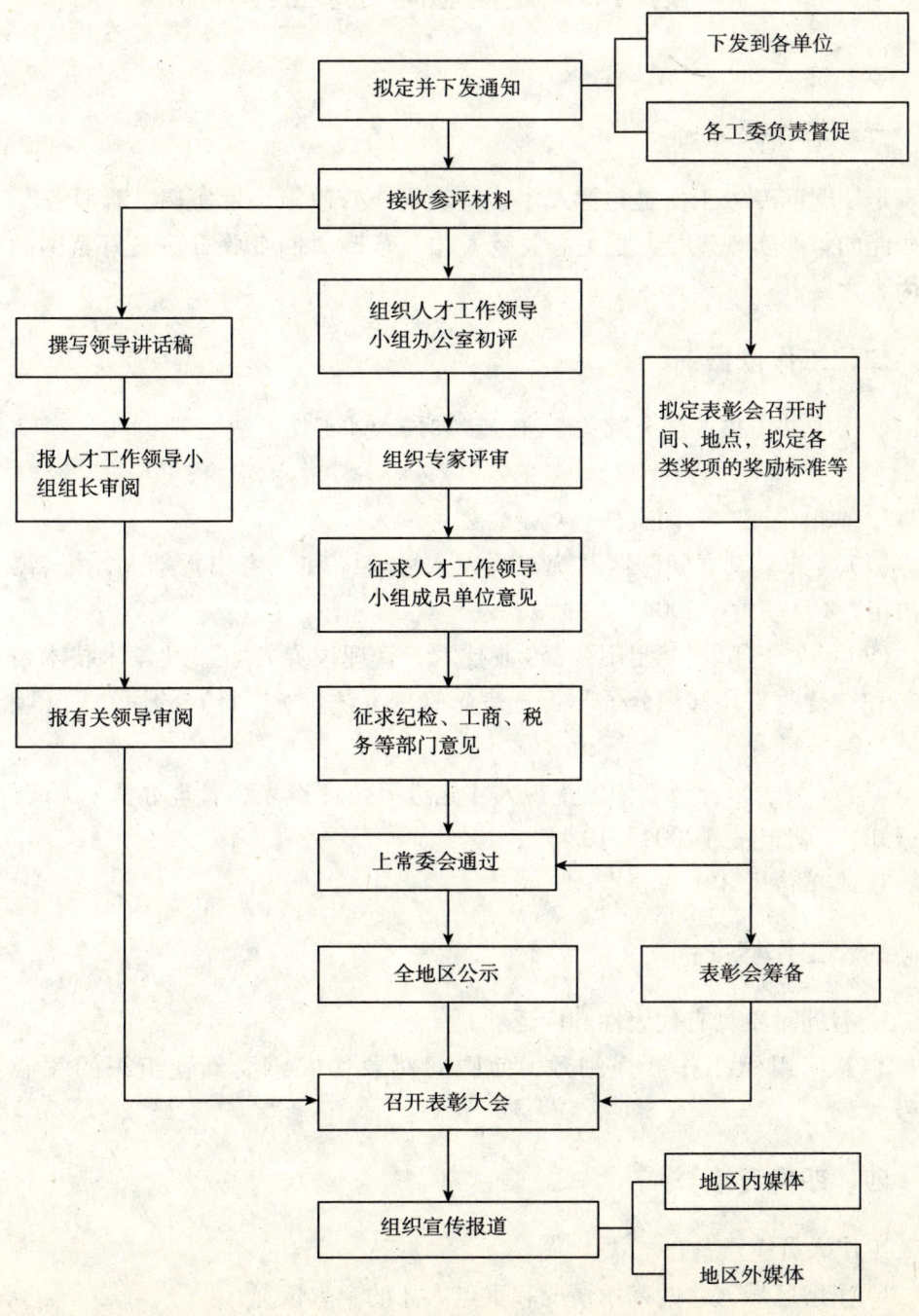

第七节　定期慰问专家工作

一、工作要点：

定期慰问专家工作是党管人才"管宏观、管政策、管协调、管服务"四管职能的重要实现途径，是关心关爱人才、营造"四个尊重"良好氛围的重要内容之一。

二、工作依据：

1.《中共中央、国务院关于进一步加强人才工作的决定》（2003年12月26日）；

2. 本单位或本部门文件、规定，如：

（1）《关于设立朝阳区"突出贡献人才奖"和"突出贡献人才提名奖"的决定》（京朝发［2004］12号）；

（2）《关于印发〈朝阳区"专业技术、管理拔尖人才"、"学术技术带头人"和"优秀青年知识分子"评选表彰管理办法〉（试行）的通知》（朝组发［2004］11号）；

（3）《关于印发〈朝阳区重视人才先进单位评选表彰管理办法〉（试行）的通知》（朝组发［2004］10号）；

3. 本单位人才工作要点。

三、工作标准：

1. 慰问对象具有代表性和广泛性；

2. 慰问组织工作严谨细致，使慰问对象切实感受到党组织的关心和关爱。

四、职岗要求：

工作人员应具备：

1. 了解区域人才的基本情况和重点人才的个人情况；

2. 具有较强的沟通和协调能力；
3. 工作作风深入、严谨。

五、相关单位：

1. 各工委及主管部门；
2. 各街道及地区办事处；
3. 区域人才单位。

六、环节流程：

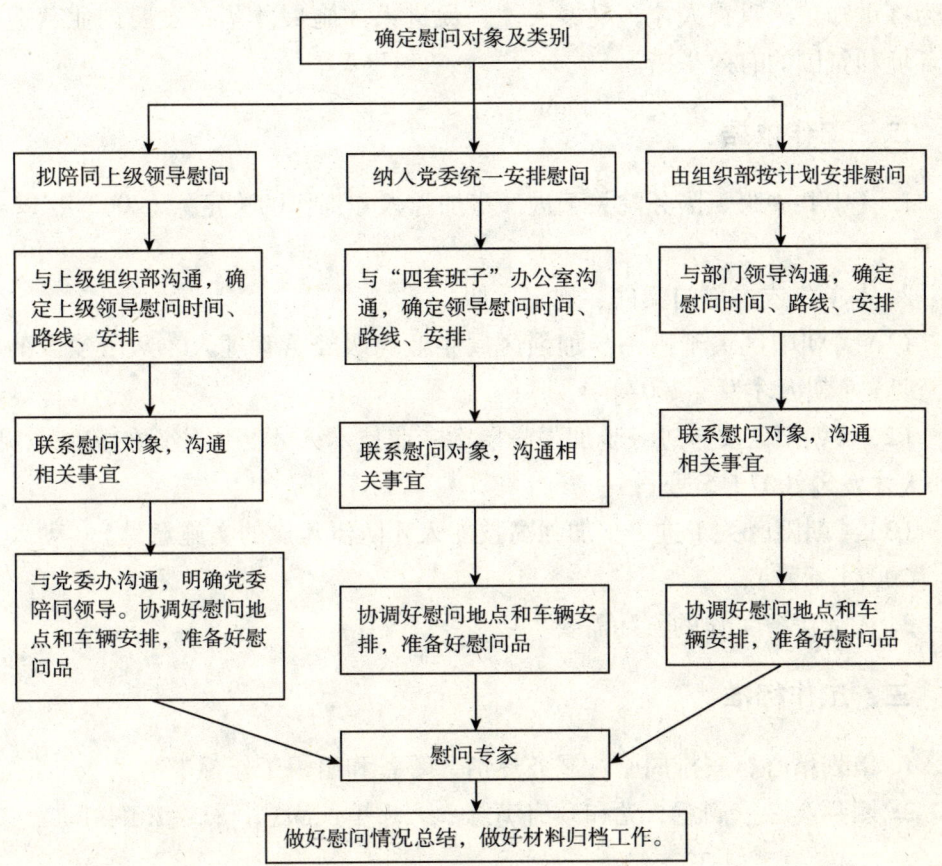

第八节　筹办专家新春团拜会工作

一、工作要点：

根据实际情况，按照党委和政府的统一部署，每年在春节时召开专家团拜会，对专家一年来辛勤工作的慰问和感谢，这有利于增强与专家和各级各类人才的联系、沟通与交流，有利于为专家和各级各类人才提供更好的服务，是为尊重知识、重视人才、凝聚人才，促进人才施展才华、发展创业营造良好环境和氛围的有效举措。

二、工作依据：

1.《中共中央、国务院关于进一步加强人才工作的决定》（2003年12月26日）；

2. 本单位或本部门文件、规定，如：

（1）《朝阳区关于进一步加强区属企业高级经营管理人才队伍建设的实施意见》（朝人才发［2007］4号）；

（2）《朝阳区关于进一步加强高层次专业技术人才队伍建设的实施意见》（朝人才发［2007］5号）；

（3）《朝阳区关于进一步加强高技能人才队伍建设的实施意见》（朝人才发［2007］6号）；

3. 人才服务工作的实际需要。

三、工作标准：

1. 策划精心，安排周密，服务热情，筹备和组织工作标准高；

2. 团拜会专家满意、党和政府满意、人才单位满意，社会影响好。

四、职岗要求：

工作人员应具备：

1. 熟悉掌握专家等参会人员的相关信息；

2. 熟悉各级各类优秀人才的基本情况及近几年获得中央、省（市）级表彰奖励的情况；

3. 能对整项工作进行统筹考虑，有一定办会工作经验和组织能力，善于与相关部门沟通和协调工作。

五、相关单位：

1. 党委办公室；
2. 人事部门；
3. 宣传部门；
4. 文化部门。

六、环节流程：

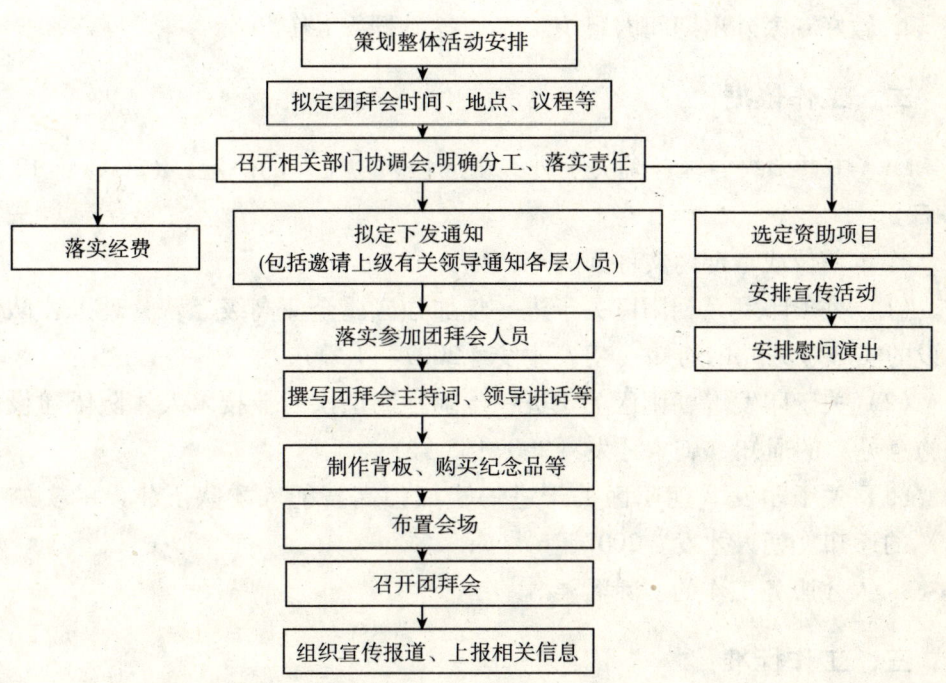

第九节　组织专家休假工作

一、工作要点：

适时组织专家休假，这是党和政府关怀人才、爱护人才的重要内容，也是营造尊重知识、重视人才、凝聚人才，促进人才施展才华、发展创业良好环境氛围的重要方面。

1. 规划设计专家休假工作，并列入年初区人才工作计划；
2. 按照休假人员条件和分配名额，确定休假专家名单；
3. 落实外出经费、联系接待单位，确定外出行程安排；
4. 做好专家外出期间的组织工作和各项服务工作。

二、工作依据：

1. 《中共中央、国务院关于进一步加强人才工作的决定》（2003 年 12 月 26 日）；
2. 本单位或本部门文件、规定，如：
（1）关于印发《朝阳区关于进一步加强区属企业高级经营管理人才队伍建设的实施意见》的通知（朝人才发［2007］4 号）；
（2）关于印发《朝阳区关于进一步加强高层次专业技术人才队伍建设的实施意见》的通知（朝人才发［2007］5 号）；
（3）关于印发《朝阳区关于进一步加强高技能人才队伍建设的实施意见》的通知（朝人才发［2007］6 号）；
3. 人才服务工作的实际需要。

三、工作标准：

1. 组织精心、安排周密，服务周到，工作严谨细致；
2. 与专家的沟通顺畅，专家休假中的相关信息及时、准确，保证休假专家安全；
3. 休假专家满意，充分体现出党和政府对专家的关心爱护，达到休假的预期目的。

四、职岗要求：

工作人员应具备：
1. 熟悉掌握外出专家的相关信息；
2. 要有高度的责任心，工作严谨细致；
3. 要有较强的服务意识、较高的办事效率；
4. 具有一定的统筹能力、组织能力、协调能力和处理应急事件能力。

五、相关单位：

1. 各主管工委；
2. 人事部门；
3. 专家所在单位。

六、环节流程：

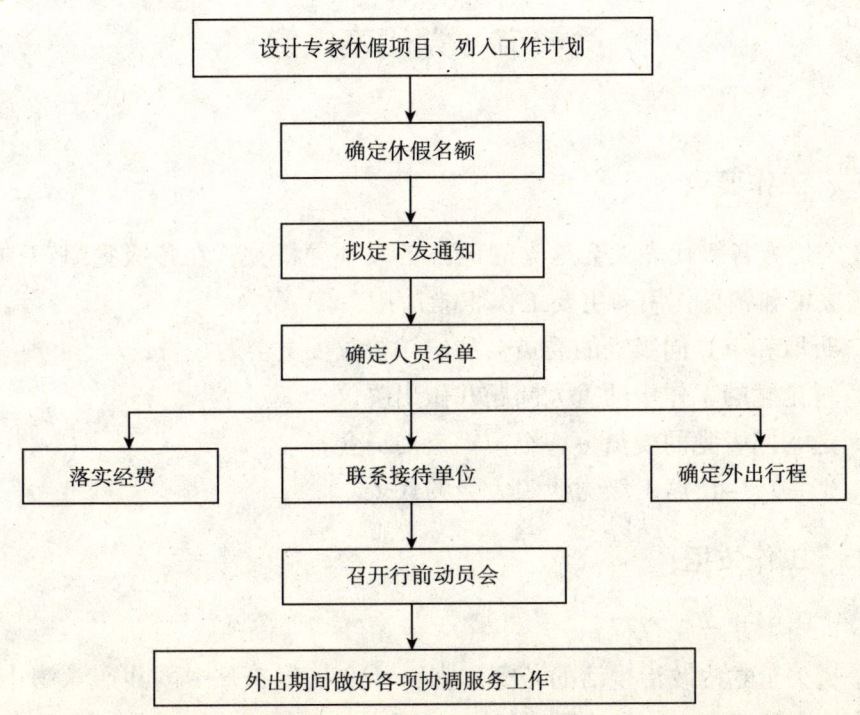

第五章 基层党组织建设工作

根据党章规定，结合实际情况，基层党组织的业务工作通常是负责研究和指导各基层党委（工委、党组、直属支部）的组织建设；贯彻落实党的组织制度、党内生活制度，指导基层党组织执行党员队伍建设的有关规定；指导新经济、新社会组织健全党的组织，开展党的组织生活；指导基层党组织对党支部书记的培训工作；负责党组织及党员状况的统计工作等。

第一节 党代表大会

一、工作要点：

党的地方各级代表大会是党的地方各级领导机关，在各级党组织中发挥最高的决策和领导作用。主要工作职能是：

1. 听取和审查同级党的委员会和纪律检查委员会的报告；
2. 讨论党的工作中的重大问题并做出决议；
3. 选举同级党的委员会、纪律检查委员会；
4. 选举产生出席上级党代表大会的代表。

二、工作依据：

1.《中国共产党章程》；
2.《关于党内政治生活的若干准则》（1983年3月中国共产党第十一届中央委员会第五次全体会议通过）；

3.《关于党地方各级代表大会若干具体问题的暂行规定》(中组发[1985]2号);

4.《中国共产党基层组织选举工作暂行条例》(中发[1990]8号);

5.《中国共产党地方组织选举工作条例》(中发[1994]3号)。

三、工作标准:

按期召开党的代表大会,充分发挥党代表和党代表大会的积极作用,加强党内民主建设。不断健全和完善党的各级代表大会制度,充分发挥党的代表大会在各级党组织中的最高决策和领导作用。党的各级代表大会既要选举产生新的领导班子,又要团结和动员全体党员和人民群众为实现党的纲领而奋斗。认真总结工作中的经验和教训,提出今后的奋斗目标和基本措施,通过党代表大会,进一步贯彻执行党的路线、方针、政策,推进中国特色社会主义事业建设。

四、职岗要求:

工作人员应具备:

1. 熟练掌握党章和中央有关文件对会议的相关规定;

2. 工作细致认真,有较强的组织指导能力、组织协调能力和文字能力,能够统筹协调会议各项相关工作。

五、相关单位:

1. 中组部组织局;

2. 上级党委组织部组织处、干部处;

3. 纪检监察部门,宣传部、政法委、国资委党委、地方党委各主管工委;

4. 辖区各级党组织。

六、环节流程：

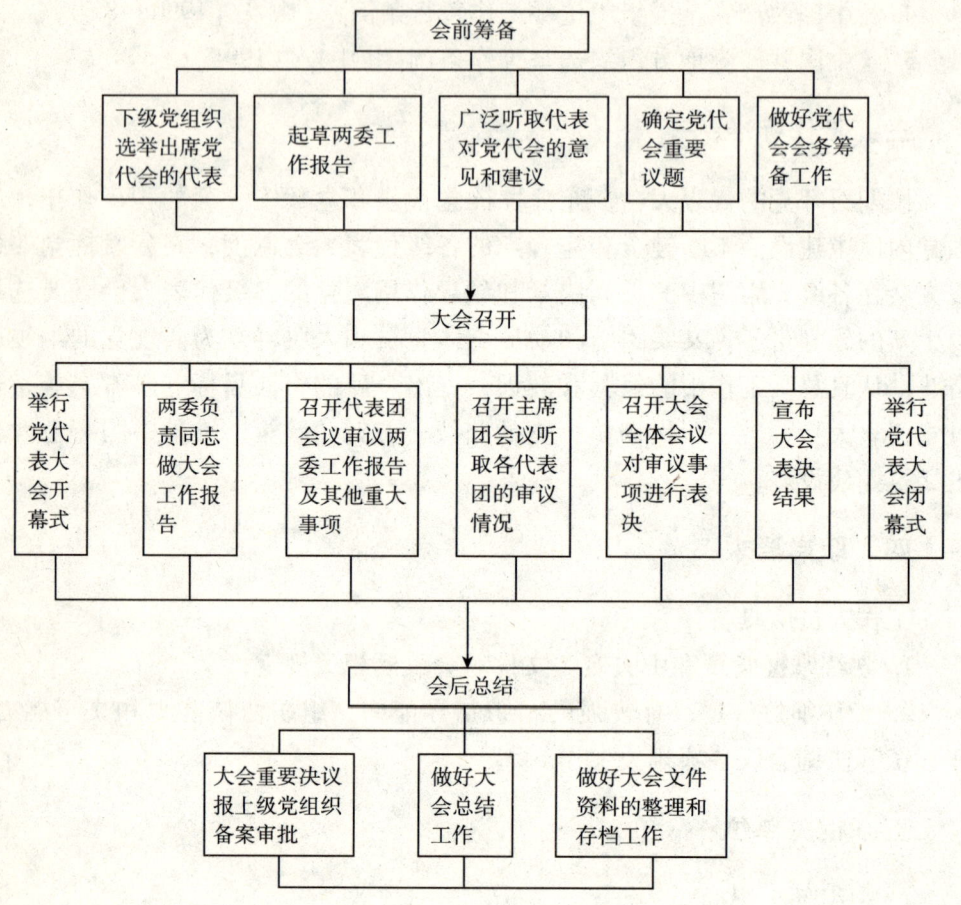

第二节　党代表会议

一、工作要点：

按照党章规定，党的地方各级委员会根据工作需要召集代表会议，讨论和决定需要及时解决的重大问题；选举出席上级党代表大会的代表；调整和增选党的委员会和纪律检查委员会部分成员，其数额不得超过经党代表大会选出的各自委员总数的五分之一。

二、工作依据：

1.《中国共产党章程》；
2.《关于党内政治生活的若干准则》（1983年3月中国共产党第十一届中央委员会第五次全体会议通过）；
3.《关于党地方各级代表大会若干具体问题的暂行规定》（中组发［1985］2号）；
4.《中国共产党基层组织选举工作暂行条例》（中发［1990］8号）；
5.《中国共产党地方组织选举工作条例》（中发［1994］3号）。

三、工作标准：

严格党代表会议代表的产生办法和代表构成，做好大会的组织领导，充分讨论并决定各项重大问题，完成党代表会议需要完成的各项任务。

四、职岗要求：

工作人员应具备：
1. 熟练掌握党章和中央有关文件对会议的相关规定；
2. 工作细致认真，服务意识与服务能力强，有较强的组织指导能力、组织协调能力和文字能力，能够统筹协调会议各项相关工作。

五、相关单位：

1. 中组部组织局；
2. 上级党委组织部组织处、干部处；
3. 纪检监察部门，宣传部、政法委、国资委党委、地方党委各主管工委；
4. 辖区各级党组织。

六、环节流程

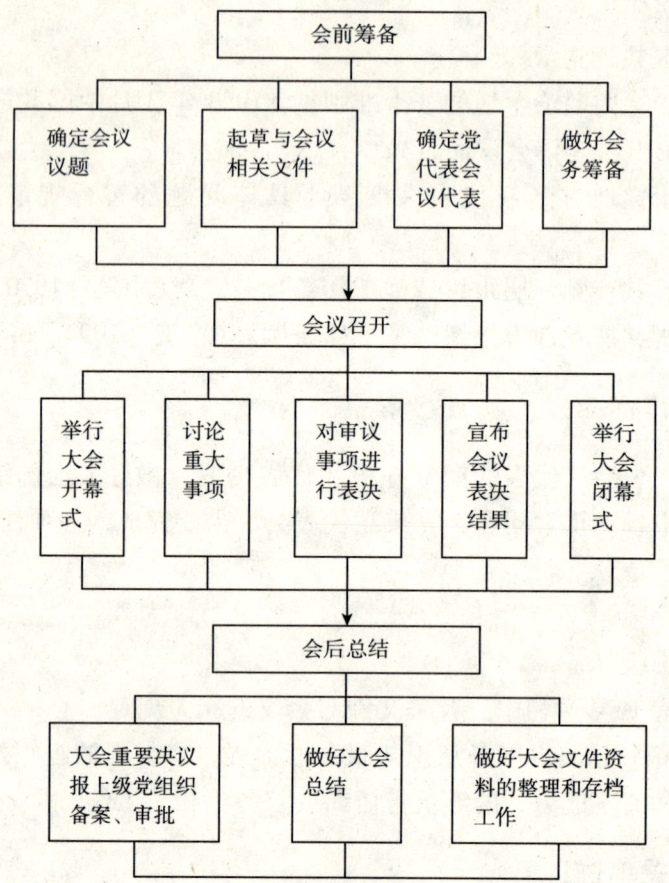

第三节 地方党委换届选举工作

一、工作要点：

按照《党章》和《中国共产党地方组织选举工作条例》等文件规定，党的地方各级委员会每届任期五年，任期届满应按期进行换届选举，具体工作要点有：

1. 听取和审查同级党的委员会的报告；
2. 听取和审查同级纪律检查委员会的报告；
3. 讨论本地区范围内的重大问题并做出决议；
4. 选举新一届同级党的委员会；
5. 选举同级党的纪律检查委员会。

二、工作依据：

1.《中国共产党章程》；
2.《关于党内政治生活的若干准则》（中国共产党第十一届中央委员会第五次全体会议通过）；
3.《中国共产党地方组织选举工作条例》（中发〔1994〕3号）。

三、工作标准：

1. 坚持以邓小平理论和"三个代表"重要思想为指导，实事求是地总结本届党委的各项工作；
2. 以科学发展观为统领，研究确定今后一个时期本地区改革和发展的总体规划和主要任务；
3. 坚持和完善党内民主制度，按照干部队伍"四化"方针和德才兼备、群众拥护的原则，进一步优化领导班子结构，增强整体功能，努力把地方党委领导班子建设成团结坚强、充满活力、奋发有为的坚强领导集体；
4. 以改革创新精神推进地方党的建设，动员各级党组织和党员认清责任，进一步解放思想、与时俱进，团结带领广大群众为实现党委的各项战略目标而努力奋斗。

四、职岗要求：

工作人员应具备：
1. 政治思想水平较高，严守组织人事纪律；
2. 具有较丰富的工作经验，熟悉换届选举的政策规定和相关业务知识；
3. 具有较强的统筹协调能力、文字表达能力、综合分析能力以及一定的应变能力；
4. 熟练掌握计算机操作；

5. 工作严谨细致，考虑问题全面。

五、相关单位：

1. 中组部组织局；

2. 上级党委组织部组织处、干部处；

3. 纪检监察部门，宣传部、政法委、国资委党委、地方党委各主管工委；

4. 辖区各级党组织。

六、环节流程：

（一）筹备阶段

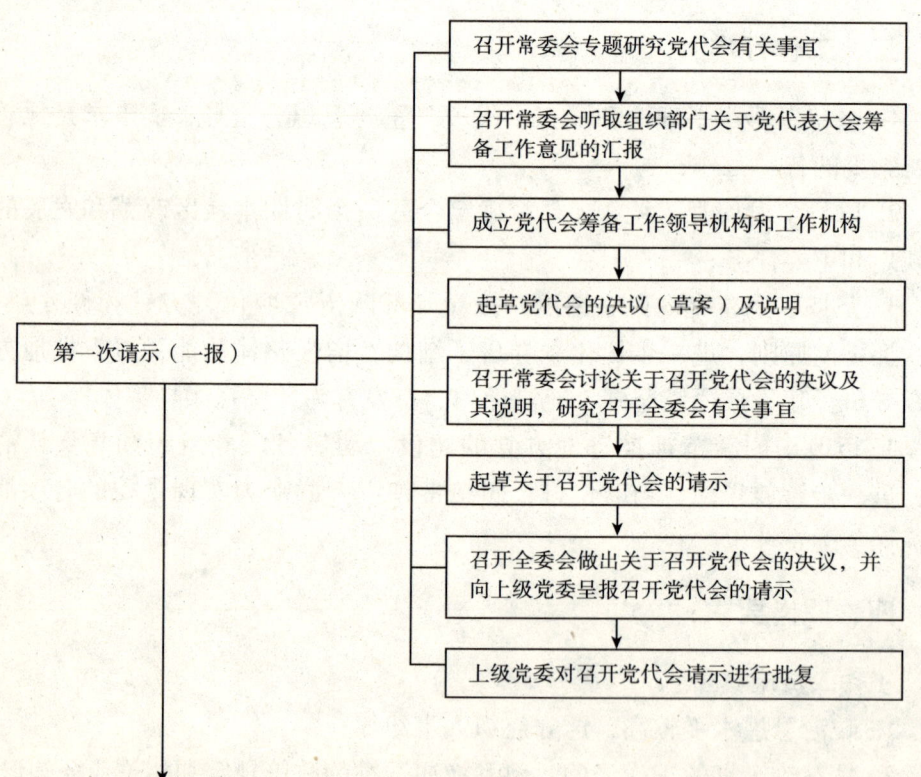

第三节 地方党委换届选举工作

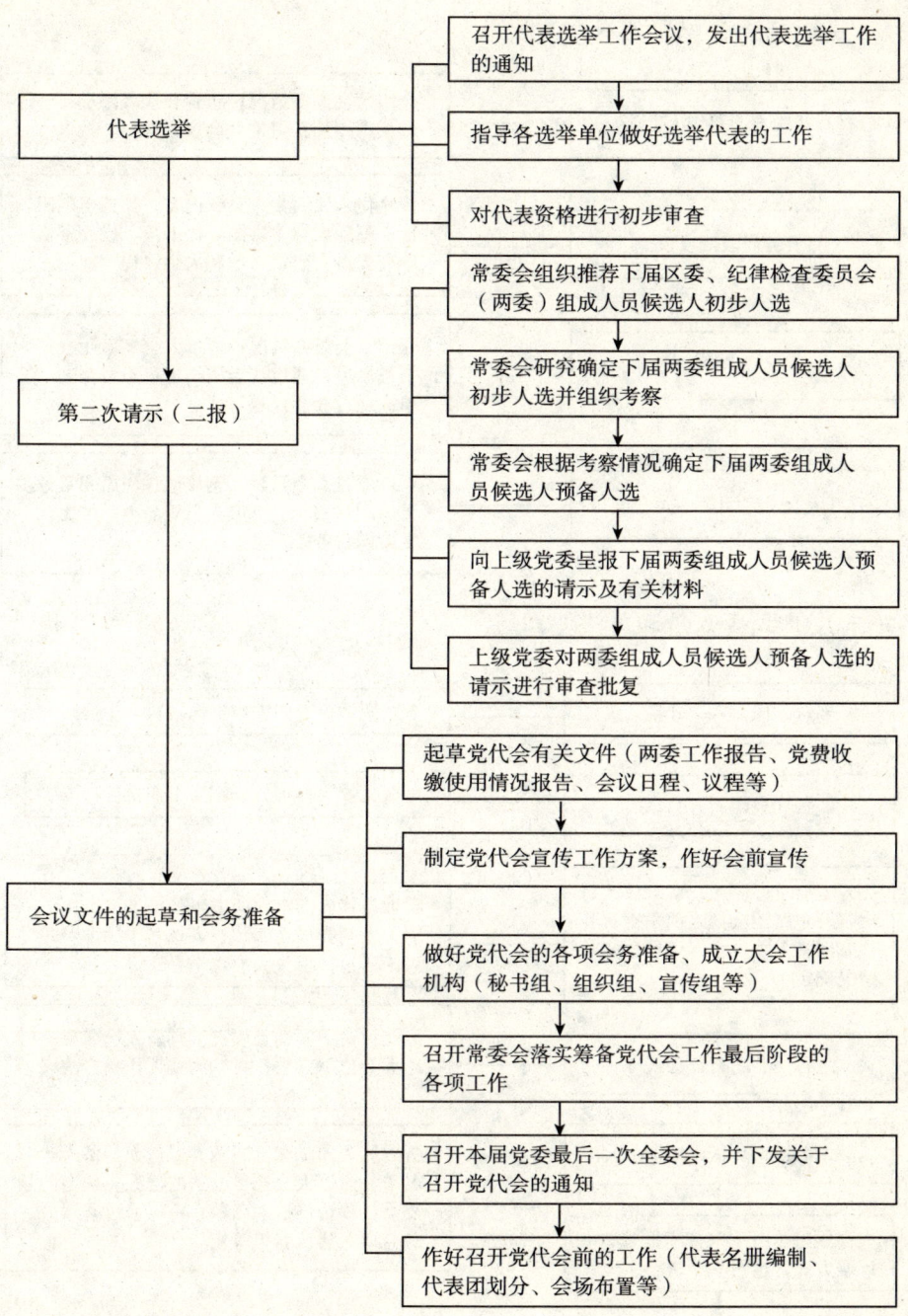

（二）预备会议阶段

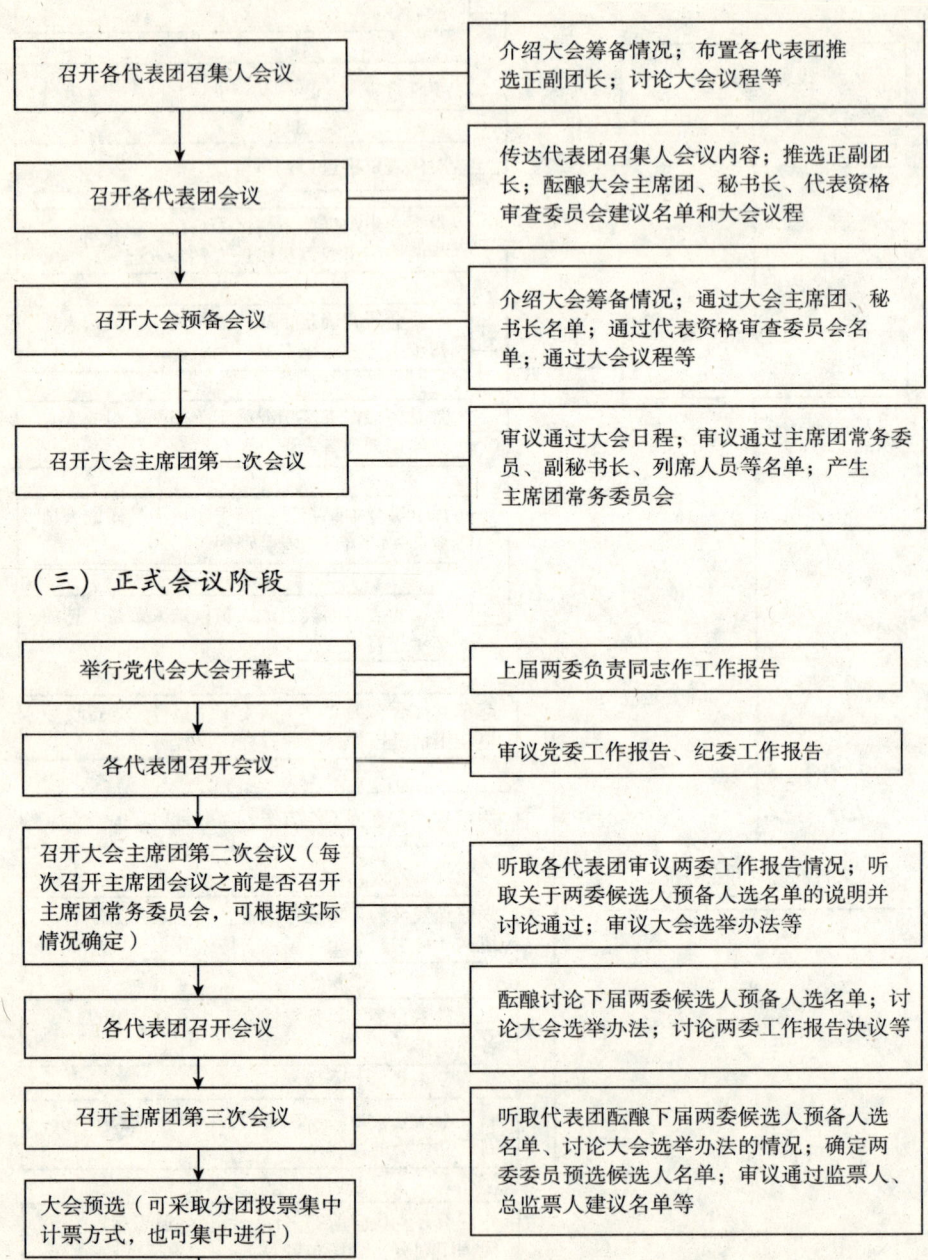

（三）正式会议阶段

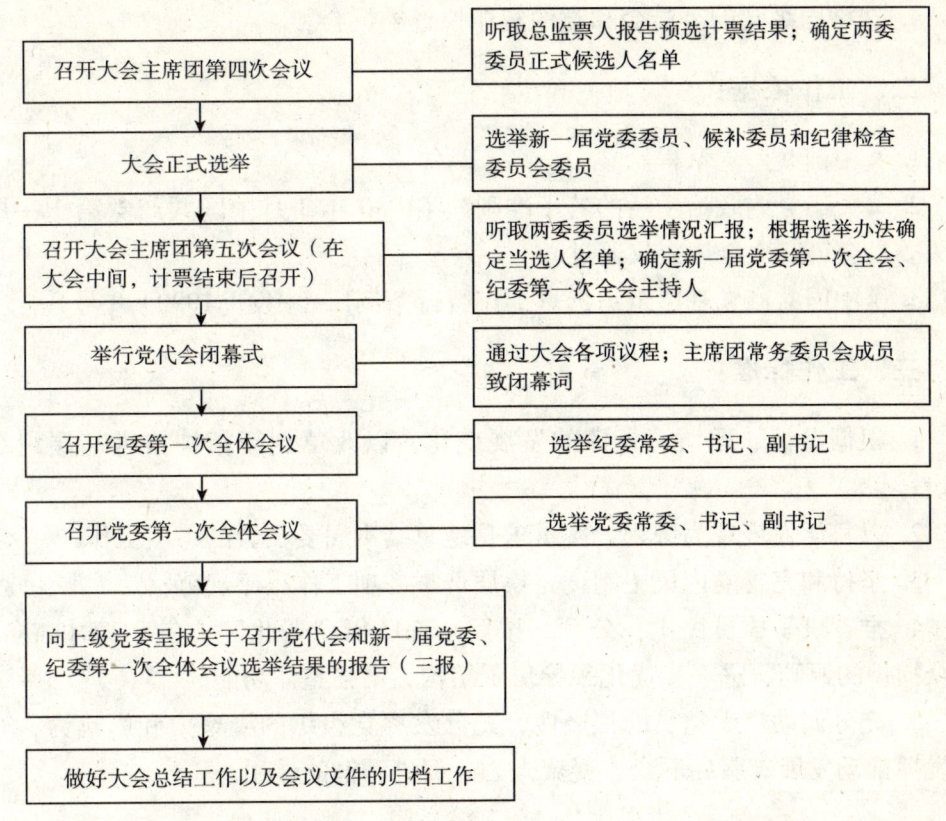

第四节 党的基层委员会换届选举工作

一、工作要点：

党的基层委员会换届选举，是党员行使民主权利，发展党内民主的重要实践，是党的基层委员会和广大党员政治生活中的一件大事。党章第 30 条规定，党的基层委员会每届任期三年至五年。换届选举主要议程是：

1. 听取和审查同级委员会的报告；

2. 听取和审查同级纪律检查委员会的报告（不设纪律检查委员会的，纪检工作可作为党委报告的一个内容）；

3. 讨论本级党组织及党组织职权范围内的重大问题并做出决议；

4. 选举同级党的委员会和党的纪律检查委员会。

二、工作依据：

1.《中国共产党章程》；

2.《关于党内政治生活的若干准则》（1980年3月中国共产党第十一届中央委员会第五次全体会议通过）；

3.《中国共产党基层组织选举工作暂行条例》（中发〔1990〕8号）。

三、工作标准：

1. 根据世情、国情、党情的发展变化，以改革创新精神推进基层组织建设；

2. 以科学发展观为统领，实事求是地总结本届委员会的各项工作；

3. 坚持和完善党内民主制度，换届选举各项工作程序规范；

4. 推荐班子成员民主、公开，按照干部队伍"四化"方针和德才兼备、群众拥护的原则，进一步优化领导班子结构，增强整体功能；

5. 充分调动广大党员的积极性，充分发挥党组织的凝聚力和影响力，充分发挥推动发展、服务群众、凝聚人心、促进和谐的作用。

四、职岗要求：

工作人员应具备：

1. 政治思想水平较高，严守组织人事纪律；

2. 具有较丰富的工作经验，熟悉换届选举的政策规定和相关业务知识；

3. 具有较强的组织和协调能力；

4. 熟练掌握计算机操作，文字表达能力和综合分析能力较强；

5. 工作严谨细致，考虑问题周到。

五、相关单位：

1. 中组部组织局；

2. 上级党委组织部组织处、干部处；

3. 纪检监察部门，宣传部、政法委、国资委党委、地方党委各主管工委；

4. 辖区各级党组织。

六、环节流程：

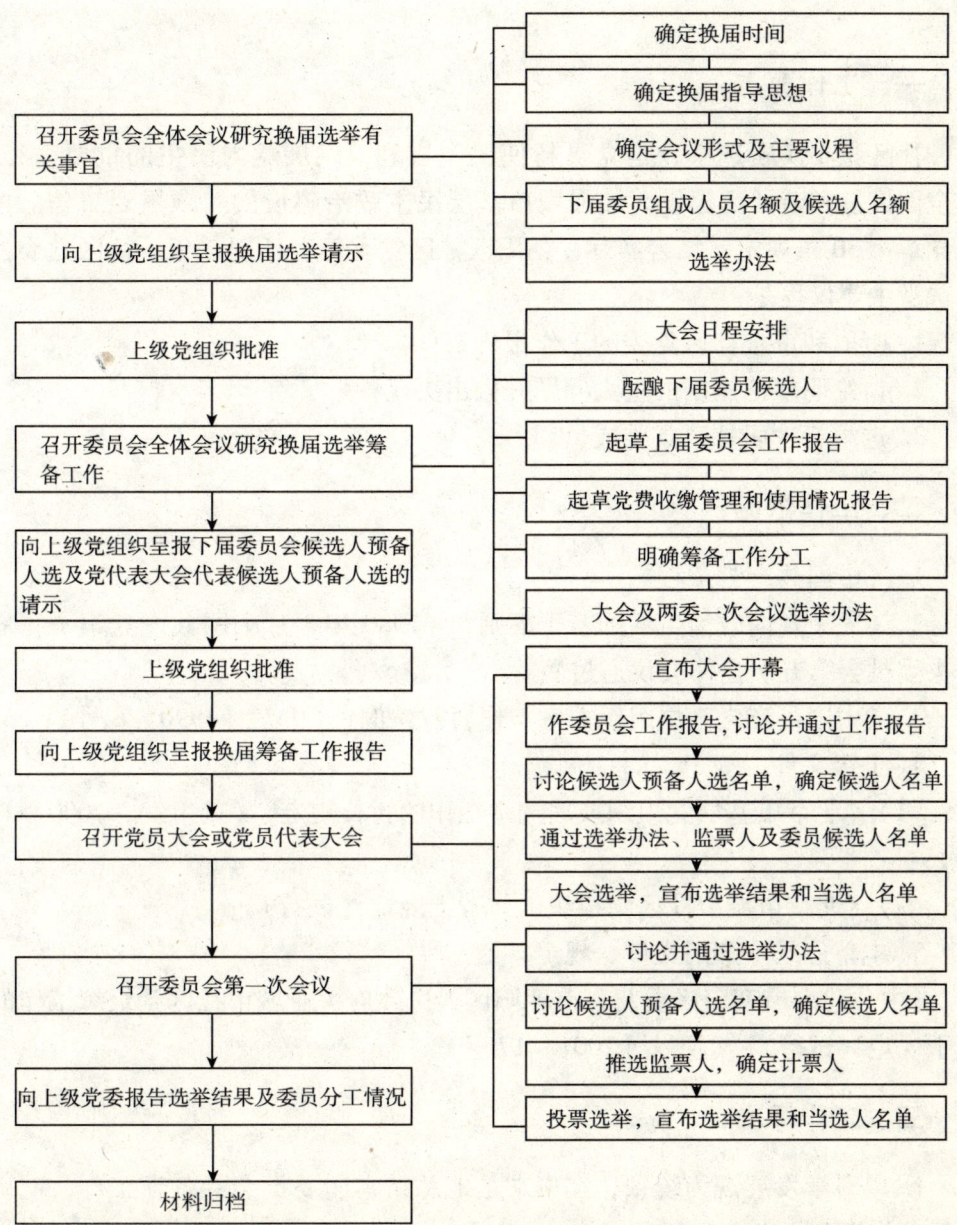

第五节 社区党委换届选举工作

一、工作要点：

社区党委换届选举，是党员行使民主权利，发展党内民主的重要途径；是全面推进和谐社区建设，加强城市基层民主政治建设的一项重要工作。按照党章第 30 条规定，结合实际，朝阳区社区党委每届任期三年。社区党委换届选举主要议程是：

1. 听取和审查社区党委的工作报告；
2. 讨论职权范围内的重大问题并做出决议；
3. 选举新一届社区党委成员。

二、工作依据：

1.《中国共产党章程》；
2.《关于党内政治生活的若干准则》（1980 年 3 月中国共产党第十一届中央委员会第五次全体会议通过）；
3.《中国共产党基层组织选举工作暂行条例》（中发［1990］8 号）；
4. 上级文件、规定，如：
（1）《北京市基层党组织换届选举工作的暂行规定》（京组发［2000］11 号）；
（2）《北京市城市社区党组织工作若干规定（试行）》；
5. 本单位或本部门文件、规定，如：
《中共北京市朝阳区委北京市朝阳区人民政府关于城市社区党组织工作的若干规定（试行）》（朝发［2001］17 号）。

三、工作标准：

1. 以科学发展观为统领，实事求是地总结本届委员会的各项工作，明确今后工作思路、方向和任务；
2. 选出团结和谐、思路清晰、作风过硬、结构合理、能推动社区发展，

加强社区建设、党员满意、群众拥护的社区党委班子;

3. 坚持和完善党内民主制度,换届选举各项工作程序规范;
4. 充分调动广大党员的积极性,充分发挥党组织的凝聚力和影响力。

四、职岗要求:

工作人员应具备:
1. 政治思想水平较高,严守组织人事纪律;
2. 具有较丰富的工作经验,熟悉换届选举的政策规定和相关业务知识;
3. 具有较强的组织和协调能力;
4. 熟练掌握计算机操作,文字表达能力和综合分析能力较强;
5. 工作严谨细致,考虑问题全面。

五、相关单位:

1. 中组部组织局;
2. 上级党委组织部组织处;
3. 地方党委各主管工委;
4. 辖区各级党组织。

六、环节流程:

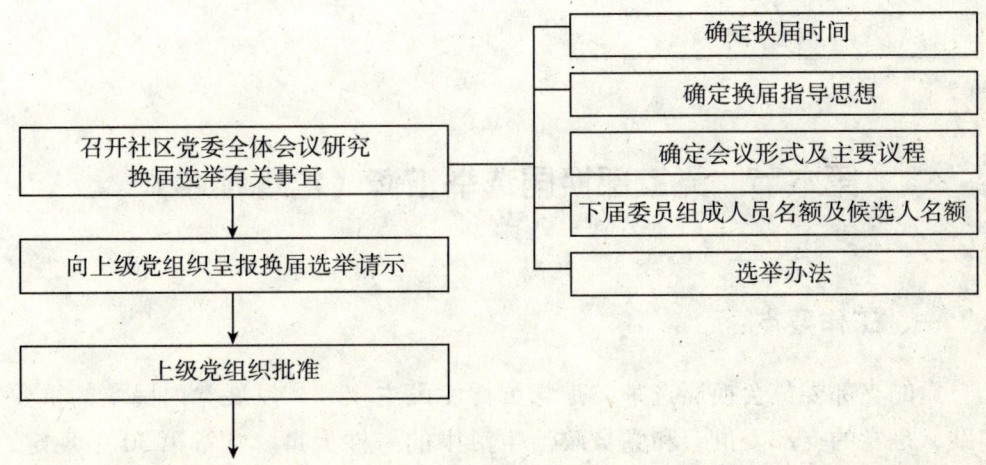

第五章　基层党组织建设工作

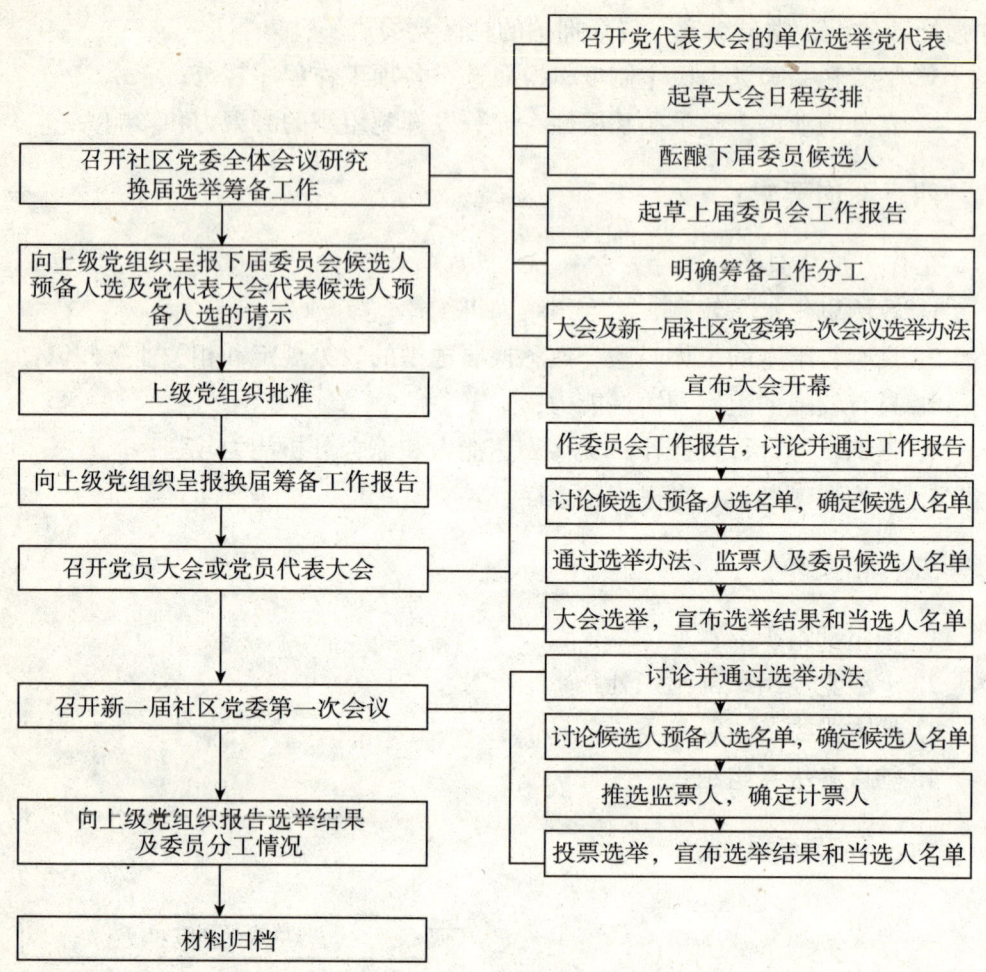

第六节　党支部换届选举工作（常规程序）

一、工作要点：

党的支部委员会换届选举，是党员行使民主权利，发展党内民主的重要实践，是党的支部委员会和党员政治生活中的一件大事。党章第30条规定，党的支部委员会每届任期二年或三年。换届选举主要议程是：

1. 支部换届召开党员大会；

2. 听取和审查支部委员会的报告；
3. 讨论本级党组织及党组织职权范围内的重大问题并作出决议；
4. 选举党的支部委员会及出席上级党代表大会或党代表会议的代表。

二、工作依据：

1.《中国共产党章程》；
2.《中国共产党基层组织选举工作暂行条例》（中发〔1990〕8号）；
3.《中国共产党普通高等学校基层组织工作条例》（中发〔1996〕5号）；
4.《中国共产党党和国家机关基层组织工作条例》（中发〔1998〕5号）
5.《中国共产党农村基层组织工作条例》（中发〔1999〕5号）；
6. 上级文件、规定，如：
《北京市基层党组织换届选举工作暂行规定》（京组发〔2000〕11号）。

三、工作标准：

1. 以科学发展观为统领，实事求是地总结本届委员会的各项工作；
2. 坚持和完善党内民主制度，换届选举各项工作程序规范；
3. 选举出的支委思想政治素质好、服务群众意识牢、引领发展能力强、党性觉悟高。

四、职岗要求：

工作人员应具备：
1. 政治思想水平较高，严守组织人事纪律；
2. 具有较丰富的工作经验，熟悉换届选举的政策规定和相关业务知识；
3. 具有较强的组织和协调能力；
4. 熟练掌握计算机操作，文字表达能力和综合分析能力较强；
5. 工作严谨细致，考虑问题全面。

五、相关单位：

1. 上级党委组织部组织处；
2. 纪检监察部门、宣传部、政法委、国资委党委，地方党委各主管工委；

3. 辖区各级党组织。

六、环节流程：

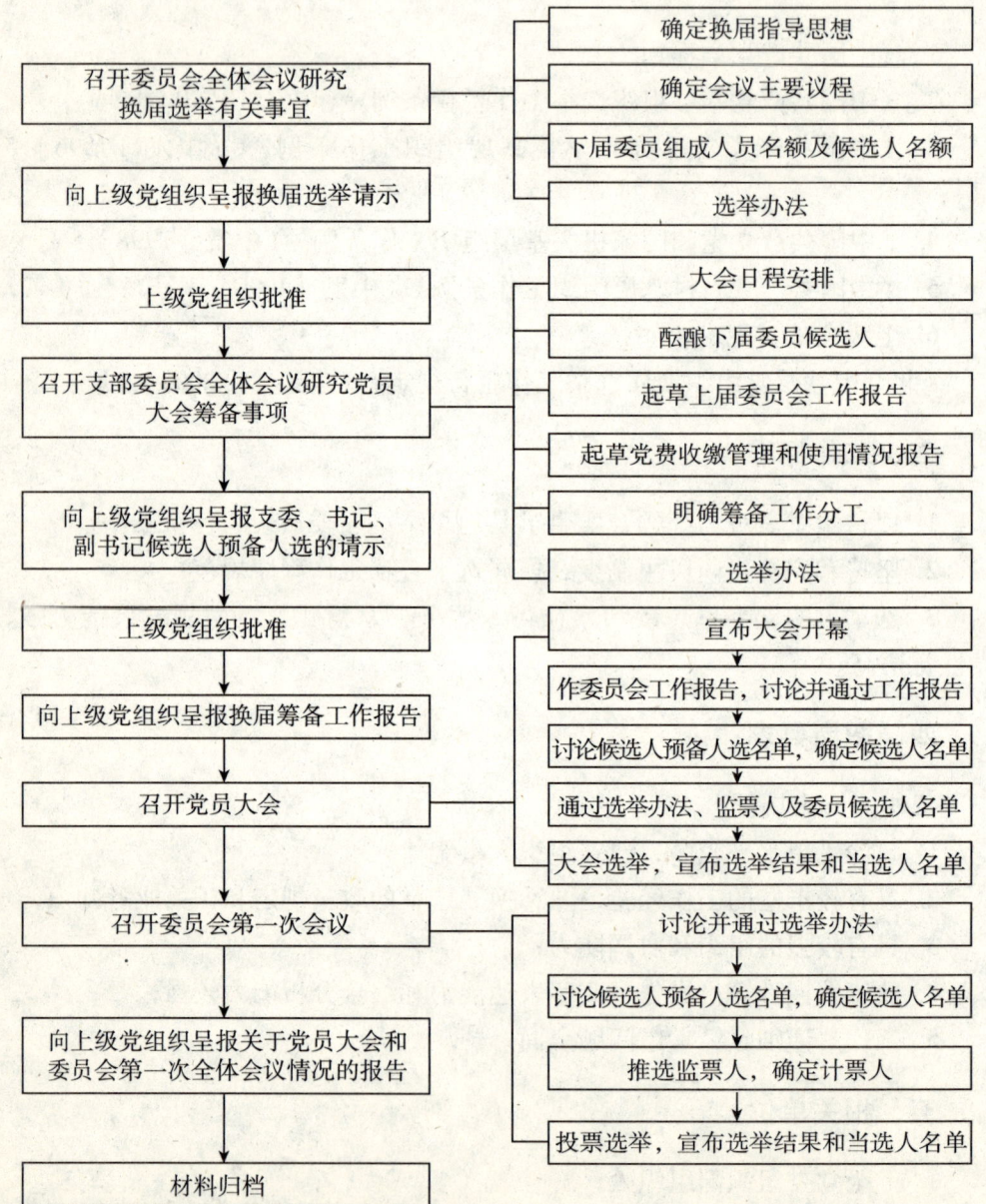

第七节　党支部换届选举工作（两推一选）

一、工作要点：

党的支部委员会换届选举，是党员行使民主权利，发展党内民主的重要实践，是党的支部委员会和党员政治生活中的一件大事。党章规定，党的支部委员会每届任期二年或三年。换届选举主要议程是：

1. 支部换届应召开党员大会；
2. 听取和审查支部委员会的报告；
3. 讨论本级党组织及党组织职权范围内的重大问题并做出决议；
4. 选举党的支部委员会及出席上级党代表大会或党代表会议的代表。

二、工作依据：

1.《中国共产党章程》；
2.《中国共产党基层组织选举工作暂行条例》（中发［1990］8号）；
3.《中国共产党普通高等学校基层组织工作条例》（中发［1996］5号）；
4.《中国共产党党和国家机关基层组织工作条例》（中发［1998］5号）
5.《中国共产党农村基层组织工作条例》（中发［1999］5号）；
6. 上级文件、规定，如：
《北京市基层党组织换届选举工作暂行规定》（京组发［2000］11号）。

三、工作标准：

1. 以科学发展观为统领，实事求是地总结本届委员会的各项工作；
2. 坚持和完善党内民主制度，换届选举各项工作程序规范；
3. 选举出的支委思想政治素质好、服务群众意识牢、引领发展能力强、党性觉悟高。

四、职岗要求：

工作人员应具备：

1. 政治思想水平较高，严守组织人事纪律；
2. 具有较丰富的工作经验，熟悉换届选举的政策规定和相关业务知识；
3. 具有较强的组织和协调能力；
4. 熟练掌握计算机操作，文字表达能力和综合分析能力较强；
5. 工作严谨细致，考虑问题全面。

五、相关单位：

1. 上级组织部组织处；
2. 纪检监察部门、宣传部、政法委、国资委党委，地方党委各主管工委；
3. 辖区各级党组织。

六、环节流程：

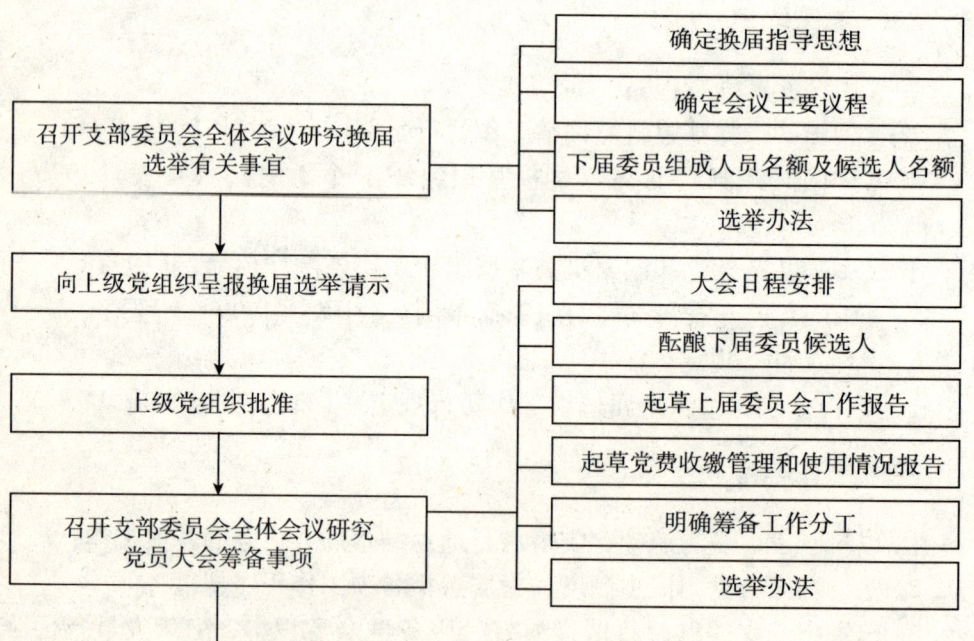

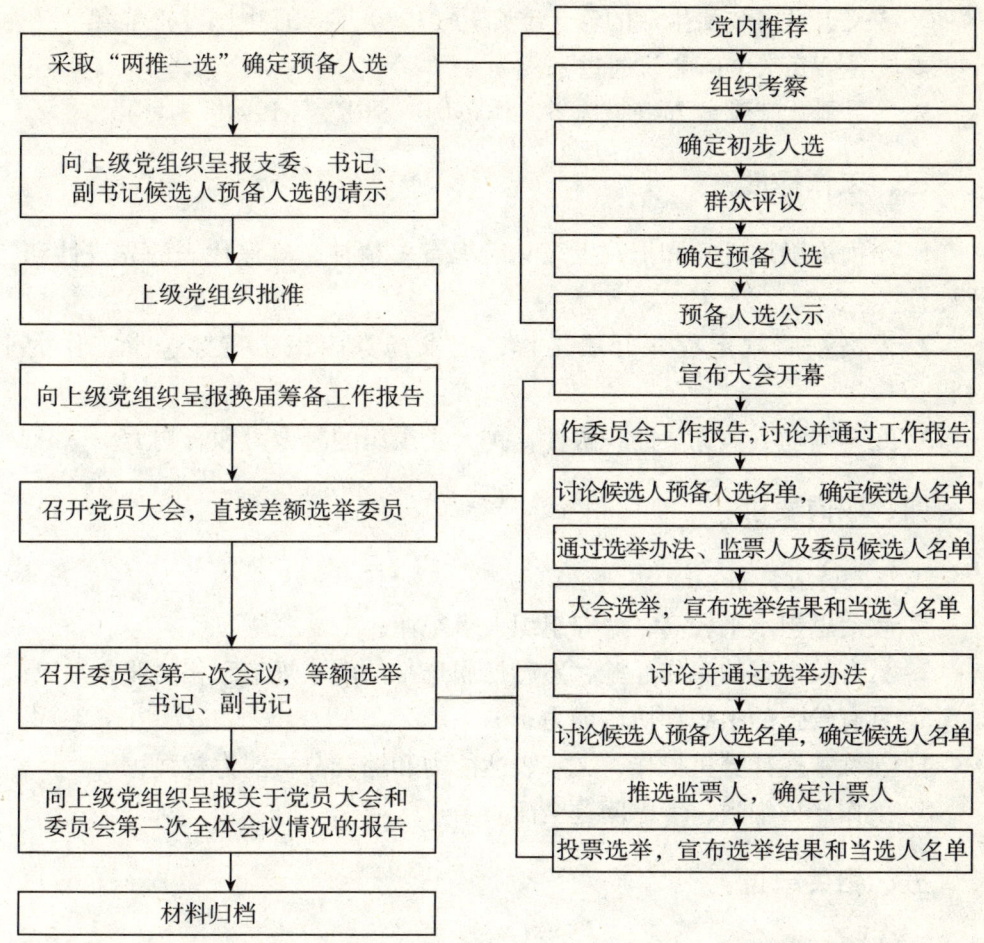

第八节　选举出席上级党委党代表大会代表工作

一、工作要点：

党章规定，党的省、自治区、直辖市委员会，每届任期五年。出席上级党委党代表大会的代表，需要召开党代表大会或党代表会议选举产生。

二、工作依据：

1. 《中国共产党章程》；

2.《关于党内政治生活的若干准则》(1980年3月中国共产党第十一届中央委员会第五次全体会议通过);

3.《中国共产党地方组织选举工作条例》(中发［1994］3号)。

三、工作标准:

1. 全面准确地理解和把握上级党组织有关精神,确保代表的先进性和广泛性;

2. 严格按照规定程序开展工作,把发扬党内民主贯穿选举工作的全过程;

3. 充分调动广大党员的积极性,扩大党组织的凝聚力和影响力。

四、职岗要求:

工作人员应具备:

1. 政治思想水平较高,严守组织人事纪律;

2. 具有较丰富的工作经验,熟悉换届选举的政策规定和相关业务知识;

3. 具有较强的组织和协调能力;

4. 熟练掌握计算机操作,文字表达能力和综合分析能力较强;

5. 工作严谨细致,考虑问题全面。

五、相关单位:

1. 中组部组织局;

2. 上级党委组织部组织处;

3. 纪检监察部门、宣传部、政法委、国资委党委,地方党委各主管工委;

4. 辖区各级党组织。

第八节 选举出席上级党委党代表大会代表工作

六、环节流程：

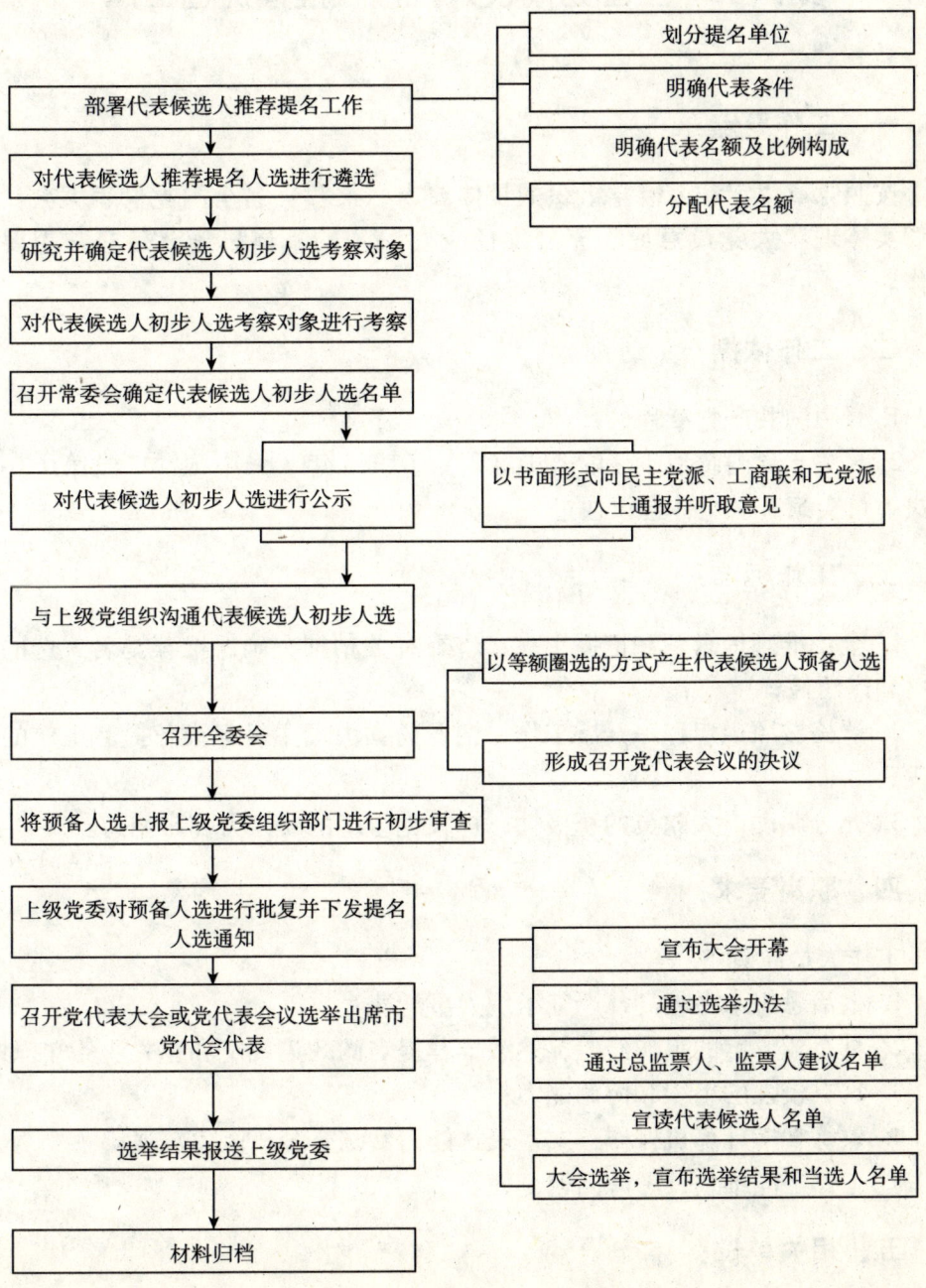

第九节 全国党代表大会代表推荐提名工作

一、工作要点：

按照党章规定和上级党组织的具体要求，推荐提名全国党代表大会代表是切实体现广大党员意愿、充分发扬党内民主的具体措施，是非常重要的工作。

二、工作依据：

1. 《中国共产党章程》；
2. 《关于党内政治生活的若干准则》（1980年3月中国共产党第十一届中央委员会第五次全体会议通过）。

三、工作标准：

1. 全面准确地理解和把握中央、市委有关精神，确保推荐提名人选的先进性和广泛性；
2. 严格按照规定程序开展工作，把发扬党内民主贯穿推荐提名工作的全过程；
3. 充分调动广大党员的积极性，扩大党组织的凝聚力和影响力。

四、职岗要求：

工作人员应具备：
1. 政治思想水平较高，严守组织人事纪律；
2. 具有较丰富的工作经验，熟悉推荐提名的政策规定和相关业务知识；
3. 具有较强的组织和协调能力；
4. 熟练掌握计算机操作，文字表达能力和综合分析能力较强；
5. 工作严谨细致，考虑问题全面。

五、相关单位：

1. 中组部组织局；

2. 上级党委组织部组织处；
3. 纪检监察部门、宣传部、政法委、国资委党委，地方党委各主管工委；
4. 辖区各级党组织。

六、环节流程：

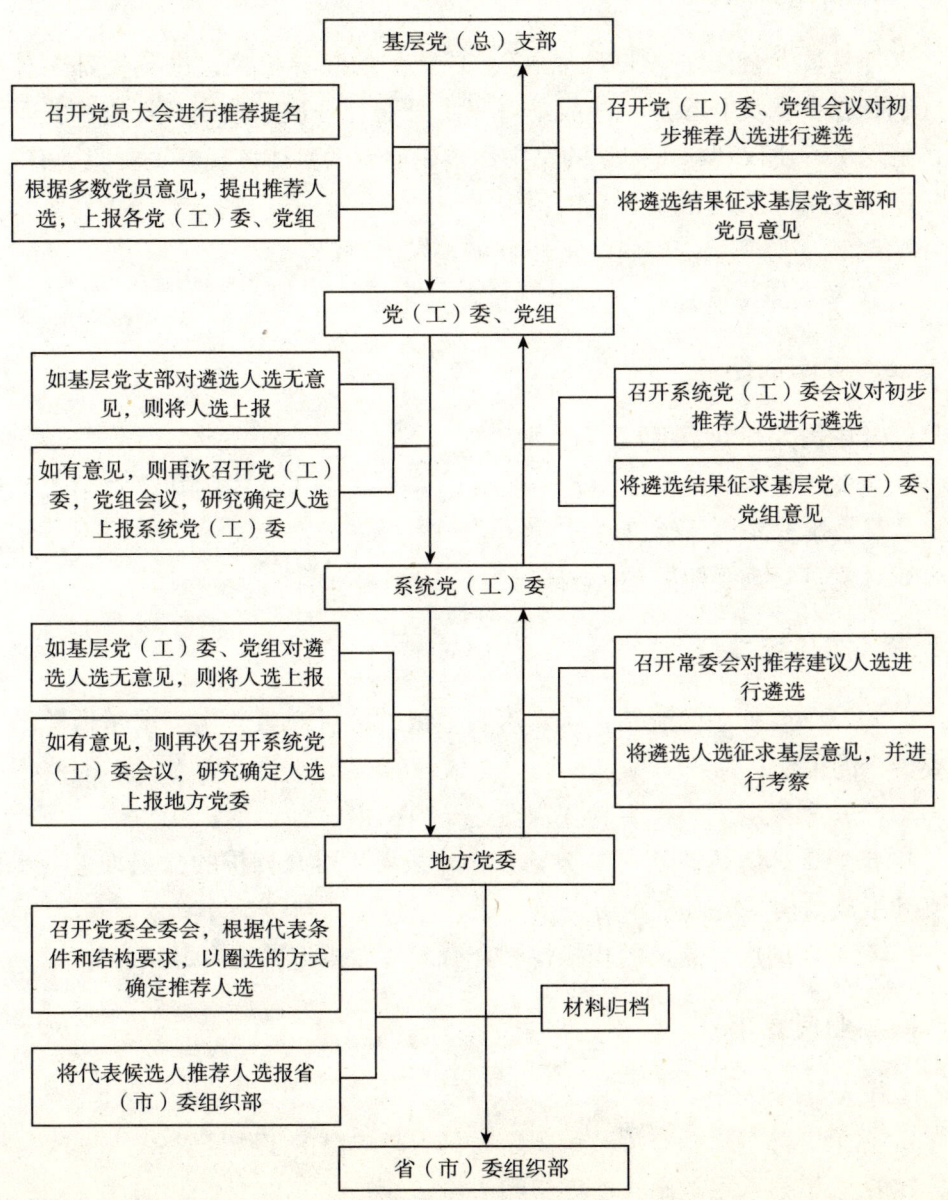

第十节　支部党员大会

一、工作要点：

支部党员大会又称"支部大会"，是支部的领导机关，由党支部全体党员（包括预备党员）参加，一般是每三个月召开一次。按期开好支部党员大会，是党员行使权利，贯彻党的民主集中制原则的具体体现。主要职责有：

1. 听取和审查支部委员会的报告；
2. 讨论支部职权范围内的工作事项并做出决议；
3. 选举支部委员会。

二、工作依据：

1. 《中国共产党章程》；
2. 《关于党内政治生活的若干准则》（1980年3月中国共产党第十一届中央委员会第五次全体会议通过）；
3. 《党员管理手册》（中组部组织局1998年编印）。

三、工作标准：

1. 以科学发展观为统领，认真落实上级的方针政策，实事求是地总结支部委员会的工作；
2. 坚持和完善党内民主制度，促进党内民主；
3. 按照干部队伍"四化"方针和德才兼备、群众拥护的原则，进一步优化支部组成结构，增强整体功能；
4. 充分调动广大党员的积极性，充分发挥党组织的凝聚力和影响力。

四、职岗要求：

工作人员应具备：

1. 熟悉支部工作和有关政策规定，具有较丰富的工作经验；
2. 政治思想水平较高，严守组织人事纪律；

3. 具有较强的组织和协调能力；
4. 工作严谨细致，认真负责；
5. 熟练掌握计算机操作，有一定的文字表达能力和综合分析能力较强。

五、相关单位：

辖区各级党组织。

六、环节流程

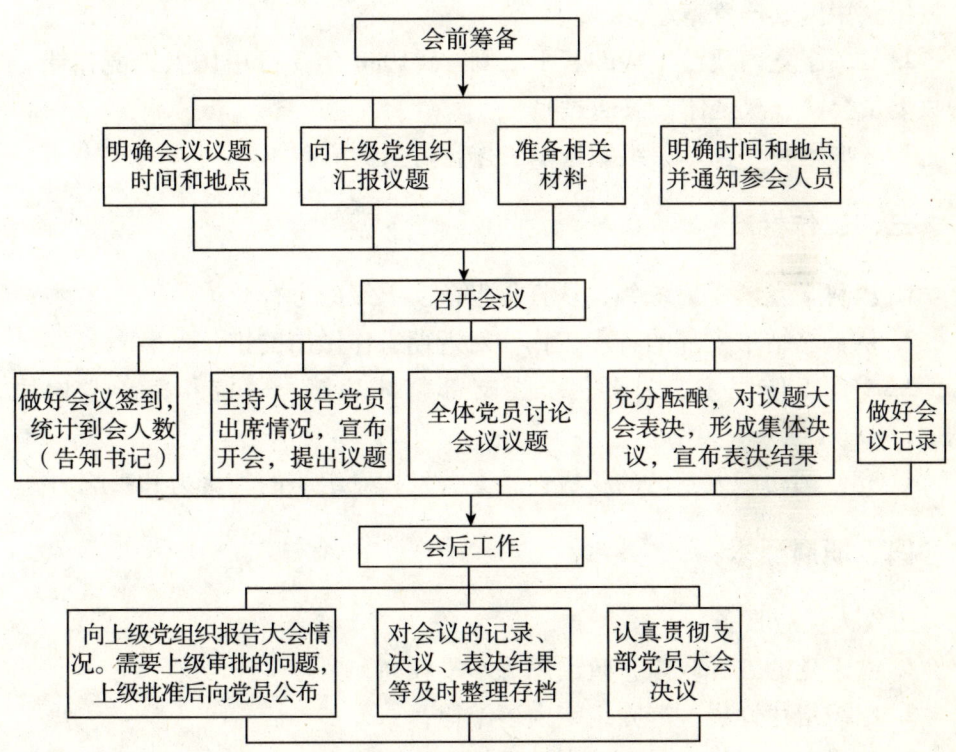

第十一节　支部委员会

一、工作要点：

支部委员会，简称支委会，在支部大会休会期间负责领导和处理支部的日常工作。主要职责是：

1. 贯彻执行上级党组织的指示、决定和支部党员大会的决议；
2. 听取和审查本支部的工作报告；
3. 讨论本支部职权范围内的问题并做出决议；
4. 对支部成员进行工作分工；
5. 讨论有关事项。

二、工作依据：

1.《中国共产党章程》；
2.《关于党内政治生活的若干准则》（1980年3月中国共产党第十一届中央委员会第五次全体会议通过）；
3.《中国共产党基层组织选举工作暂行条例》（中发［1990］8号）。

三、工作标准：

1. 以科学发展观为统领，认真贯彻落实上级的方针政策；
2. 认真总结本支部的各项工作，对近期工作做出安排；
3. 支部工作民主、公开，增强支部整体功能，坚持和完善党内民主制度；
4. 充分调动广大党员的积极性，充分发挥党组织的凝聚力和影响力。

四、职岗要求：

工作人员应具备：
1. 熟悉党的方针政策，政治思想水平较高；
2. 组织纪律性强，严守组织人事纪律；
3. 热爱组织工作，具有较强的组织和协调能力；
4. 工作严谨细致，考虑问题全面。

五、相关单位：

辖区各级党组织。

六、环节流程

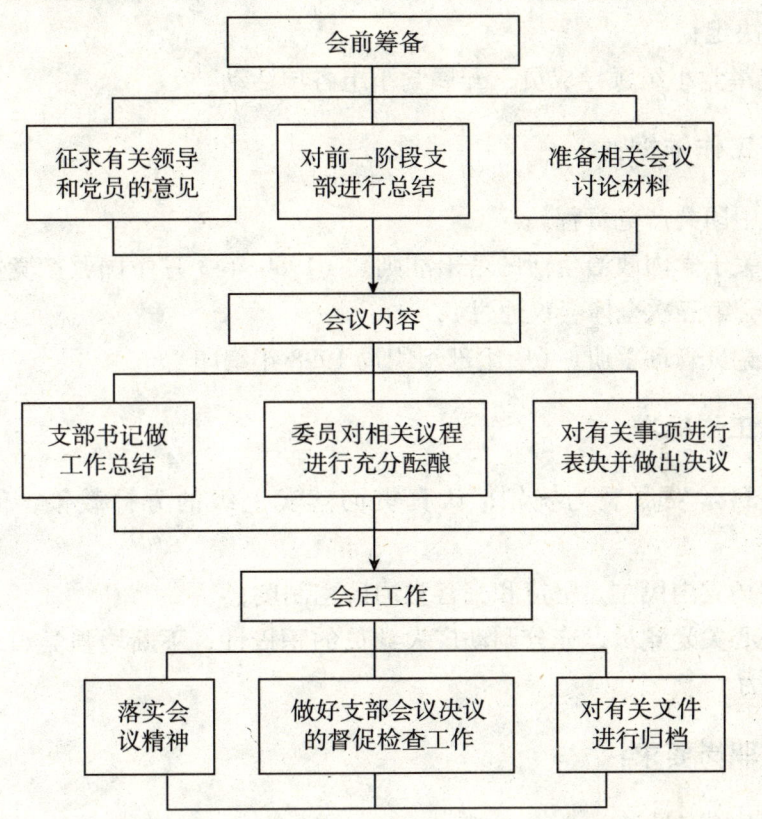

第十二节 党小组会

一、工作要点：

党小组会是党小组活动的重要形式之一，也是党员组织生活的重要组成部分。开好党小组会，对于加强党的基层组织建设，提高组织生活质量，发挥支部的战斗堡垒作用有着十分重要的作用。其主要内容是：

1. 开展批评和自我批评，更好地发挥党员的先锋模范作用；
2. 根据支部的布置向党员分配布置工作；
3. 讨论入党积极分子的培养、教育以及预备党员转正；

4. 传达上级的方针政策；

5. 围绕中心工作加强思想建设和理论学习，讨论党小组职权范围内的问题并做出决定；

6. 选举党小组领导成员，开展党小组各项活动。

二、工作依据：

1. 《中国共产党章程》；

2. 《关于党内政治生活的若干准则》（1980年3月中国共产党第十一届中央委员会第五次全体会议通过）；

3. 《党员管理手册》（中组部组织局1998年编印）。

三、工作标准：

1. 以科学发展观为统领，认真贯彻落实上级的方针政策，促进各项工作；

2. 发扬党内民主，坚持和完善党内民主制度；

3. 关心关爱党员，充分调动广大党员的积极性，不断增强党组织的凝聚力和影响力。

四、职岗要求：

工作人员应具备：

1. 政治素质较高，严守组织人事纪律；

2. 熟悉党的方针政策和基本党务知识；

3. 具有一定的组织协调能力；

4. 工作认真负责，严谨细致，考虑问题全面。

五、相关单位：

辖区各级党组织。

六、环节流程

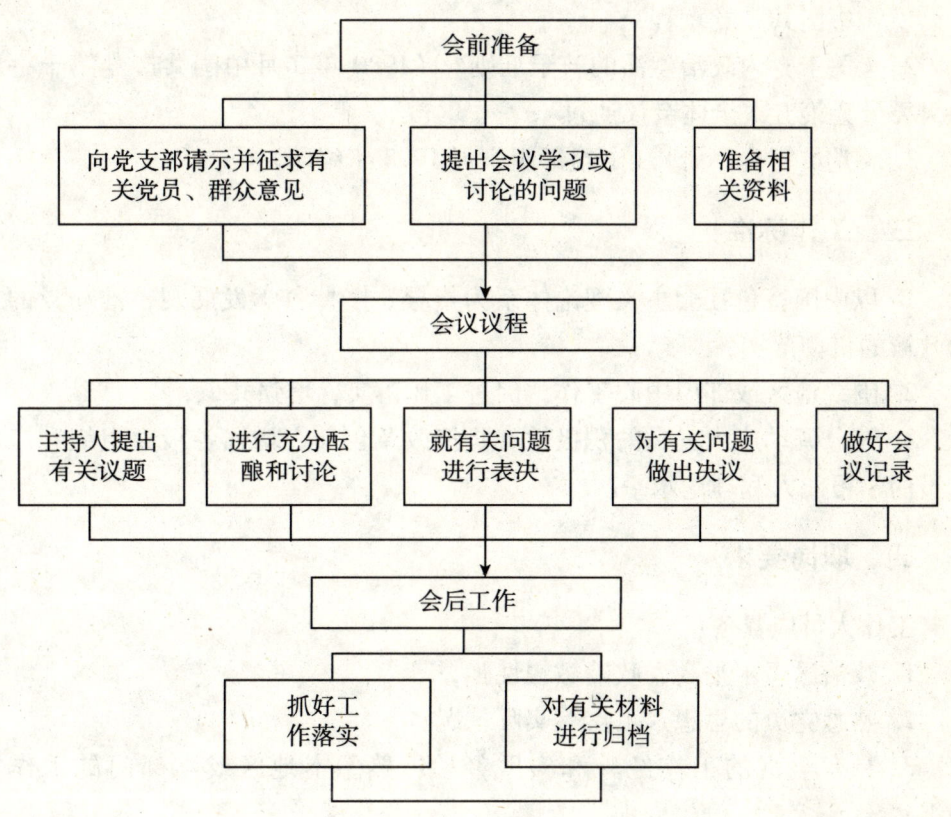

第十三节 党　　课

一、工作要点：

党课是对党员进行党性教育、党的基础知识教育和马克思主义、毛泽东思想教育、中国特色社会主义理论体系教育等经常性教育相结合的主要形式，是党支部的一项重要工作。在一般情况下，由上级党组织负责上党课。党课的形式可以采取报告、电化教育、社会调查、知识测验等形式。

二、工作依据：

1. 《中国共产党章程》；

2. 《关于党内政治生活的若干准则》（1980 年 3 月中国共产党第十一届中央委员会第五次全体会议通过）；

3. 《党员管理手册》（中组部组织局 1998 年编印）。

三、工作标准：

1. 以中国特色社会主义理论体系为指导，坚持科学发展观，推动党的方针政策的贯彻落实；

2. 围绕地区或部门中心工作，促进工作落实，增强共识；

3. 充分调动广大党员的积极性，坚持改革创新，增强各级党组织和广大党员的学习能力和理论水平。

四、职岗要求：

工作人员应具备：

1. 政治思想水平高，政治敏锐性强；

2. 熟悉党员的思想、工作等实际情况；

3. 具有丰富的工作经验和实践经验，熟悉本地区或本部门的工作和情况；

4. 有较强的影响力和课堂组织能力、文字表达能力；

5. 工作认真，考虑问题全面。

五、相关单位：

辖区各级党组织。

六、环节流程：

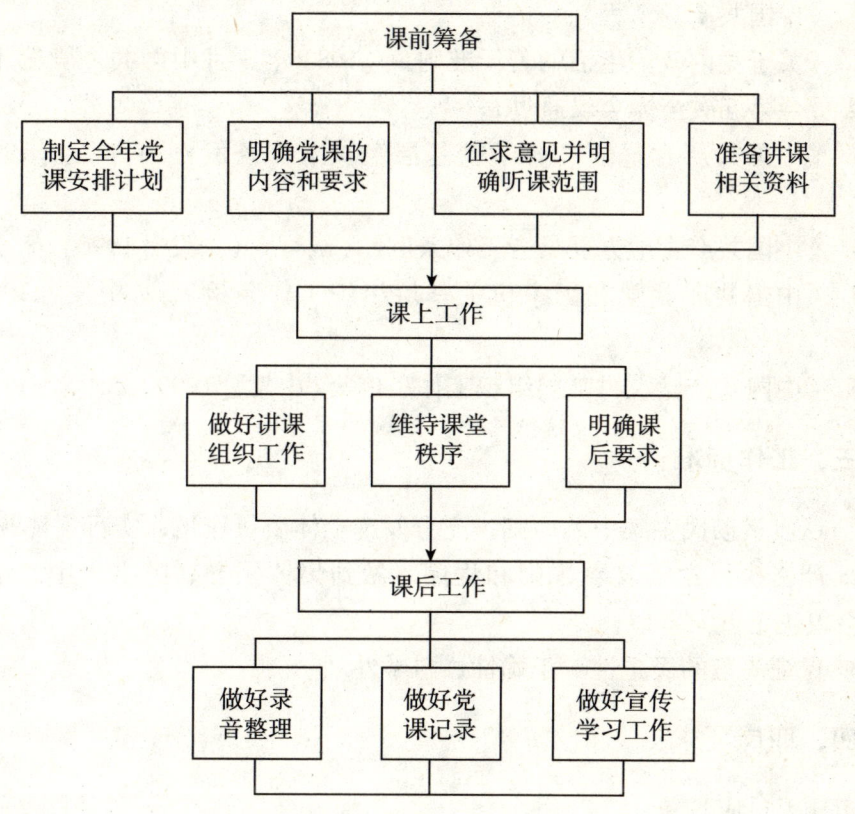

第十四节　基层党委会议制度

一、工作要点：

宣传和执行党的路线、方针、政策和上级决议，认真组织理论学习，加强思想建设，对党员进行教育、管理和监督，充分发扬党内民主，尊重党员主体地位，维护党员和群众正当权利。发现培育典型，做好发展党员工作。

二、工作依据：

1.《中国共产党章程》；
2.《关于党内政治生活的若干准则》（1983年3月中国共产党第十一届中央委员会第五次全体会议通过）；
3.《中国共产党普通高等学校基层组织工作条例》（中发［1996］5号）；
4.《中国共产党地方委员会工作条例》（试行）（中发［1996］6号）；
5.《中国共产党党和国家机关基层组织工作条例》（中发［1998］5号）；
6.《中国共产党农村基层组织工作条例》（中发［1999］5号）。

三、工作标准：

1. 认真贯彻民主集中制原则，充分发挥全体委员作用，实行集体领导；
2. 严格执行党委议事规则和程序，做到集体领导、民主集中、个别酝酿、会议决定重大事情；
3. 保证决策的民主性、正确性、科学性。

四、职岗要求：

工作人员应具备：
1. 政治思想水平较高，纪律性强；
2. 熟练党委工作制度和基本党务知识；
3. 有较强的民主意识和组织协调能力，熟悉党委会议程序；
4. 有一定的文字表达水平。

五、相关单位：

辖区各级党组织。

六、环节流程

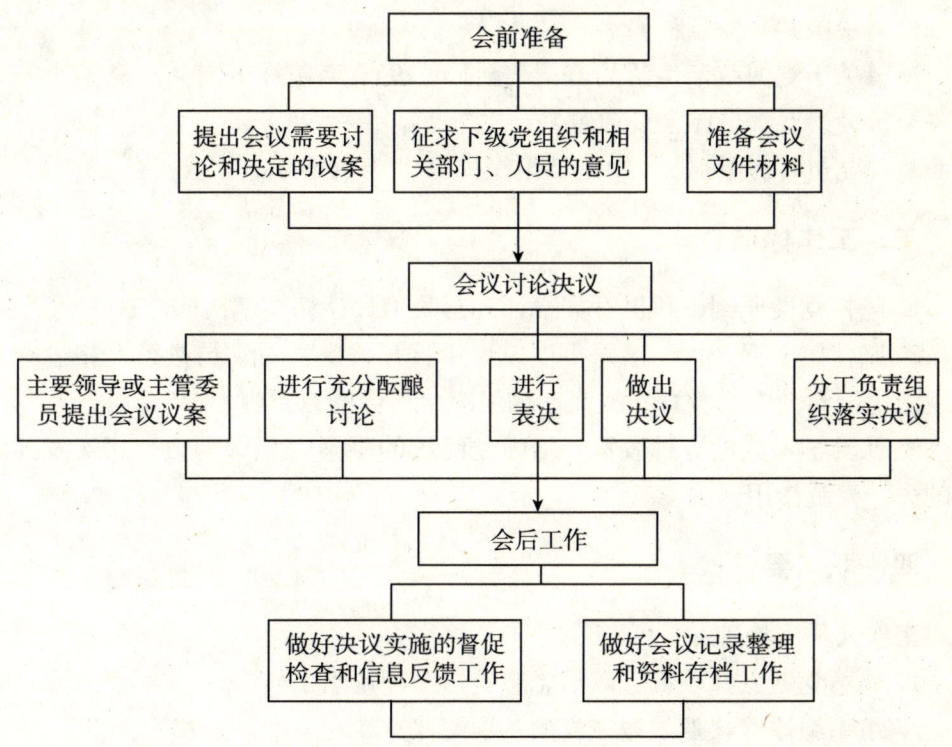

第十五节　组织生活会

一、工作要点：

组织生活会是党员在支部、党小组以交流思想，开展批评与自我批评为主要形式的组织活动制度。主要内容包括：

1. 检查本支部或本小组党员贯彻党的路线方针政策和上级党委决议的情况；
2. 检查党员贯彻民主集中制的情况；
3. 检查党员在思想、工作、学习、生活等方面的情况和问题；
4. 检查上次组织生活会所制定的改进意见和落实情况等。

二、工作依据：

1.《中国共产党章程》；

2.《关于党内政治生活的若干准则》（1983年3月中国共产党第十一届中央委员会第五次全体会议通过）；

3.《党员管理手册》（中组部组织局1998年编印）。

三、工作标准：

1. 坚持党性原则，积极开展批评和自我批评，切实解决问题；

2. 坚持定期召开，一般每季度或半年召开一次，对党员进行严格遵守党的组织生活会制度的教育，提高参加组织生活会的自觉性；

3. 认真学习党的方针政策，增强党组织的凝聚力和影响力，切实发挥党员的先锋模范作用。

四、职岗要求：

工作人员应具备：

1. 熟悉党的方针政策，政治思想觉悟和理论水平较高；

2. 组织纪律性较强，遵守党的各项纪律；

3. 热爱组织工作，具有一定的组织和协调能力；

4. 工作严谨细致，考虑问题全面。

五、相关单位：

辖区各级党组织。

六、环节流程

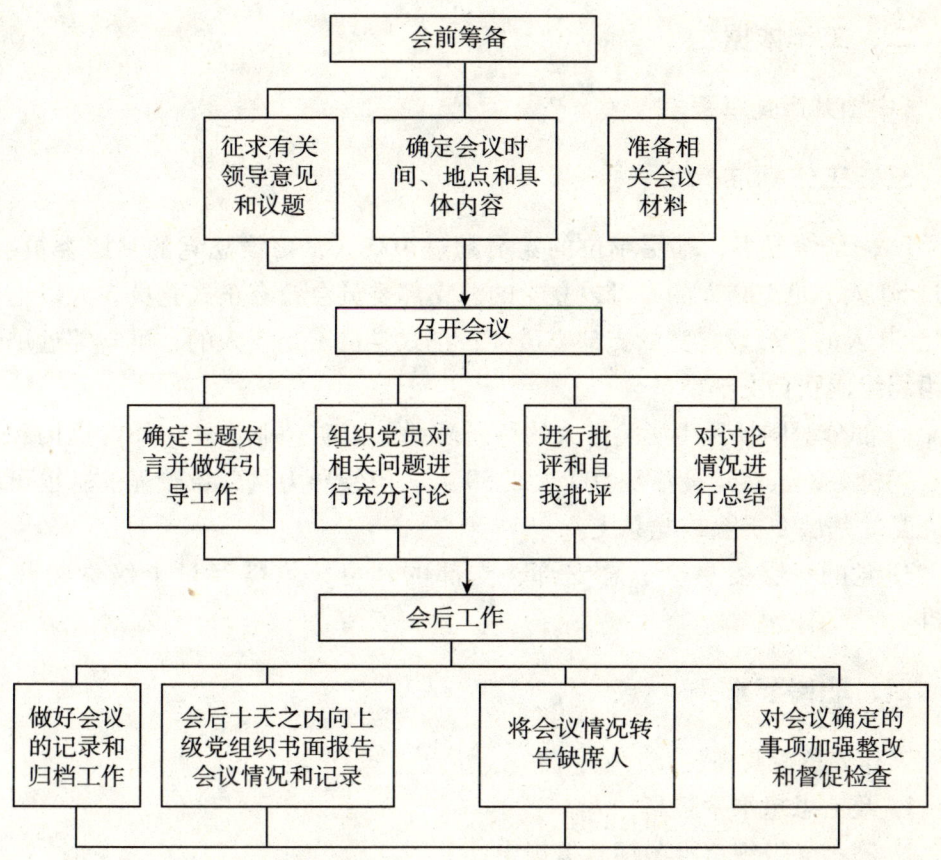

第十六节 基层党组织设置审批工作

一、工作要点：

1. 按照党章规定，基层单位凡是有正式党员三人以上的，都应当成立党的基层组织；

2. 党的基层组织根据工作需要和党员人数，经上级党组织批准，分别设立党的基层委员会、总支部委员会、支部委员会；

3. 基层委员会由党员大会或党员代表大会选举产生，总支部委员会和支部委员会由党员大会选举产生。

二、工作依据：

《中国共产党章程》

三、工作标准：

1. 一般情况下，基层单位的党员超过 100 人，可设立党的基层委员会；超过 50 人不足 100 人的，可设立党的总支部委员会；有正式党员 3 人以上但不足 50 人的，可设立党的支部委员会；正式党员不足 3 人的，可与邻近单位党组织组成联合支部委员会。

2. 部分对国计民生影响重大的科研院所、工矿企业、外交外贸机构和边防要塞机关，虽然党员不足 100 人或 50 人，但领导力量配备较强的，也可以建立党的基层委员会或党总支。

3. 党的基层委员会、总支部、支部的建立，均需经过上级党组织的批准。

四、职岗要求：

工作人员应具备：
1. 政治思想水平较高；
2. 熟悉党组织审批各项政策规定；
3. 具有较强的协调能力；
4. 工作严谨细致。

五、相关单位：

1. 中组部组织局；
2. 上级党委组织部组织处；
3. 纪检监察部门、宣传部、政法委、国资委党委，地方党委各主管工委；
4. 辖区各级党组织。

六、环节流程：

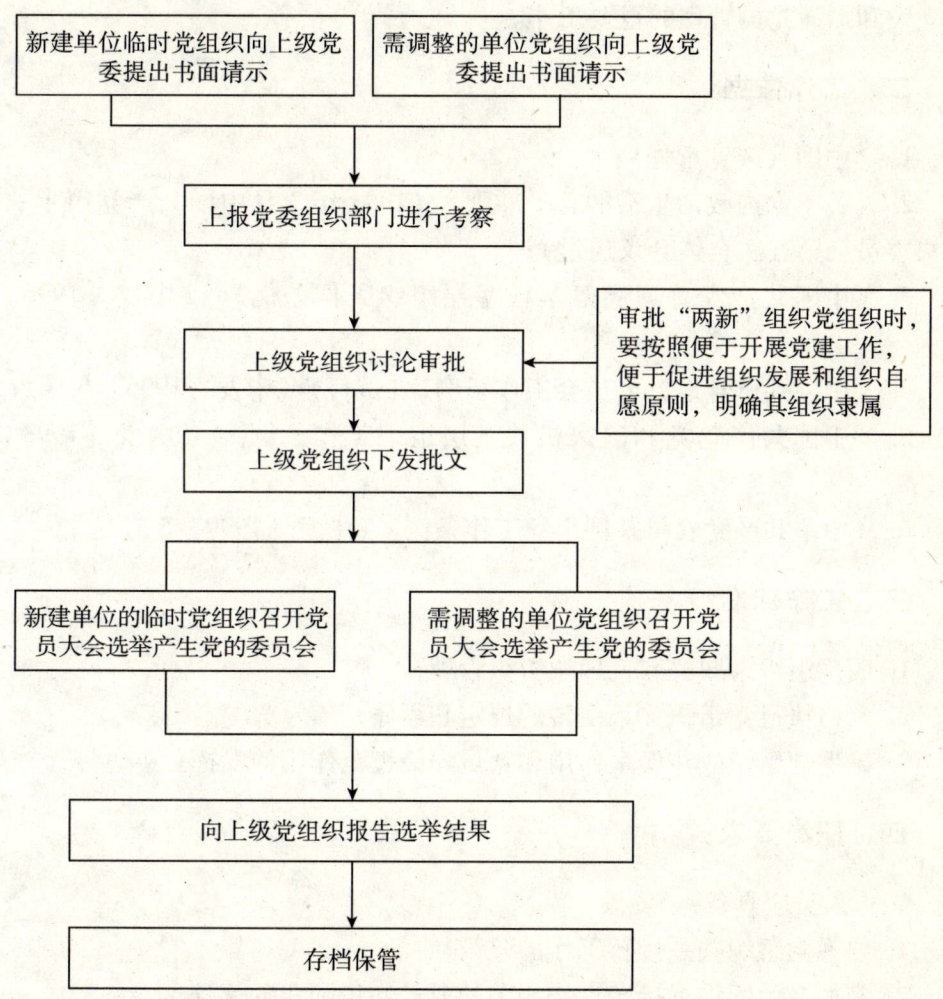

第十七节　整建制党组织接转工作

一、工作要点：

整建制党组织接转是指某一党组织的党员整体转到新的党组织的一种特

殊的组织关系接转工作，随着改革深入而带来的社会单位、组织的调整、改组的增多，这种接转有增加的趋势。整建制党组织接转是新形势下加强党组织建设和加强党员管理的重要工作。

二、工作依据：

1. 《中国共产党章程》；
2. 《关于党内政治生活的若干准则》（1983年3月中国共产党第十一届中央委员会第五次全体会议通过）；
3. 《中国共产党普通高等学校基层组织工作条例》（中发［1996］5号）；
4. 《中国共产党地方委员会工作条例》（试行）（中发［1996］6号）；
5. 《中国共产党党和国家机关基层组织工作条例》（中发［1998］5号）；
6. 《中国共产党农村基层组织工作条例》（中发［1999］5号）。

三、工作标准：

1. 明确组织隶属关系，理顺组织管理；
2. 严格执行党组织关系接转的规定和程序；
3. 确保党组织战斗堡垒作用和党员先锋模范作用的发挥。

四、职岗要求：

工作人员应具备：
1. 熟悉党组织关系接转工作的政策；
2. 掌握党组织设置接转工作相关的业务知识和业务流程；
3. 具有较强的协调能力和分析指导能力；
4. 工作严谨细致。

五、相关单位：

1. 上级党委组织部组织处；
2. 辖区各级党组织。

六、环节流程

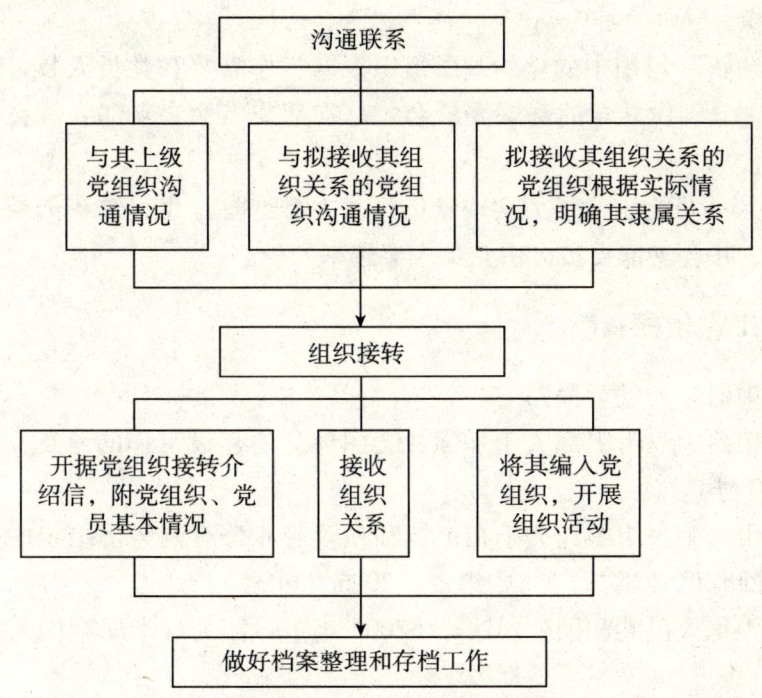

第十八节 "两新"组织党组织设置审批工作

一、工作要点：

在新经济组织和新社会组织中按规定与要求及时建立党组织是新时期充分发挥党员先锋模范作用，促进"两新"组织健康发展，巩固党的阶级基础，扩大党的群众基础，夯实党建工作基础，提高党的执政能力，全面落实科学发展观的必然要求。切实加大在"两新"组织中组建党组织的工作力度，发挥好党组织的作用，做到哪里有党员哪里就有党的组织，哪里有党的组织哪里就有健全的组织生活和坚强的战斗力，是党的建设新的伟大工程的重要组成部分。"两新"组织党建工作是一项系统工程，其中组建党组织工作主要是指：

1. 按照党章规定，基层单位凡是有正式党员三人以上的，都应当成立党的基层组织；

2. "两新"组织中的党的基层组织根据工作需要和党员人数，经上级党组织批准，分别设立党的基层委员会、总支部委员会、支部委员会、联合支部委员会；

3. 基层委员会由党员大会或党员代表大会选举产生，总支部委员会、支部委员会、联合支部委员会由党员大会选举产生。

二、工作依据：

1.《中国共产党章程》；

2.《中共中央组织部关于加强社会团体党的建设工作的意见》（中组发［2000］10号）；

3.《中共中央组织部关于在个体和私营等非公有制经济组织中加强党的建设工作的意见（试行）》（中组发［2000］14号）；

4.《中华人民共和国公司法》（2005年10月27日十届全国人大十八次会议通过）；

5. 上级文件、规定，如

《北京市委组织部关于进一步做好在全市规模以上非公有制企业中建立党组织工作的通知》（京组通［2006］91号）。

三、工作标准：

1. 所建党组织符合党章中关于基层组织设置形式与党员人数关系的规定要求，即：党员超过100人，可设立党的基层委员会；超过50人不足100人的，可设立党的总支部委员会；有正式党员3人以上但不足50人的，可设立党的支部委员会；正式党员不足3人的，可与邻近单位党组织组成联合支部委员会。

2. 所建党组织符合相关的规定程序，党的基层委员会、党总支、党支部的建立，均需经过上级党组织的批准。

3. 工作的推进要及时有序，做到"成熟一个、建立一个，巩固一个、提高一个"，达到全覆盖。

4. 所建党组织开展党的各项活动有载体、有阵地，能认真履行党章所赋予的职责，切实发挥引导监督作用、团结凝聚作用和组织协调作用，推进"两新"组织生产经营和业务工作的发展。

四、职岗要求：

工作人员应具备：

1. 政治思想水平较高，对"两新"组织党建工作比较熟悉；
2. 熟悉党组织审批各项政策规定；
3. 具有较强的沟通协调能力；
4. 工作严谨细致，认真负责。

五、相关单位：

1. 中组部组织局；
2. 上级党委组织部组织处；
3. 纪检监察部门、党委宣传部、党委政法委、地方国资委党委，地方党委各主管工委；
4. 辖区各级党组织。

六、环节流程：

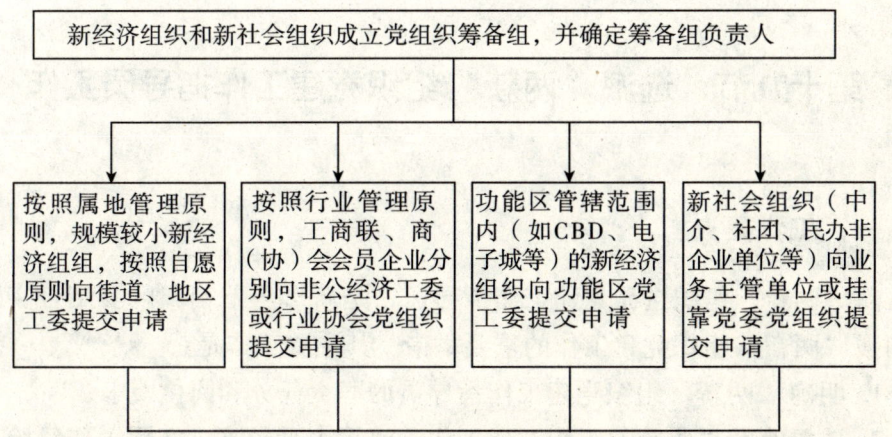

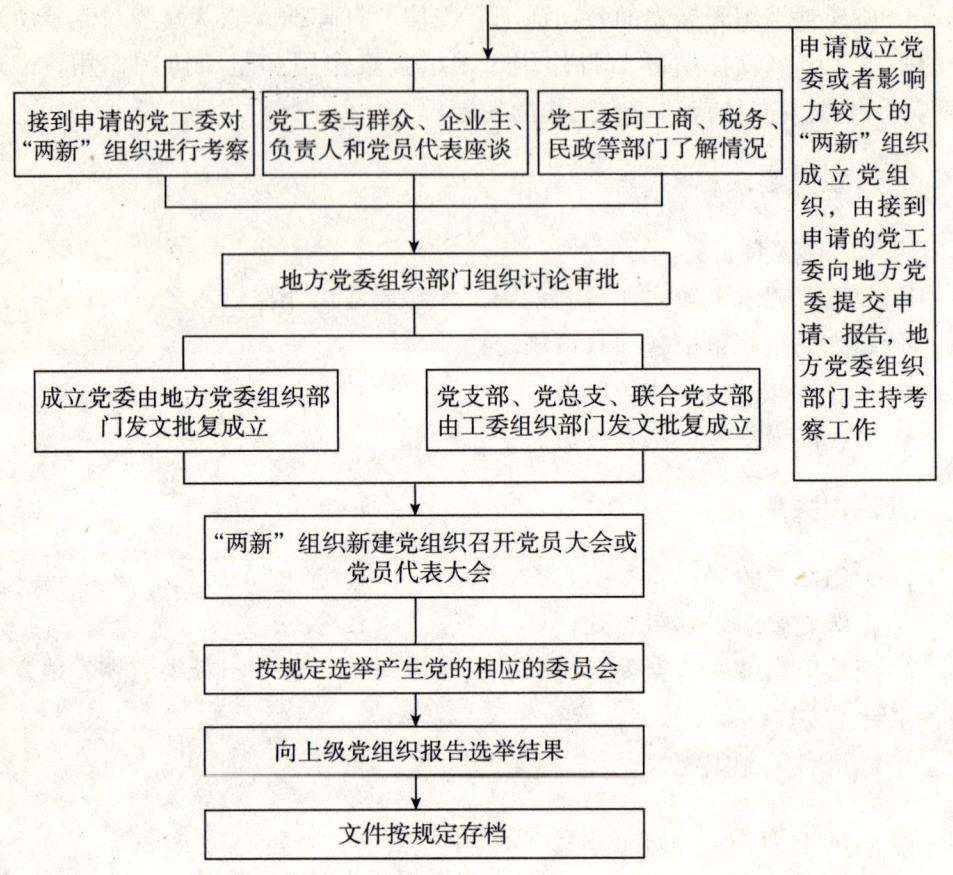

第十九节　选派"两新"组织党建工作指导员工作

一、工作要点：

向"两新"组织选派党建工作指导员，是新形势下朝阳区委结合实际情况加强"两新"组织党建工作的重要举措。其主要工作是：

1. 明确"两新"组织党建工作指导员的职责任务和岗位要求；

2. 选派熟悉"两新"组织党建工作、政策水平较高、实际工作经验较为丰富的同志作为党建工作指导员；

3. 党建工作指导员通过在"两新"组织中开展工作，扩大党在"两新"

组织中的覆盖面和影响力。

二、工作依据：

1.《中共中央组织部关于加强社会团体党的建设工作的意见》（中组发［2000］10号）；

2.《中共中央组织部关于在个体和私营等非公有制经济组织中加强党的建设工作的意见（试行）》（中组发［2000］14号）；

3.《中华人民共和国公司法》（2005年10月27日十届全国人大十八次会议通过）；

4. 上级文件、规定，如：

《北京市委组织部关于进一步做好在全市规模以上非公有制企业中建立党组织工作的通知》（京组通［2006］91号）。

三、工作标准：

1. 向所有未建立党组织的规模以上非公企业和影响力较大的新社会组织选派党建工作指导员；

2. 党建工作指导员素质较好，职责明确，能够指导"两新"组织开展党建工作。

四、职岗要求：

工作人员应具备：

1. 熟悉"两新"组织党建工作；

2. 具有较强的组织协调能力和选人识人能力；

五、相关单位：

1. 地方党委各主管工委；

2. 辖区各级党组织。

六、环节流程：

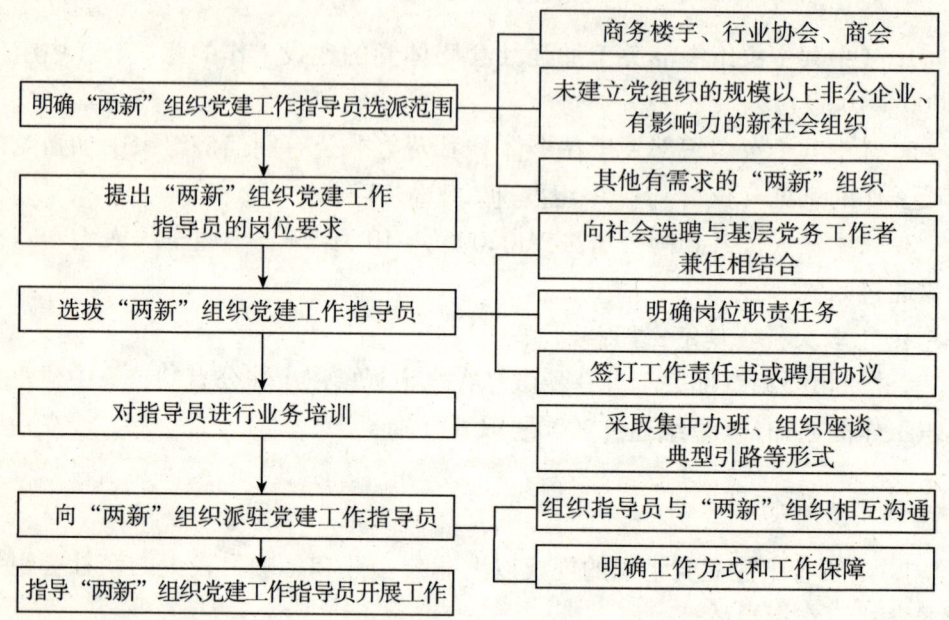

第二十节 "两新"组织党建情况动态调查工作

一、工作要点：

加强对"两新"组织党建情况动态调查，及时、准确、全面了解掌握"两新"组织党建的动态情况，是加强"两新"组织党建的基础性工作。其主要任务是：

1. 建立"两新"组织及其党建情况动态调查机制；
2. 编制并动态调整规模以上非公有制法人企业的名册；
3. 编制并动态调整新社会组织名册；
4. 全面了解"两新"组织党建工作动态。

二、工作依据：

1.《中央组织部关于印发〈关于加强社会团体党的建设工作的意见〉的通知》（中组发［2000］10号）；

2.《中央组织部关于印发〈关于在个体和私营等非公有制经济组织中加强党的建设工作的意见（试行）〉的通知》（中组发［2000］14号）；

3.《中华人民共和国公司法》（2005年10月27日十届全国人大十八次会议通过）；

4. 中组部制定的《非公有制企业建立党组织及有关情况统计表》和《规模以上非公有制独立法人企业名册》；

5. 上级文件、规定，如：

《北京市委组织部关于进一步做好在全市规模以上非公有制企业中建立党组织工作的通知》（京组通［2006］91号）。

三、工作标准：

1. 准确、及时地掌握"两新"组织及其党建工作情况；
2. 建立良好的部门间沟通机制。

四、职岗要求：

工作人员应具备：

1. 熟悉"两新"组织党建工作；
2. 具有较强的组织协调能力；
3. 具有较强的研究能力和语言文字表达能力。

五、相关单位：

1. 地方党委各主管工委；
2. 辖区各级党组织；
3. 政府相关职能部门。

第五章 基层党组织建设工作

六、环节流程：

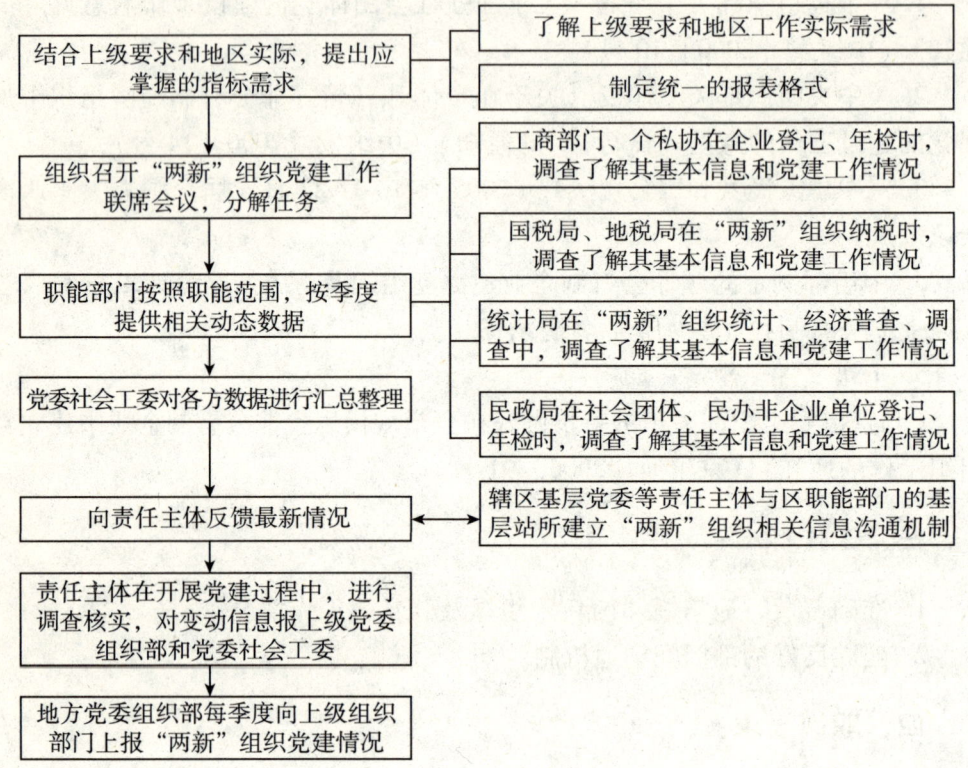

第二十一节 基层党建典型培育工作

一、工作要点：

培育基层党建工作典型，为基层党组织树立样板，是引导、促进基层党组织更好地发挥应有作用的有效措施，是加强基层党建的重要工作。其主要工作是：

1. 按照一定标准，挖掘、总结、宣传、推广先进基层党组织、优秀党务工作者、优秀共产党员、基层党建工作创新项目等基层党建先进典型，形成基层党建典型培育工作机制；

2. 建立各级各类基层党建先进典型库；

3. 对基层党建先进典型给予支持保护和激励。坚持在工作上多压担子，在学习上创造条件，在精神上加强激励，在生活上帮助解决实际困难，促进他们长期保持先进性；

4. 发挥先进典型的示范带动作用，整体推进基层党建工作。

二、工作依据：

1. 上级文件、规定，如：
北京市委《关于推进基层党建工作创新的意见》（2005 年 7 月 15 日）；

2. 本单位或本部门文件、规定，如：
朝阳区委组织部关于开展"基层党建创新奖"评比活动的通知。

三、工作标准：

1. 培育的先进典型符合时代要求、适应发展特征、体现朝阳特色，建立动态的先进典型库；

2. 培育的先进典型要得到群众认同，引导群众参与，能够看得见、叫得响、站得住；

3. 培育的先进典型要具有影响力、示范性、实效性，要为推动工作提供借鉴、增强动力。

四、职岗要求：

工作人员应具备：

1. 熟悉基层党建工作；
2. 具有基层工作经验；
3. 善于分析、归纳、提炼、总结问题和经验；
4. 具有较强的创新精神和调查研究能力；
5. 具有较强的组织协调能力和语言文字表达能力。

五、相关单位：

1. 辖区各级党组织；
2. 报纸、电视、网络等相关媒体。

六、环节流程：

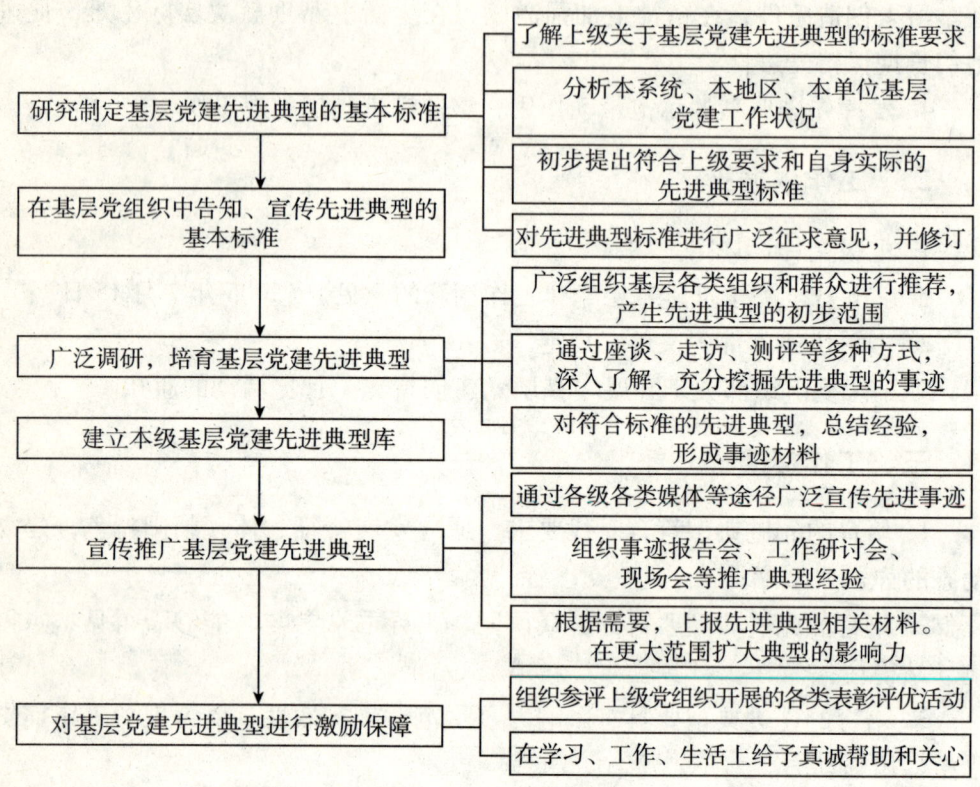

第二十二节　基层党建创新奖评选工作

一、工作要点：

1. 指导基层党组织对在党建工作创新中涌现出的典型事例和突出做法进行梳理总结；
2. 组织开展基层党建工作创新典型的申报、评比工作；
3. 表彰、奖励在基层党建工作中做出创造性工作成绩并产生一定影响力的优秀基层党组织。

二、工作依据：

1.《中共中央办公厅印发〈关于加强党员经常性教育的意见〉等四个保持共产党员先进性长效机制文件的通知》（中办发［2006］21号）；

2. 上级文件、规定，如：

（1）《中共北京市委关于推进基层党建工作创新的意见》（2005年7月15日）；

（2）《中共北京市委组织部关于印发杜德印、赵家骐同志在全市基层党建工作会议上的讲话的通知》（京组发［2005］7号）；

（3）《中共北京市委办公厅印发〈关于建立健全党员经常性教育制度的意见〉等三个保持共产党员先进性长效机制文件的通知》（京办发［2006］31号）。

三、工作标准：

五项评审标准为：

1. 基层首创：积极适应新形势，结合本区域、本单位党建工作实际，在全市、全区范围内率先开展基层党建特色工作和创意活动；

2. 富有实效：在丰富党建工作内容、拓宽党建工作渠道、改进党建工作方式、建立党建工作机制、增强党组织服务功能、加强党组织自身建设、改善党组织工作条件等方面取得一定成效，为地区中心工作提供了坚强组织保证；

3. 群众受益：工作以"满足群众需求，服务党员群众，维护群众利益"为基本思路，真正使群众受益得实惠，群众满意度高；

4. 值得推广：在一定区域和本系统具有一定的代表性和借鉴意义，针对性、指导性、操作性和持续性较强，具有较高的推广应用价值；

5. 认可度高：在地区产生较大影响，具有一定品牌效应，得到上级组织和群众认可，有关媒体对其进行过深入报道。

四、职岗要求：

工作人员应具备：

1. 能够根据世情、国情、党情的发展变化，对当前基层党建工作面临的新形势和新任务有较高认识；

2. 熟悉了解基层党建工作相关政策和规律；

3. 具备与时俱进、开拓创新的意识和能力；
4. 具有较强的组织和协调能力。

五、相关单位：

1. 宣传部、政法委、国资委党委，地方党委各主管工委；
2. 辖区各级党组织；
3. 报纸、电视、网络等相关媒体。

六、环节流程：

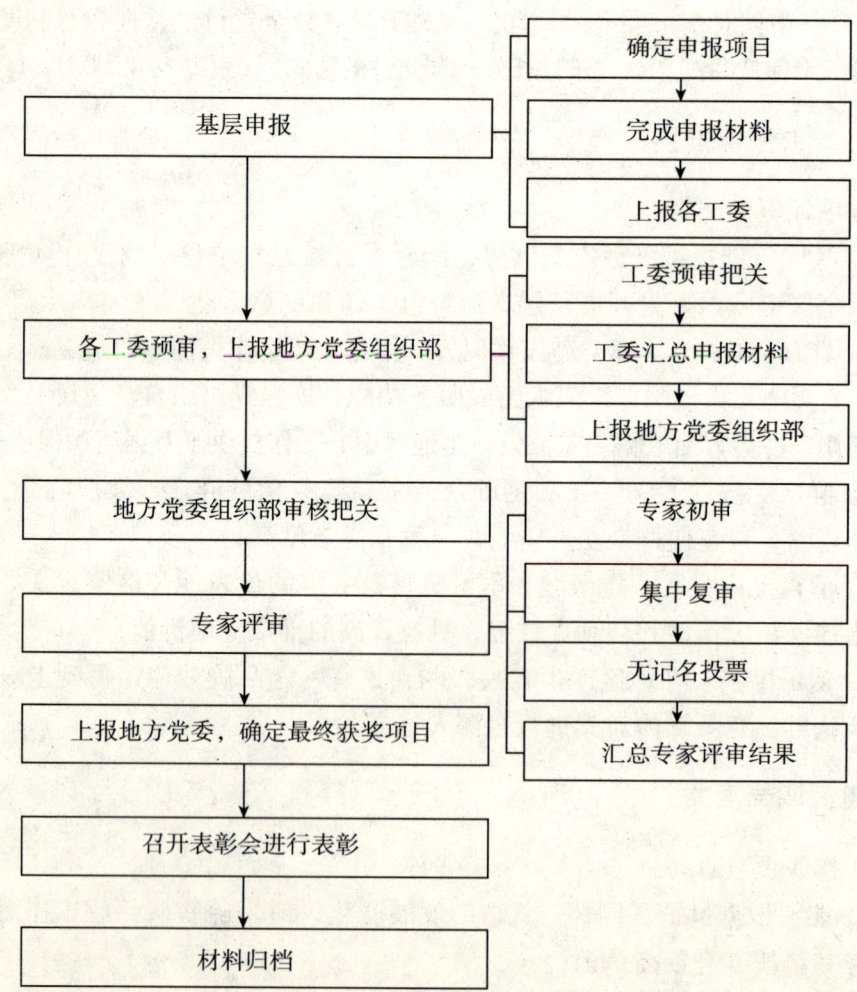

第二十三节　建立党员领导干部党建工作联系点工作

一、工作要点：

建立党员领导干部党建工作联系点，是加强对基层党建工作的指导、密切联系群众、转变领导作风的重要举措。结合实际要分别建立党委委员、人大、政府、政协党员领导干部党建工作联系点和街乡领导班子党员干部党建工作联系点。党员领导干部深入联系点主要履行以下职责：

1. 指导和帮助联系点建立党组织；
2. 加强对联系点党建工作的具体指导；
3. 调研了解和帮助解决联系点的具体问题。

二、工作依据：

1. 上级文件、规定，如：

北京市委组织部《关于在规模以上非公有制企业中建立党员领导干部党建工作联系点的通知》（京组通［2007］15号）。

2. 本单位或本部门文件、规定，如：

朝阳区党员领导干部党建工作联系点制度（2007年5月）。

三、工作标准：

1. 协调相关部门，合理建立并组织落实党员领导干部党建工作联系点；
2. 做好日常工作协调，提供必要的组织指导；
3. 党员领导干部每年到联系点调研指导应不少于三次。

四、职岗要求：

工作人员应具备：

1. 政治思想水平较高；
2. 熟悉基本党务知识；
3. 了解党员领导干部工作特点和联系点党建工作实际；

第五章 基层党组织建设工作

4. 善于及时了解汇总各联系点工作情况；

5. 具有较强的组织协调能力、总结分析能力和语言沟通能力。

五、相关单位：

1. 宣传部、政法委、国资委党委，地方党委各主管工委；

2. 辖区各级党组织；

3. 党委办公室、政府办公室、人大办公室、政协办公室。

六、环节流程：

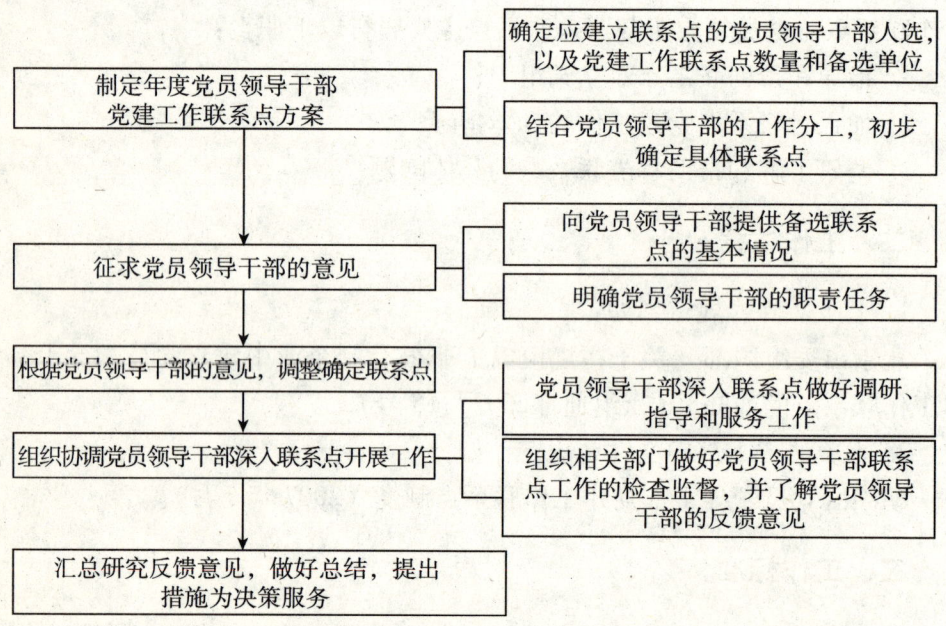

第二十四节 基层党组织负责人培训工作

一、工作要点：

加强基层党组织负责人培训，提高其综合素质，是加强基层党组织建设的必然要求和重要措施。要按照市区整体培训规划，做好基层党组织负责人队伍培训计划，结合实际需求，研究培训内容，创新培训方法、方式，使培训切实起到提高基层党组织负责人能力素质，促进基层党组织负责人队伍建设的作用。

二、工作依据：

1.《中共中央关于印发〈干部教育培训工作条例（试行）〉的通知》（中发〔2006〕3号）；

2.《中共中央关于印发〈2006—2010年全国干部教育培训规划〉的通知》（中发〔2006〕21号）；

3. 上级文件、规定，如：

（1）《中共北京市委关于贯彻中央〈干部教育培训工作条例（试行）〉实施办法》；

（2）《北京市2006—2010年干部教育培训规划》；

（3）《中共北京市委组织部、中共北京市委农村工作委员会关于印发〈2006—2010年全市农村基层干部培训教育规划〉的通知》（京组通〔2006〕20号）；

4. 本单位或本部门文件、规定，如：

《朝阳区2006—2010年干部教育培训规划》（京朝发〔2007〕9号）。

三、工作标准：

培训内容贴近实际需要，增强培训的针对性；培训方式吸引人，增强培训效果；培训管理规范，确保学习取得实效。

四、职岗要求：

工作人员应具备：

1. 熟悉基层党组织负责人的实际需求；
2. 熟悉培训工作；
3. 具备较强的组织协调能力。

五、相关单位：

1. 宣传部、政法委、国资委党委，地方党委各主管工委；
2. 民政局、党校、社区学院；

3. 辖区各级党组织。

六、环节流程：

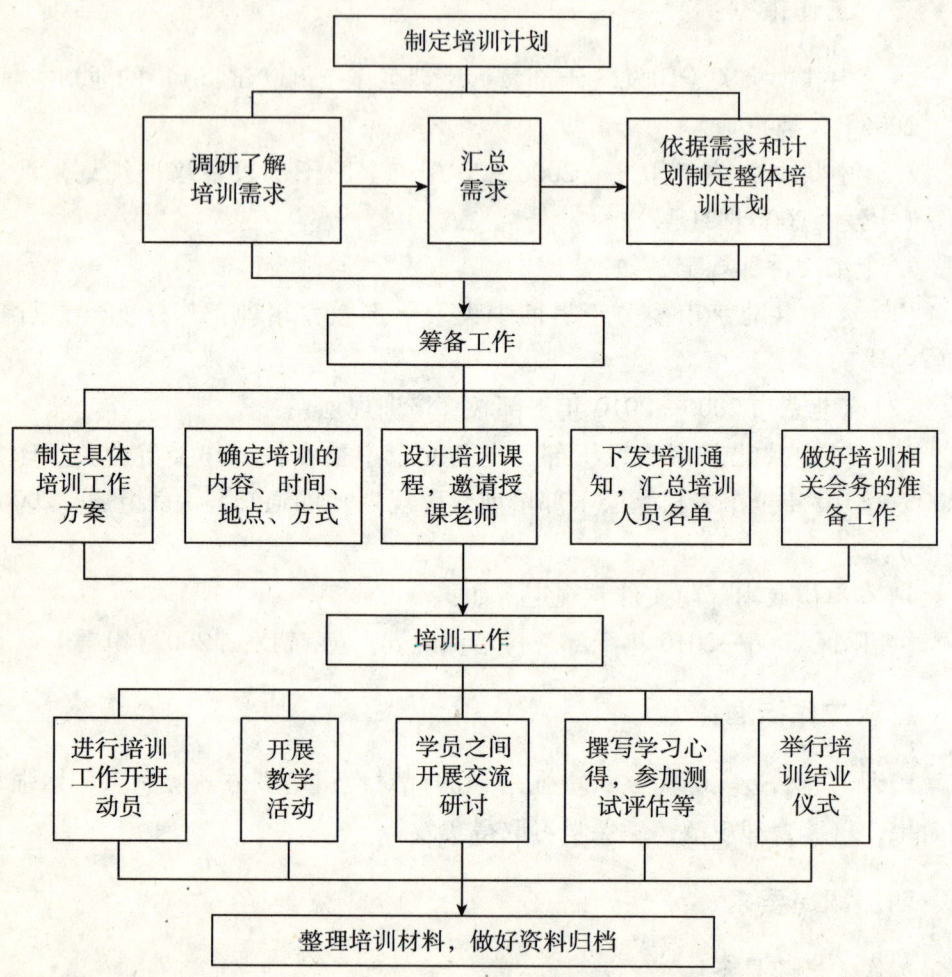

第二十五节　农村党的建设"三级联创"活动检查考评工作

一、工作要点：

农村党的建设"三级联创"活动，是指创建以"领导班子好、党员干部队伍好、工作机制好、小康建设业绩好、农民群众反映好"为主要内容的"五个好"村党组织、"五个好"乡镇党委和农村基层组织建设先进县（市）活动。农村"三级联创"检查考评工作是提高农村基层组织建设水平、扎实推进农村党建工作的重要举措和成功做法。

二、工作依据：

1. 《中国共产党章程》；
2. 《中共中央关于加强农村基层组织建设的通知》（中发［1994］10号）；
3. 《中国共产党农村基层组织工作条例》（中发［1999］5号）；
4. 中央办公厅印发《关于深入开展农村党的建设"三级联创"活动的意见》（中办发［2003］26号）；
5. 中共中央国务院印发《关于推进社会主义新农村建设的若干意见》（中发［2006］1号）；
6. 上级主管部门下发的关于农村党的建设"三级联创"活动考核评价办法、内容及标准。

三、工作标准：

1. 检查标准严格，考评真实准确；
2. 检查验收工作的整体安排严谨合理；
3. 检查考评结果起到推动促进农村党建工作的实际作用。

四、职岗要求：

工作人员应具备：

1. 了解农村基层组织建设工作；
2. 熟悉"三级联创"内容及检查考评工作标准和程序；
3. 有较强的组织协调能力和文字撰写能力。

五、相关单位：

1. 上级党委组织部组织处；
2. 地方党委有关工委；
3. 民政局，团委，乡党委；

4. 村级党组织。

六、环节流程：

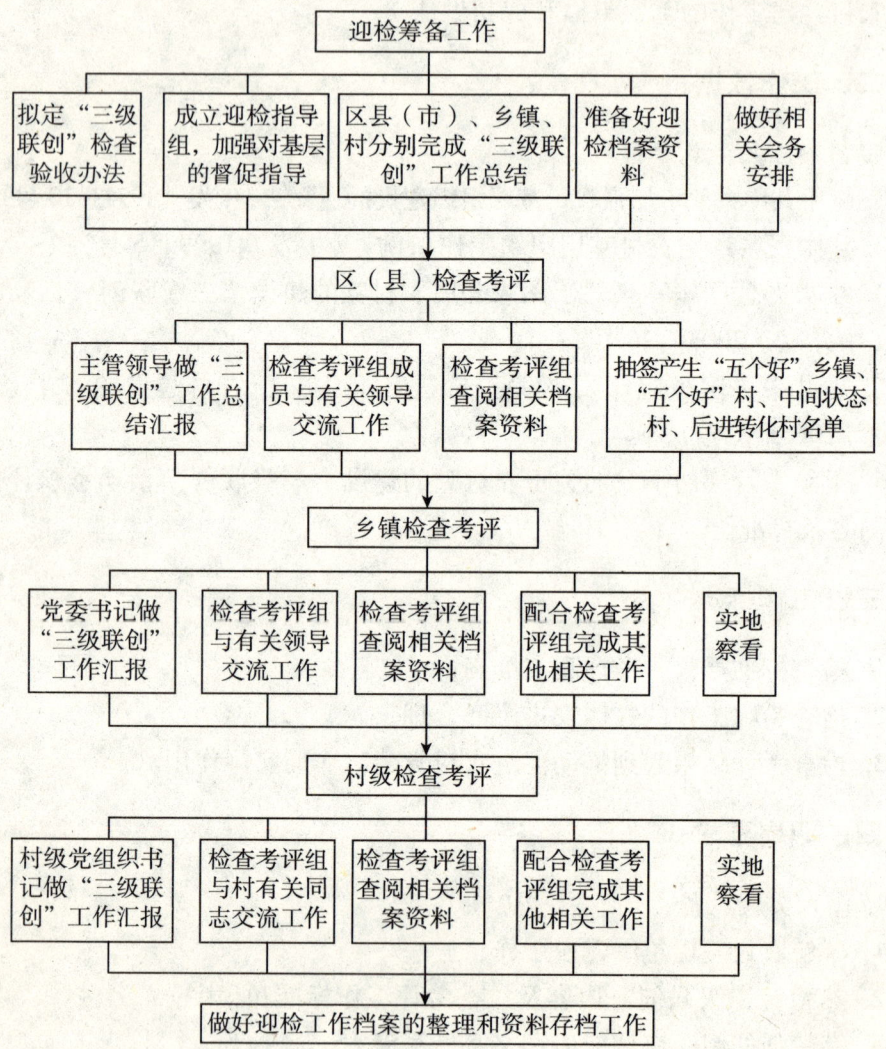

第二十六节　基层党组织工作和活动经费管理工作

一、工作要点：

党的十七大报告提出"党的基层组织是党执政的组织基础"、"要注重解决基层组织经费保障和活动场所等问题"。加强对基层党组织工作和活动经费的管理，是加强基层党组织建设的必然要求和重要措施。基层党组织工作和活动经费，主要用于党员教育管理、服务党员和开展党组织活动。按照党员年人均110元核定，并建立经费稳步增长机制。经费纳入本单位财务，设置会计科目单独进行管理，指定专人负责。

二、工作依据：

1. 上级文件、规定，如：
（1）《中共北京市委关于推进基层党建工作创新的意见》（中共北京市委2005年7月15日）；
（2）市委组织部《关于基层党组织工作和活动经费管理办法》（京组发〔2005〕9号）；

2. 本单位或本部门文件、规定，如：
《中共朝阳区委组织部关于基层党组织工作和活动经费管理办法》（试行）（朝组发〔2006〕3号）。

三、工作标准：

1. 经费拨付及时、到位；
2. 经费使用原则明确；
3. 经费使用范围合理；
4. 经费管理严格。

四、职岗要求：

工作人员应具备：

1. 熟悉基层党组织工作和活动经费管理的各项规定；

2. 具备一定的财务知识；

3. 具有较强的组织协调能力、语言沟通能力；

4. 工作严谨细致；

5. 熟练掌握计算机操作。

五、相关单位：

1. 上级党委组织部组织处；
2. 地方党委各主管工委；
3. 财政部门。

六、环节流程：

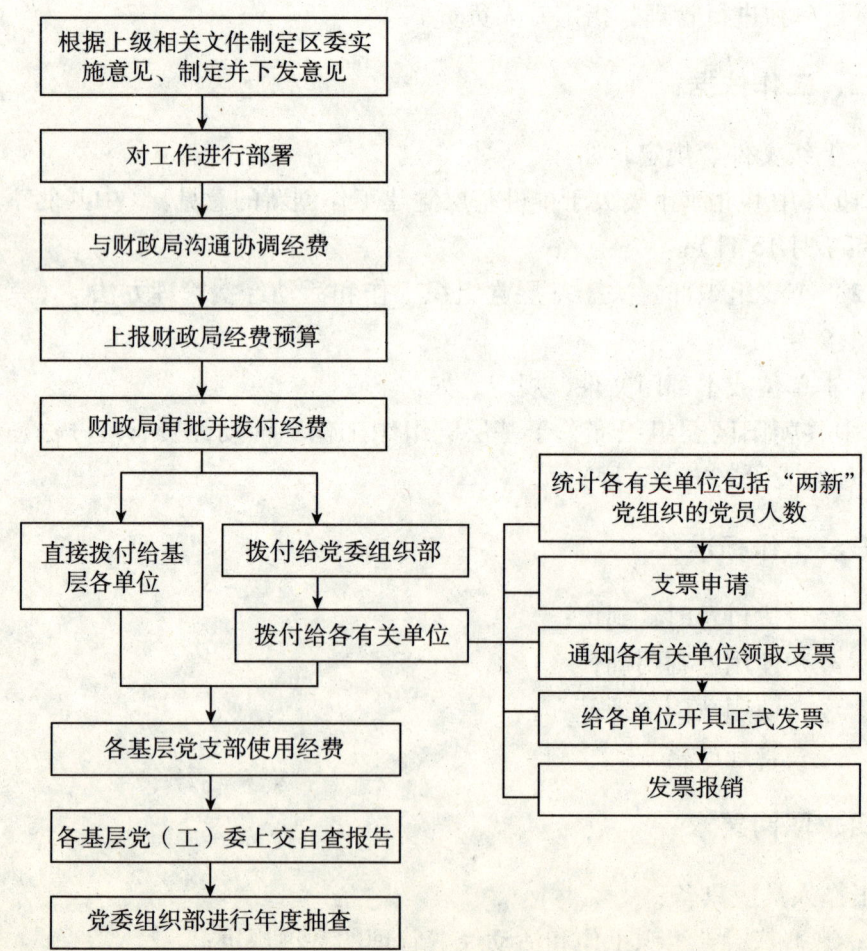

第二十七节　党内年度统计工作

一、工作要点：

党内年度统计工作是加强党员管理的重要措施和必然要求，主要任务包括两个方面：

1. 完成党内年度统计报表；
2. 完成党内统计分析报告。

二、工作依据：

1. 《中国共产党党内统计工作规定》（中央组织部1996年1月3日颁布）
2. 当年统计报表的报表说明。

三、工作标准：

1. 对数据的统计准确、完整，对数据的填写清晰、标准，对数据的分析科学、合理；
2. 对基层党统人员的培训、指导到位、认真；
3. 对基层报表审核严格细致；
4. 按时按要求上报统计报表和统计报告。

四、职岗要求：

工作人员应具备：

1. 熟悉党统工作各项业务；
2. 政治思想水平较高，严守组织人事纪律；
3. 熟悉基层党建的相关知识；
4. 工作严谨细致，考虑问题全面；
5. 熟练掌握计算机操作，文字写作能力和逻辑分析能力较强；
6. 具有较强的组织协调能力、语言沟通能力。

五、相关单位：

1. 上级党委组织部干部信息管理部门；
2. 地方党委各主管工委；
3. 各基层党组织；
4. 编办、工商局、统计局、民政局，相关技术支持单位。

六、环节流程：

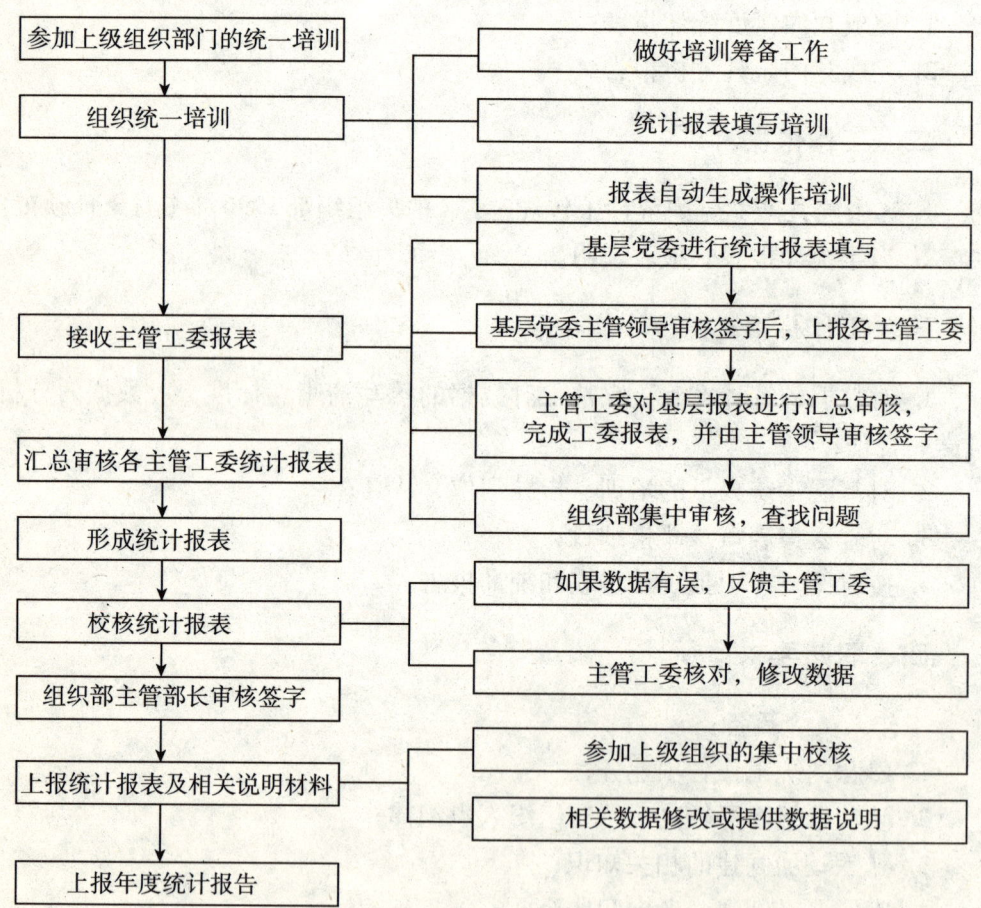

第二十八节　党内管理信息系统维护工作

一、工作要点：

利用现代信息技术加强党内管理是新形势下加强基层党组织建设的新特点之一，是做好党的建设工作的重要途径。其主要任务是：

1. 做好系统维护：主要包括电脑硬件检查维护和系统软件运行维护，根据系统安全保密要求和上级规定，及时做好软件升级、病毒防治、保密设置等工作；

2. 做好信息维护：主要是党员组织关系管理、党费收支管理、基层党组织管理、发展党员工作、党员教育培训管理等工作信息的采集录入和更新调整；

3. 建立党内管理信息系统分层负责的培训指导机制和检查监督体系；

4. 建立党内管理信息系统管理（维护）工作考核表彰机制。

二、工作依据：

1. 上级文件、规定，如：

（1）《北京市委组织部关于印发〈北京市组织系统信息化建设工程规划〉（概要）的通知》（京组通［2006］50号）；

（2）《北京市委组织部关于转发中央组织部〈关于印发《2006—2010年全国组织系统信息化工作规划》的通知〉的通知》（京组通［2007］48号）；

（3）《关于印发〈北京市党政机关计算机信息系统安全和保密管理暂行规定〉的通知》（京信息办函［2007］91号）；

2. 本单位或本部门文件、规定，如：

《关于下发〈北京市朝阳区党内信息管理系统运行制度（试行）〉的通知》（朝组通［2007］22号）。

三、工作标准：

1. 各级用户严格遵守《北京市朝阳区党内信息管理系统运行制度》，系统能够正常运行；

2. 各级用户按权限做到基层党组织、党员等基本信息随时变更随时维护；

3. 党内管理信息系统的信息基本准确、完整；

4. 各级用户管理员能够熟悉系统功能，掌握操作方法。

四、职岗要求：

工作人员应具备：

1. 熟练掌握计算机操作和网络应用；

2. 熟悉党务知识；

3. 工作严谨细致；

4. 具有较强的保密意识；

5. 具有较强的组织协调能力和研究能力。

五、相关单位：

1. 上级党委组织部干部信息管理部门；

2. 党内管理信息系统各用户；

3. 相关技术支持单位。

六、环节流程：

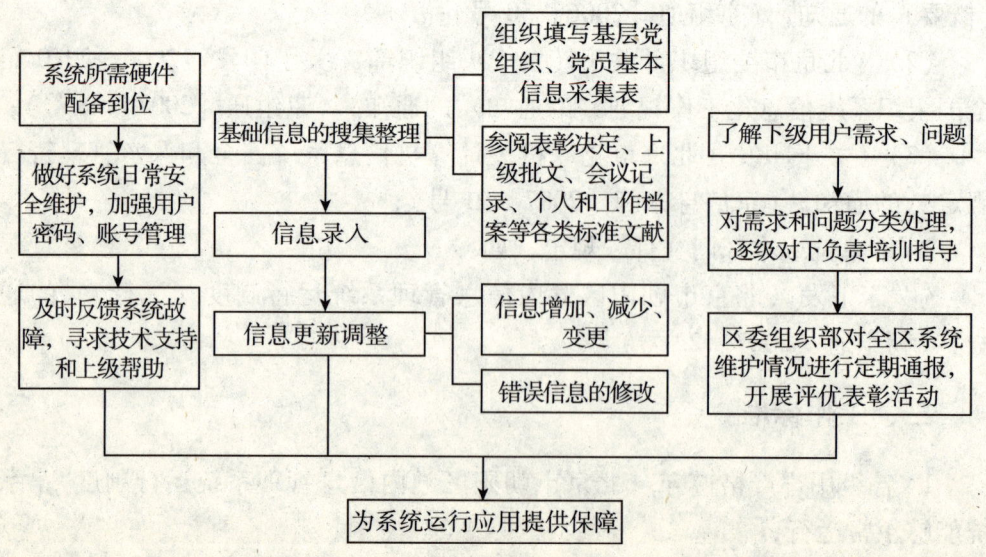

第二十九节　党内管理信息系统应用工作

一、工作要点：

充分有效地应用党内管理信息系统，能使党内管理工作更科学、更准确、更及时、更便捷，是新形势下加强基层党建工作的必然要求。

1. 发挥党内管理信息系统的日常管理功能，规范党员组织关系管理、发展党员工作、基层党组织管理、党费收支管理以及入党积极分子、发展对象和党员的教育培训信息管理；

2. 发挥党内管理信息系统的信息查询功能，分类浏览查询党组织和党员基本信息，为基层党建工作和组织工作服务；

3. 发挥党内管理信息系统的数据统计功能，为年度党内统计工作和各类日常统计工作服务。

二、工作依据：

1. 上级文件、规定，如：

（1）《北京市委组织部关于印发〈北京市组织系统信息化建设工程规划（概要）〉的通知》（京组通［2006］50号）；

（2）《北京市委组织部关于转发中央组织部〈关于印发《2006—2010年全国组织系统信息化工作规划》的通知〉的通知》（京组通［2007］48号）；

2. 本单位或本部门文件、规定，如：

《关于下发〈北京市朝阳区党内信息管理系统运行制度（试行）〉的通知》（朝组通［2007］22号）。

三、工作标准：

1. 各级用户能够熟练利用系统对基层党组织和党员信息实现规范管理；

2. 各级用户能够熟练运用系统管理、查询、统计等功能，为组织工作和基层党建工作提供直接服务；

3. 各级用户能够在应用中不断提出需求和改进意见，促进系统不断发展成熟。

四、职岗要求：

工作人员应具备：

1. 熟悉基层党建工作；
2. 熟练掌握计算机操作和网络应用；
3. 具有较强的研究问题和统计分析能力。

五、相关单位：

1. 上级党委组织部干部信息管理部门；
2. 党内管理信息系统各用户；
3. 相关技术支持单位。

六、环节流程：

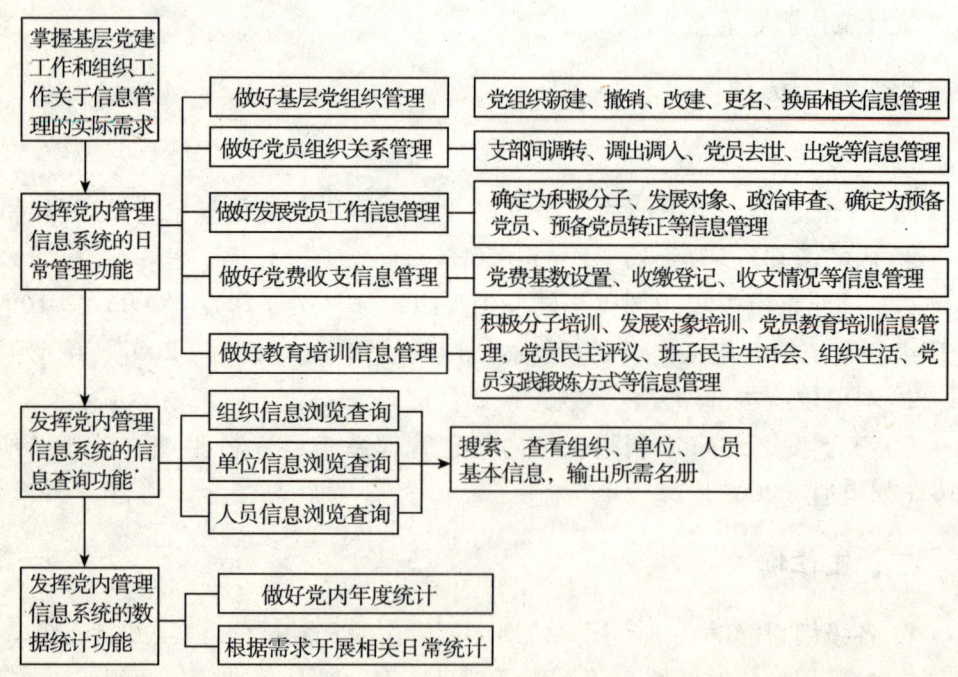

第六章　党员教育管理工作

党员是党的肌体的细胞和党的活动的主体，党员队伍的先进性是党的先进性的重要基础。加强党的先进性建设，必须始终抓好保持和发展党员队伍的先进性这个基础工程。始终不渝地加强党员队伍建设，坚持不懈地提高党员素质，是各级党组织和党委组织部门肩负的一项重要责任。按照党章精神和党的先进性建设的有关要求，结合实际情况，组织部门的党员教育管理工作通常是指协调、规划、检查、指导、落实好与党员队伍建设相关的发展党员工作、党员教育工作、党员管理工作、党员联系和服务群众工作，以及党费的收缴、使用和管理工作。

第一节　评选表彰先进基层党组织和优秀共产党员、优秀党务工作者活动

一、工作要点：

根据形势、任务要求，上级党组织要及时发现、表彰和宣传先进基层党组织和优秀共产党员、优秀党务工作者，为党组织发挥战斗堡垒作用和党员发挥先锋模范作用树立榜样，促进基层党建工作创新。表彰工作通常在开展党内"创先争优"活动的基础上进行；评选工作要坚持走群众路线，要自下而上充分发扬民主；考察要全面、推荐要符合规定程序、审批要严格标准。

二、工作依据：

1.《中国共产党章程》；

2. 胡锦涛在中国共产党第十七次全国代表大会上的报告；

3. 《党员管理手册》（中共中央组织部 1998 年编印）；

4. 《中共中央组织部关于做好全国先进基层党组织、优秀共产党员、优秀党务工作者推荐工作的通知》（中组发〔2001〕3 号）；

5. 上级相关文件、规定，如：《中共北京市委组织部关于开展评选表彰北京市先进基层党组织、优秀共产党员和优秀党务工作者活动的通知》（京组通〔2006〕32 号）。

三、工作标准：

1. 整个评选表彰工作始终以科学发展观为统领，围绕中心工作开展；

2. 评选表彰工作坚持扩大民主，完善制度，确保评选各项工作程序规范；

3. 坚持公平、公开、公正的原则，尊重广大党员的民主权利，体现党员意志；

4. 评选表彰的先进基层党组织能充分体现党组织的战斗堡垒作用和促进、保障作用；评选表彰的优秀共产党员能充分体现党员的先锋模范作用和带头、带领、带动作用；评选表彰的优秀党务工作者切实在党务工作者队伍中起表率；

5. 加强宣传，营造氛围，进一步调动广大党员工作的积极性，增强基层党组织的创造力、战斗力和凝聚力。

四、职岗要求：

工作人员应具备：

1. 熟悉基层党组织工作和党员管理工作，具有较丰富的基层工作经验；

2. 政治坚定，思想水平较高，遵守组织人事纪律；

3. 具有较强的统筹协调能力；

4. 工作认真，严谨细致，作风踏实。

五、相关单位：

1. 上级党委组织部门；

2. 各主管工委；

3. 各基层单位党组织；

4. 相关新闻媒体。

六、环节流程

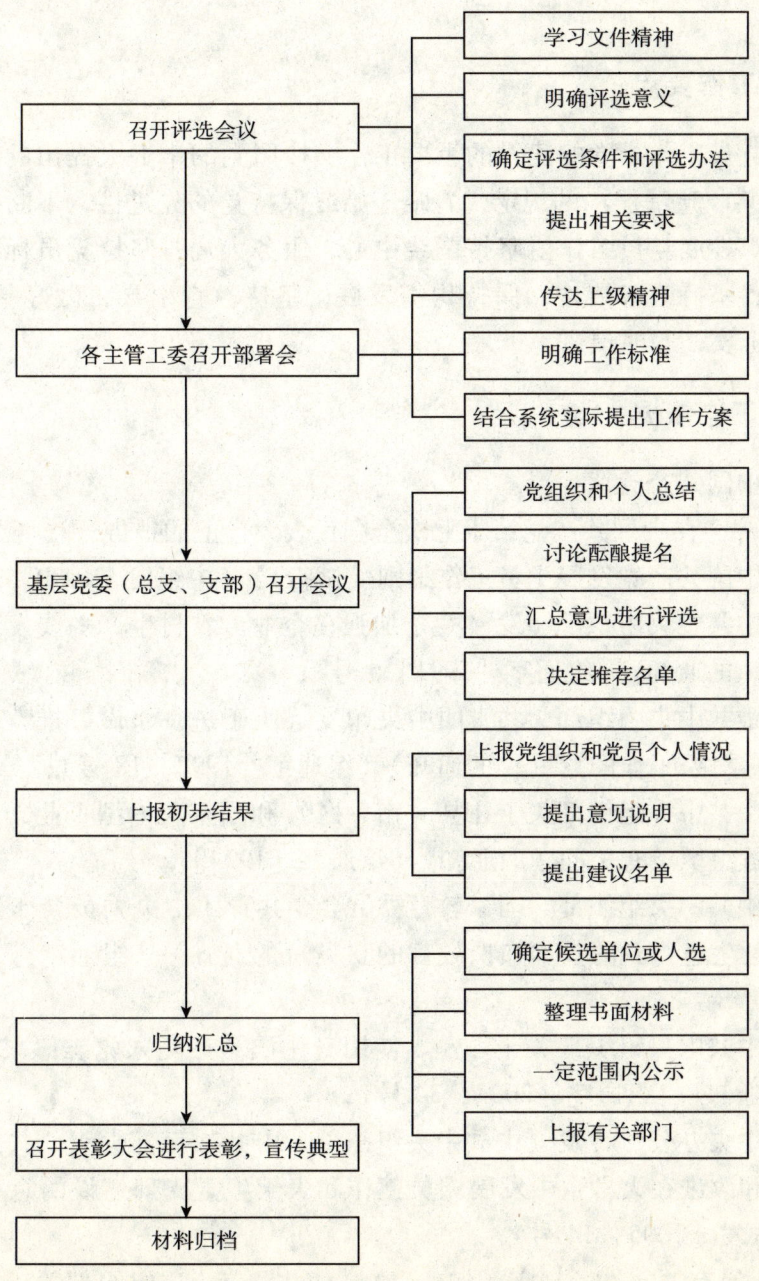

第二节　发展党员工作

一、工作要点：

发展党员工作是党的建设的重要工作，按照党的十七大提出的要求，根据《中国共产党章程》的规定，着眼于始终保持党的先进性，不断提高发展党员质量。发展党员工作要坚持围绕中心，服务大局；坚持党员标准，严格工作程序；坚持改善结构，保持均衡发展；坚持教育引导，做好基础工作；坚持求真务实，与时俱进。

二、工作依据：

1.《中国共产党章程》；
2. 胡锦涛在中国共产党第十七次全国代表大会上的报告；
3.《中国共产党发展党员工作细则（试行）》（中组发［1990］3号）；
4.《中共中央组织部印发〈关于加强在企业、农村生产一线发展党员工作的意见〉的通知》（组通字［1991］5号）；
5.《中共中央组织部、共青团中央印发〈关于进一步做好推荐优秀团员作党的发展对象工作的意见〉的通知》（组通字［1992］18号）；
6.《中共中央组织部关于在县（市、区）和国有大中型企业、普通高等学校中设置组织员有关问题的通知》（组通字［1994］2号）；
7.《中共中央组织部、国家教育委员会、共青团中央委员会印发〈关于加强对中学生进行党的基本知识教育的意见〉的通知》（组通字［1997］38号）；
8.《中共中央组织部关于印制、使用〈中国共产党入党志愿书〉（2004年制）的通知》（组通字［2004］34号）；
9.《中央办公厅转发〈中共中央组织部、中共教育部党组、共青团中央关于加强和改进在大学生中发展党员工作和大学生党支部建设的意见〉的通知》（中办发［2005］14号）；
10. 上级有关文件、规定，如：(1)《中共北京市委组织部关于推行发展党员公示制的意见》（京组发［2005］10号）；

（2）《中共北京市委组织部关于印发〈北京市2006—2010年发展党员工作规划〉的通知》（京组发［2006］1号）；

（3）《中共北京市委组织部关于印发〈发展党员票决制工作办法〉的通知》（京组发［2007］8号）。

三、工作标准：

严格执行党章规定的党员标准，按照发展党员工作的目标和要求，落实"坚持标准，保证质量，改善结构，慎重发展"十六字方针，严格发展党员工作程序，健全公示制、票决制、责任制等工作制度，坚持个别吸收的原则，成熟一个，发展一个，履行入党手续。进一步提高党员队伍质量，改善党员队伍的结构和分布，实现党员队伍结构合理。

四、职岗要求：

工作人员应具备：

1. 熟悉发展党员工作政策；
2. 掌握发展党员工作相关的业务知识和业务流程；
3. 具备较强的分析指导能力。

五、相关单位：

1. 上级党委组织部门；
2. 各主管工委；
3. 各基层党委、党总支、党支部。

六、环节流程：

流程1：入党积极分子的培养教育和考察。

流程2：接收预备党员。

流程3：预备党员的考察和转正。

流程1：入党积极分子的培养教育和考察

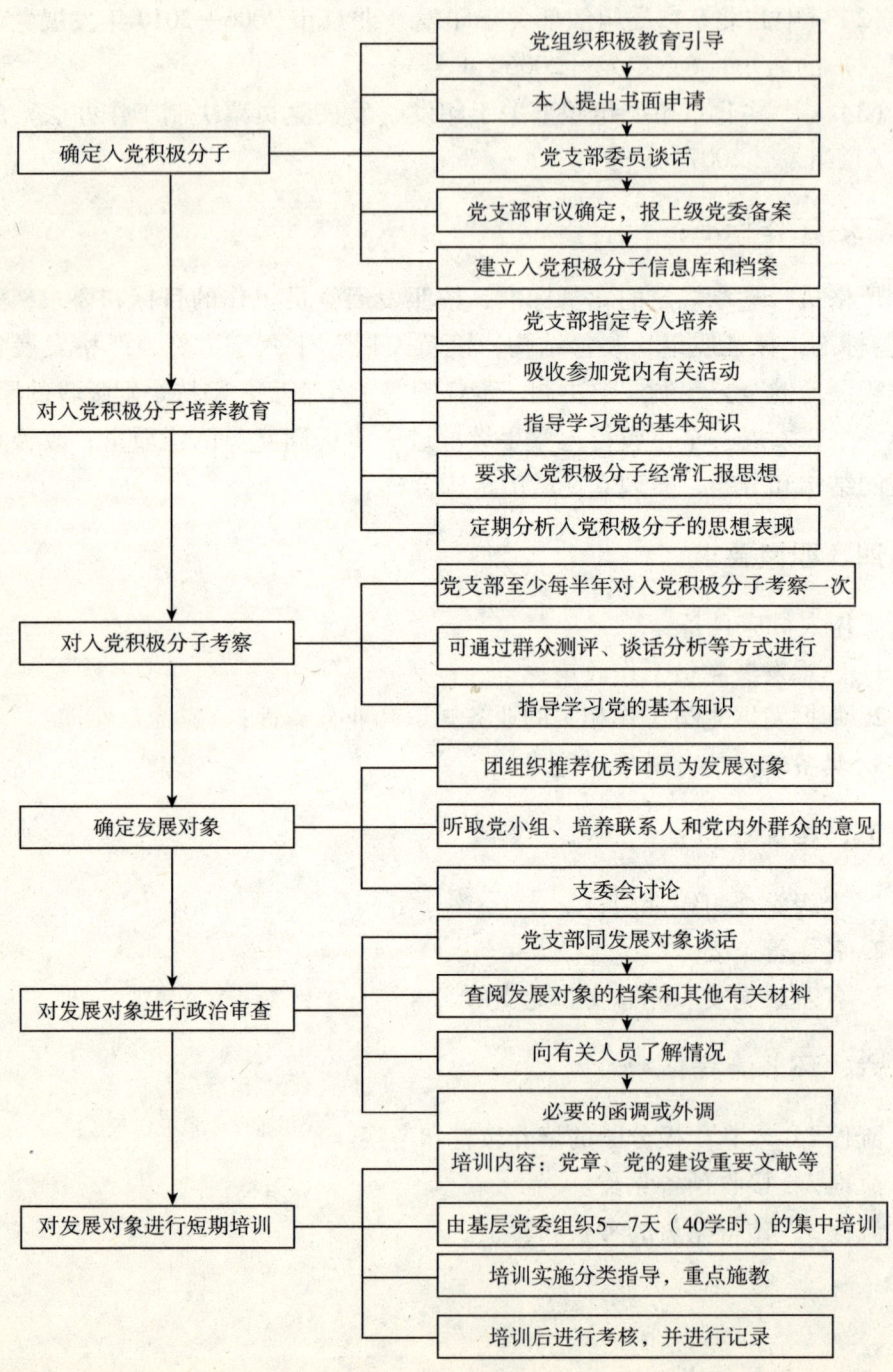

流程2：接收预备党员

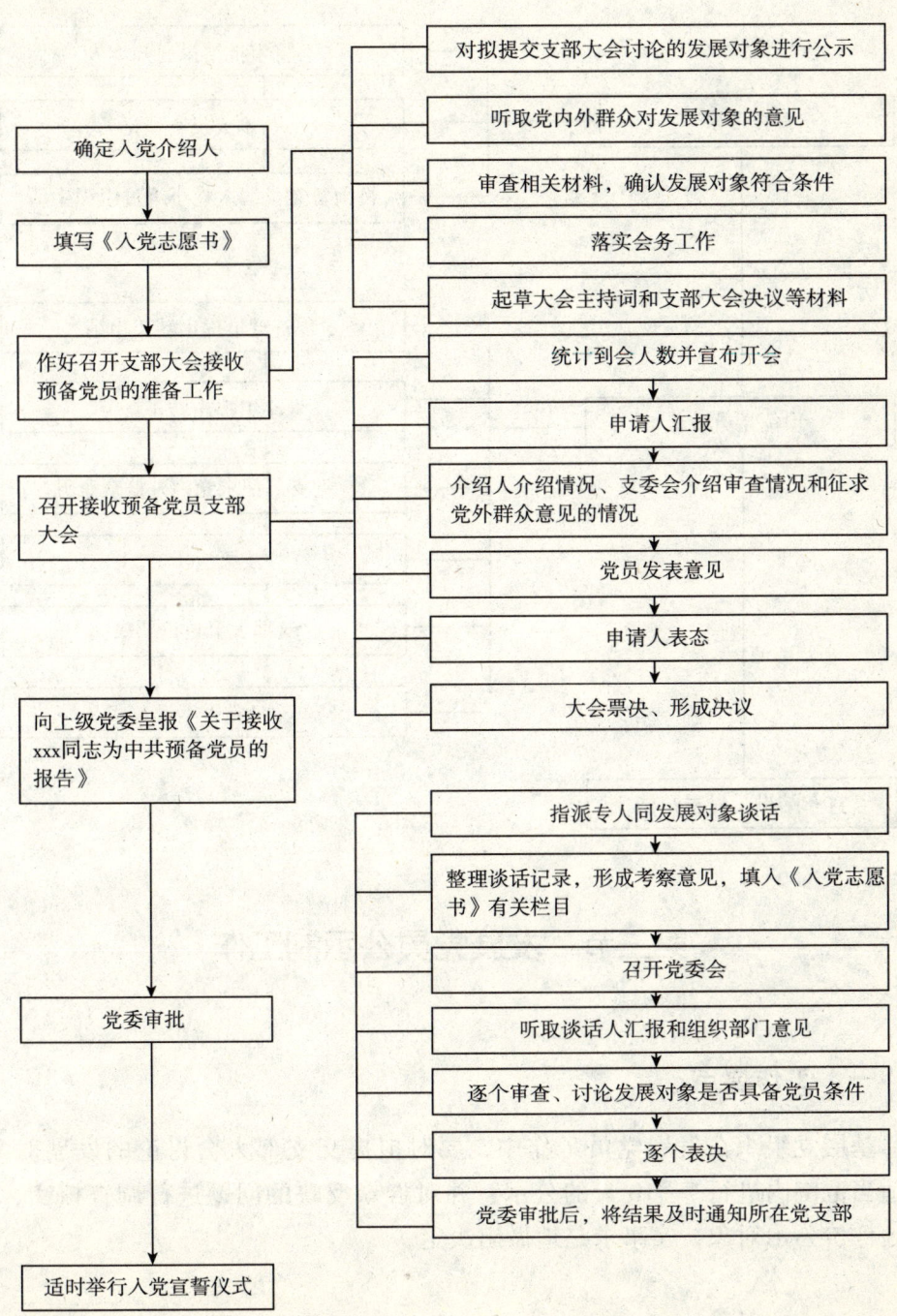

流程3：预备党员的教育考察和转正

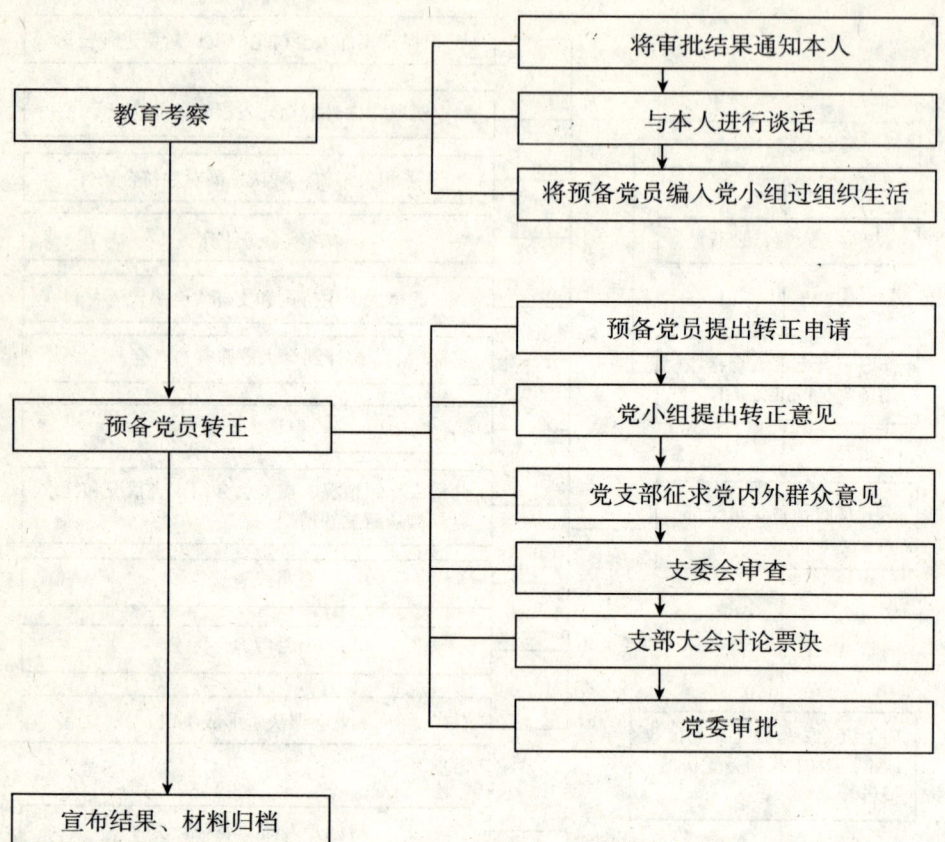

第三节　发展党员公示制工作

一、工作要点：

基层党组织在发展党员工作中，要对拟提交支部大会讨论的发展对象，在适当范围内进行7—10天的公示，并对群众反映的问题进行调查核实，客观地评价公示对象，实事求是地做出决定。

二、工作依据：

1. 《中国共产党章程》；
2. 《中国共产党发展党员工作细则（试行）》（中组发〔1990〕3号）；
3. 上级有关文件、规定，如：(1)《中共北京市委组织部关于推行发展党员公示制的意见》（京组发〔2005〕10号）；

(2)《中共北京市委组织部关于印发〈北京市2006—2010年发展党员工作规划〉的通知》（京组发〔2006〕1号）；

三、工作标准：

根据党章规定的党员标准，按照发展党员工作的目标和要求，基层党组织要对发展对象基本情况等内容如实公示，对群众反映的问题认真开展调查，对所有公示对象一视同仁，公平公正。要充分发扬民主，真正让群众参与，请群众监督，确保公示实效。

四、职岗要求：

工作人员应具备：
1. 熟悉发展党员工作政策；
2. 掌握发展党员工作相关的业务知识和业务流程；
3. 具备较强的分析指导能力。

五、相关单位：

1. 上级党委组织部门；
2. 各主管工委；
3. 各基层党委、党总支、党支部。

六、环节流程：

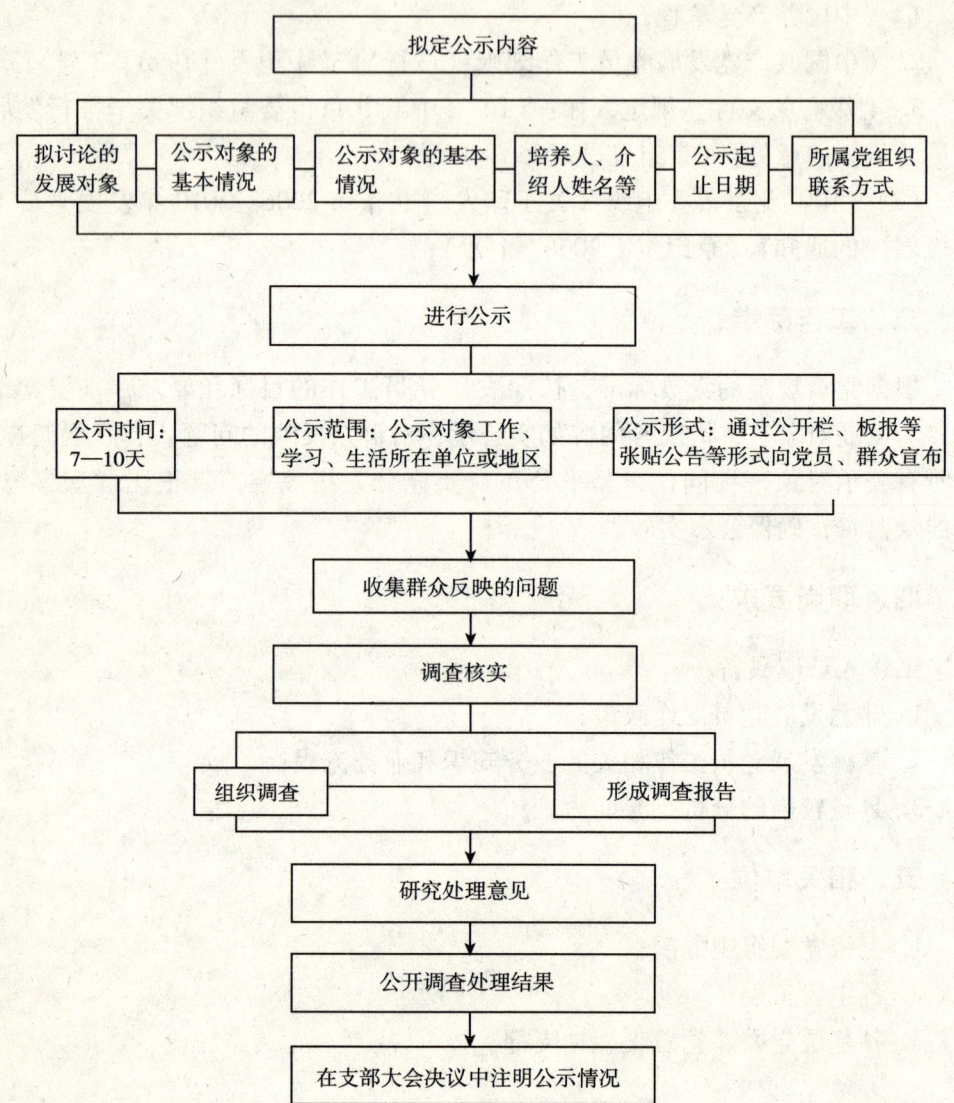

第四节　发展党员票决制工作

一、工作要点：

基层党组织在发展党员工作中，要对拟接收为预备党员的发展对象和拟转为正式党员的预备党员进行票决，票决采用无记名投票方式进行，票决结果当场统计并公布，票决对象获得赞成票超过应到会有表决权人数半数的，才能接收为预备党员或转为正式党员。

二、工作依据：

1.《中国共产党章程》；
2.《中国共产党发展党员工作细则（试行）》（中组发〔1990〕3号）；
3. 上级有关文件、规定，如：（1）《中共北京市委组织部关于印发〈北京市2006—2010年发展党员工作规划〉的通知》（京组发〔2006〕1号）；（2）《中共北京市委组织部关于印发〈发展党员票决制工作办法〉的通知》（京组发〔2007〕8号）。

三、工作标准：

各级党组织和广大基层党务工作者要根据党章规定的党员标准，按照发展党员工作的目标和要求，把推行发展党员票决制作为加强党员队伍建设的一项重要措施，严把发展党员入口关、强化发展党员工作监督机制、保证党员质量，实现党员队伍结构合理。

四、职岗要求：

工作人员应具备：
1. 熟悉发展党员工作政策；
2. 掌握发展党员工作相关的业务知识和业务流程；
3. 具备较强的分析指导能力。

五、相关单位：

1. 上级党委组织部门；
2. 各主管工委；
3. 各基层党委、党总支、党支部。

六、工作流程：

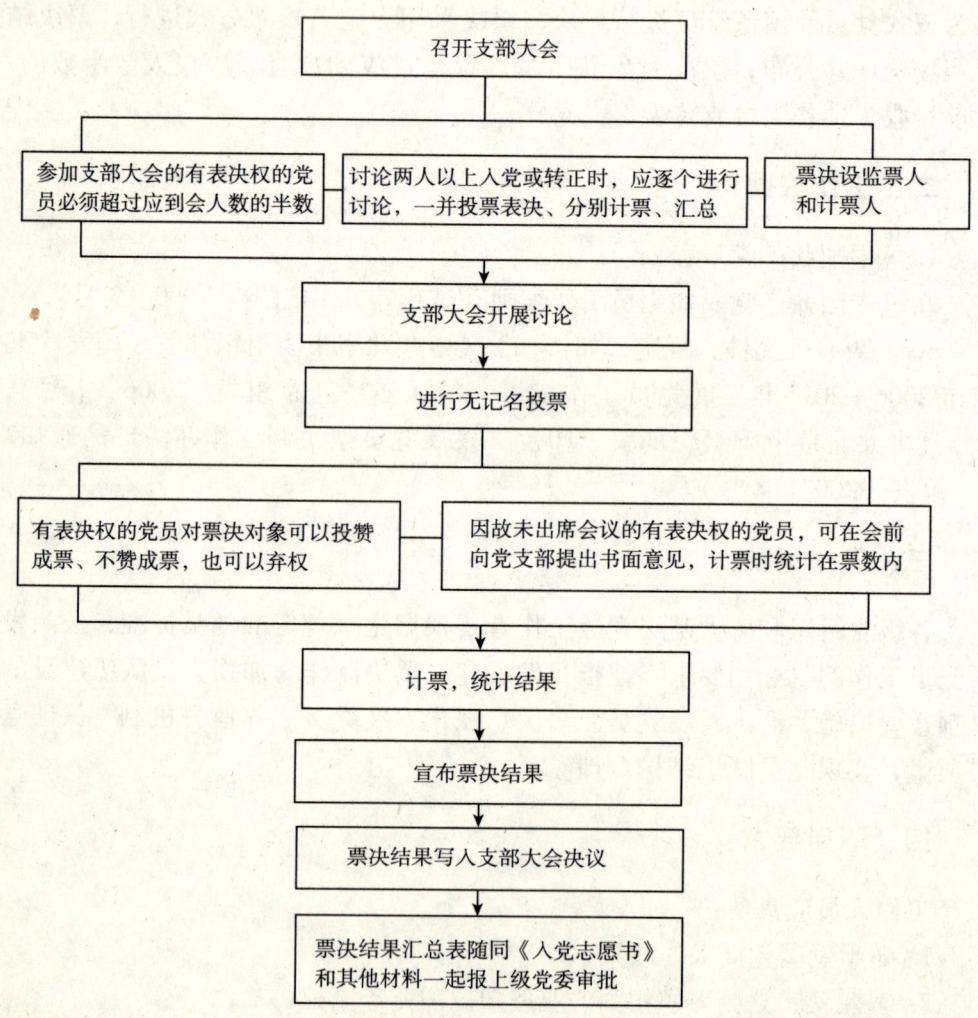

第五节　党员主题教育实践活动工作

一、工作要点：

基层党组织按照相关规定与要求结合实际确定主题，定期组织广大党员开展主题教育活动，是健全党员经常受教育、永葆先进性长效机制的有效方式和重要内容。具体要点如下：

1. 教育内容——突出党务知识这主体内容的同时，根据党员需求和特点，结合当前实际工作，组织党员学习相关知识；

2. 教育形式——可采取举办专题培训班、讲党课、报告会、交流研讨会等方式进行，对年老体弱等特殊情况，可采取送学上门等方式；

3. 实践途径——教育活动中要结合实际开展实践活动，推行党员承诺制，号召党员承诺为民办实事；

4. 保障措施——要把党员经常性教育列入重要议事日程，纳入党建工作责任制，加强领导，明确责任，一级抓一级，层层抓落实，切实抓出成效。

二、工作依据：

1.《中国共产党章程》；

2. 胡锦涛在中国共产党第十七次全国代表大会上的报告；

3.《中央办公厅印发〈关于加强党员经常性教育的意见〉等四个保持共产党员先进性长效机制文件的通知》（中办发〔2006〕21号）；

4.《中共中央办公厅关于转发〈中央组织部、中央宣传部关于加强和改进党员教育工作的若干意见〉的通知》（中办发〔1994〕4号）。

5. 上级相关文件、规定，如：《中共北京市委办公厅印发〈关于建立健全党员经常性教育制度的意见〉等三个保持共产党员先进性长效机制文件的通知》（京办发〔2006〕31号）；

6. 本单位或本部门文件、规定，如：《中共北京市朝阳区委办公室印发〈关于建立健全党员经常性教育和基层党组织、党员联系和服务群众工作长效机制的实施办法〉等三个保持共产党员先进性长效机制文件的通知》（京朝办发［2007］15号）。

三、工作标准：

1. 坚持围绕中心、服务大局，理论联系实际，促进各项工作；

2. 坚持正面教育、自我教育为主，既严肃认真又生动活泼，增强教育的吸引力、感召力，激发党员自我提高、自我完善的内在动力；

3. 坚持面向全体党员，分类实施，按需施教，增强教育的针对性；

4. 坚持将党员教育与管理、服务相结合，寓教育于管理和服务当中，不断增强党员主题教育实践活动的吸引力和实效性；

5. 坚持开门搞教育，虚心向群众学习，接受群众监督；

6. 坚持常抓不懈、统筹协调、不断创新，努力实现党员教育工作的科学化、制度化和规范化。

四、职岗要求：

工作人员应具备：

1. 熟悉本单位、本系统、本地区党员的基本情况和需求，特别要了解党员的思想状况；

2. 具有较高的政治思想水平，能按照上级党委有关党员教育管理的文件精神开展工作；

3. 具有开拓意识和勇于创新精神；

4. 具有较强的人际沟通能力、组织协调能力，善于调动广大党员的积极性，工作作风踏实。

五、相关单位：

1. 上级党委组织部门；
2. 各主管工委；
3. 各基层单位党组织。

六、环节流程：

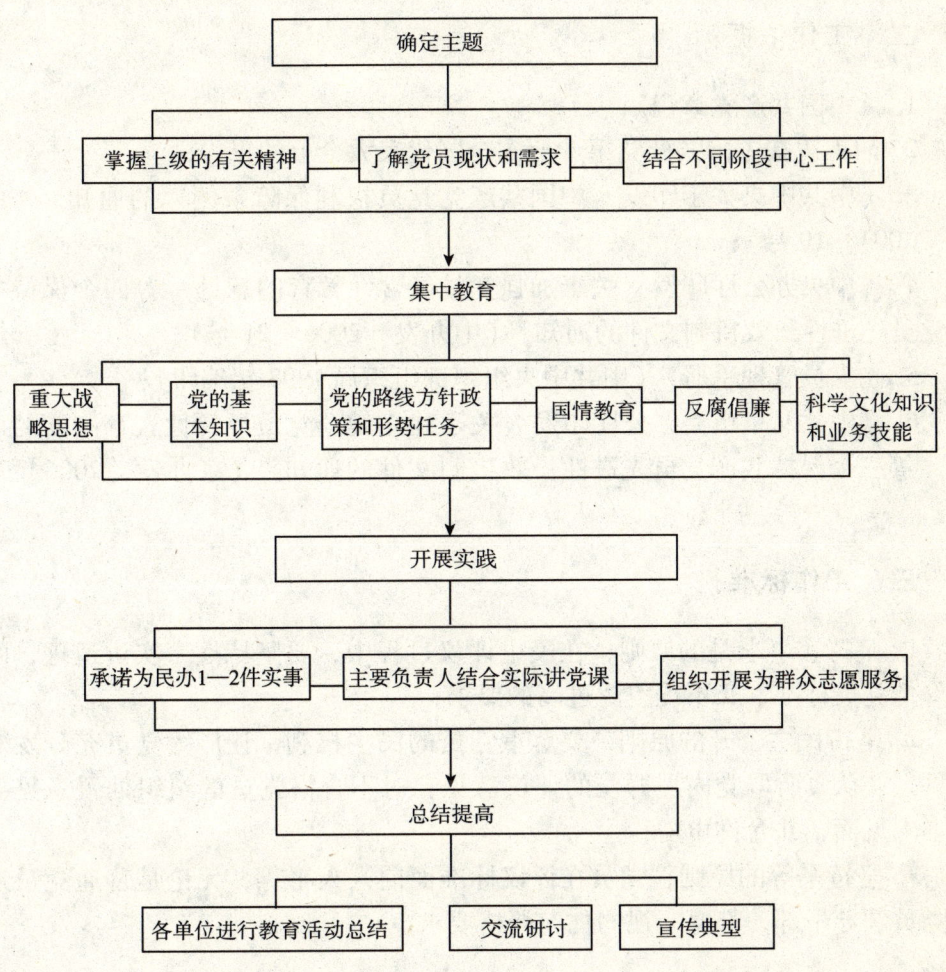

第六节　民主评议党员工作

一、工作要点：

民主评议党员是按照党章规定的党员条件，通过对党员的正面教育、自我教育和党内外群众的评议，以及党组织的考核，对每个党员在各项工作中的表现和作用做出客观的评议，激励党员更好地发挥先锋模范作用。民主评议党员要在各级党委的领导下，以党支部为单位有计划、有步骤地进行。

二、工作依据：

1.《中国共产党章程》；
2. 胡锦涛在中国共产党第十七次全国代表大会上的报告；
3.《中共中央关于印发〈中国共产党党员权利保障条例〉的通知》（中发〔2004〕19号）；
4.《中央办公厅印发〈关于加强党员经常性教育的意见〉等四个保持共产党员先进性长效机制文件的通知》（中办发〔2006〕21号）；
5.《党员管理手册》（中共中央组织部组织局1998年编印）；
6.《中共北京市委办公厅印发〈关于建立健全党员经常性教育制度的意见〉等三个保持共产党员先进性长效机制文件的通知》（京办发〔2006〕31号）。

三、工作标准：

1. 坚持实事求是的原则，在民主评议过程中，要坚持摆事实讲道理，既不降低党员标准，又不提空泛过高的要求；
2. 坚持民主公开的原则，要尊重党员的民主权利，让广大党员充分发表意见，并认真听取党内外群众的评议意见；对不合格党员的组织处置意见要与本人见面，并允许申辩；
3. 坚持平等的原则，党员在评议标准面前人人平等，无论是普通党员还是党员领导干部，都要一视同仁，严格要求。

四、职岗要求：

工作人员应具备：
1. 工作人员必须熟悉党章和党的有关政策规定及相关文件要求；
2. 公道正派，实事求是；
3. 坚持标准，责任心强。

五、相关单位：

各基层党委、党支部、党小组。

六、环节流程：

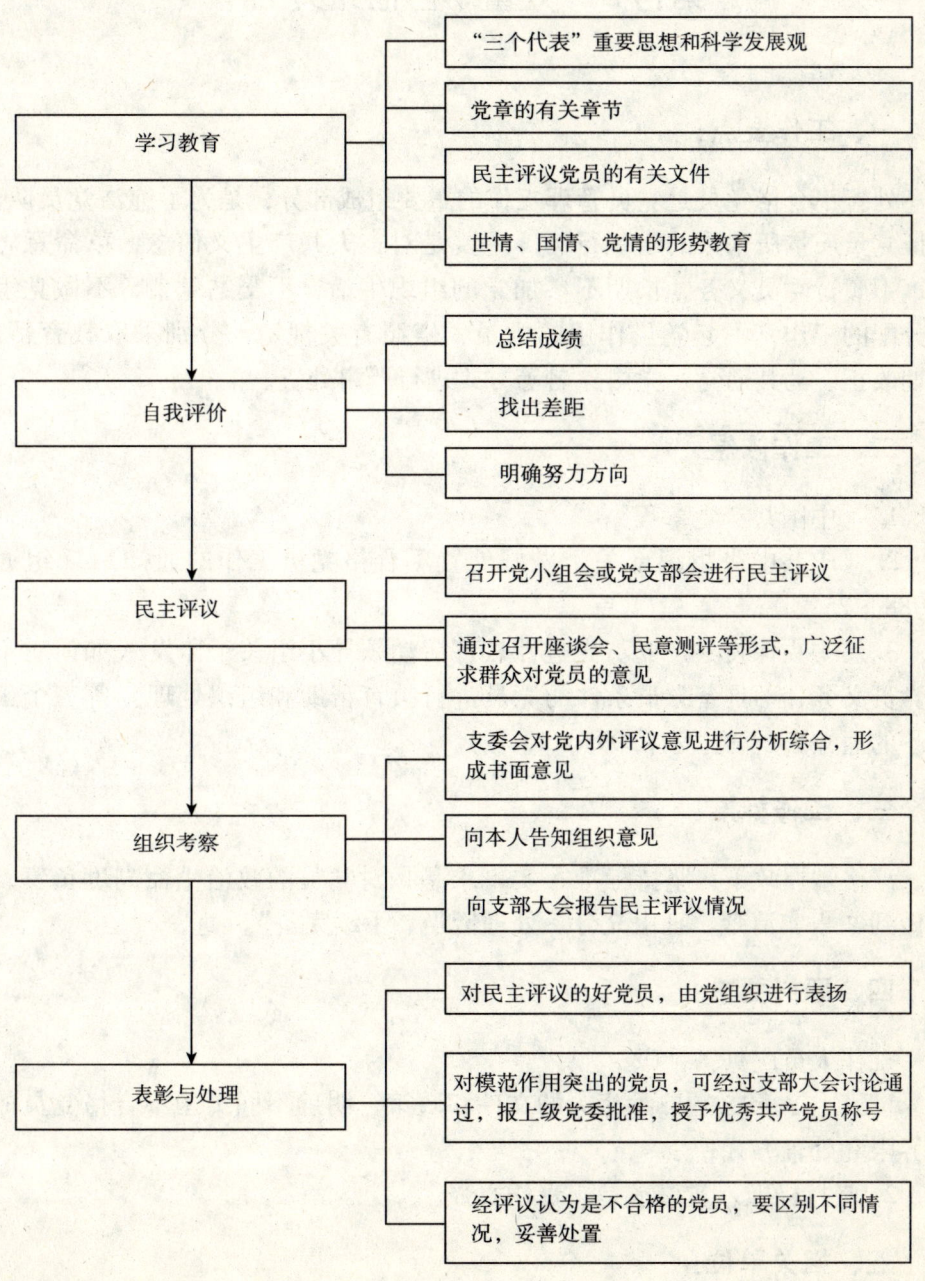

第七节　处置不合格党员工作

一、工作要点：

处置不合格党员是党员管理工作的重要组成部分，是为了纯洁党员队伍，保证党员质量所采取的组织行为。主要是对丧失共产主义信念，革命意志衰退，不履行党员义务，长期不参加党的组织生活，不交纳党费，不做党组织所分配的工作，不起党员作用的党员，依照有关规定，分别采取教育帮助、限期改正、劝其退党、党内除名等方式进行严肃处置。

二、工作依据：

1.《中国共产党章程》；
2.《中共中央组织部关于做好处置不合格党员工作的通知》（组通字[1988] 25号）；
3.《中央保持共产党员先进性教育活动领导小组关于印发〈如何对不履行党员义务、不具备党员条件的党员进行教育帮助和组织处理〉等三个工作问答的通知》（先组发[2005] 13号）。

三、工作标准：

严格掌握政策，坚持标准，实事求是，对党员的政治生命高度负责，切实做到"事实清楚、理由充分、处理恰当、手续完备"。

四、职岗要求：

工作人员应具备：

1. 工作人员必须熟悉相关的文件和政策，明确不同类型不合格党员的政策界限和处置方式；
2. 坚持标准，实事求是，责任心强。

五、相关单位：

各基层党委、党支部、党小组。

六、环节流程：

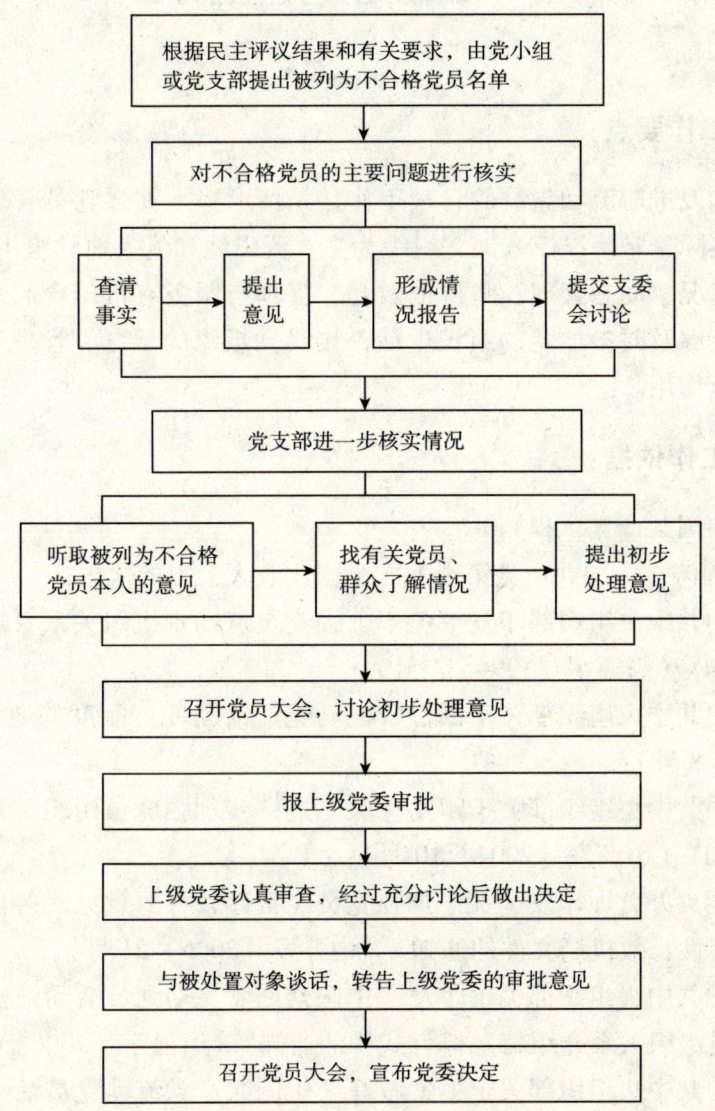

第八节　流动党员教育管理工作

一、工作要点：

加强和改进对流动党员的管理工作，是新形势下加强党员管理的重要课题。结合实际，坚持以流入地党组织为主、流出地和流入地党组织共同管理；坚持区别情况、动态管理；坚持把教育、管理与服务有机结合起来。使党员在流动中能够及时参加党的组织生活，接受党组织的教育、管理和监督，发挥先锋模范作用。

二、工作依据：

1.《中国共产党章程》；
2. 胡锦涛在中国共产党第十七次全国代表大会上的报告；
3.《中共中央组织部印发〈关于加强党员流动中组织关系管理的暂行规定〉的通知》（组通字［1994］1号）；
4.《中共中央组织部关于试行〈流动党员活动证〉制度的通知》（中组发［1994］8号）；
5.《中共中央组织部关于印发〈关于进一步加强党员组织关系管理的意见〉的通知》（中组发［2004］10号）；
6.《中央办公厅印发〈关于加强党员经常性教育的意见〉等四个保持共产党员先进性长效机制文件的通知》（中办发［2006］21号）；
7.《中共中央组织部关于印发〈中国共产党流动党员活动证〉和〈中国共产党党员组织关系介绍信〉修订式样的通知》（组通字［2006］45号）；
8.《中共中央组织部关于抓紧做好〈中国共产党流动党员活动证〉发放等工作的通知》（组电明字［2007］1号）；
9. 上级文件、规定，如：《中共北京市委组织部关于认真做好〈中国共产党流动党员活动证〉发放等工作的通知》（京组通［2007］6号）；
10. 本单位或本部门文件、规定，如：《中共北京市朝阳区委办公室印发〈关于建立健全党员经常性教育和基层党组织、党员联系和服务群众工作长效机制的实施办法〉等三个保持共产党员先进性长效机制文件的通知》（京朝办发［2007］15号）。

三、工作标准：

强化党组织管理，积极发挥流动党员先锋模范作用，探索创新适合地区实际的流动党员管理模式，构建流出地与流入地党组织密切配合、有机衔接的流动党员管理机制。确保管理责任落实到位，努力做到党员流动到哪里，党组织的管理就覆盖到哪里，使流动党员都能接受党组织的教育和管理，不断增强流动党员的党性观念、组织观念和光荣感、归属感和责任感，始终保持先进性。

四、职岗要求：

工作人员应具备：
1. 工作人员了解党员管理面临的新形势；
2. 熟悉本地区流动党员的动态；
3. 掌握流动党员管理的有关规定与要求；
4. 有较强的分析研究能力和组织、协调、指导能力。

五、相关单位：

1. 流入地党组织；
2. 流出地党组织。

六、环节流程：

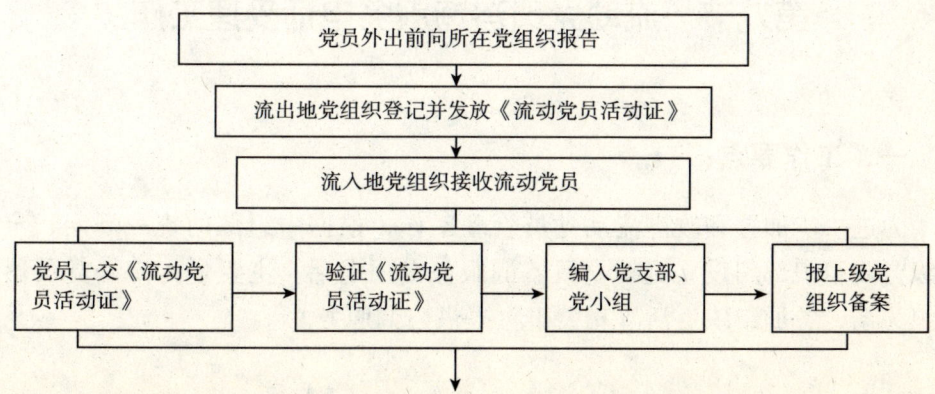

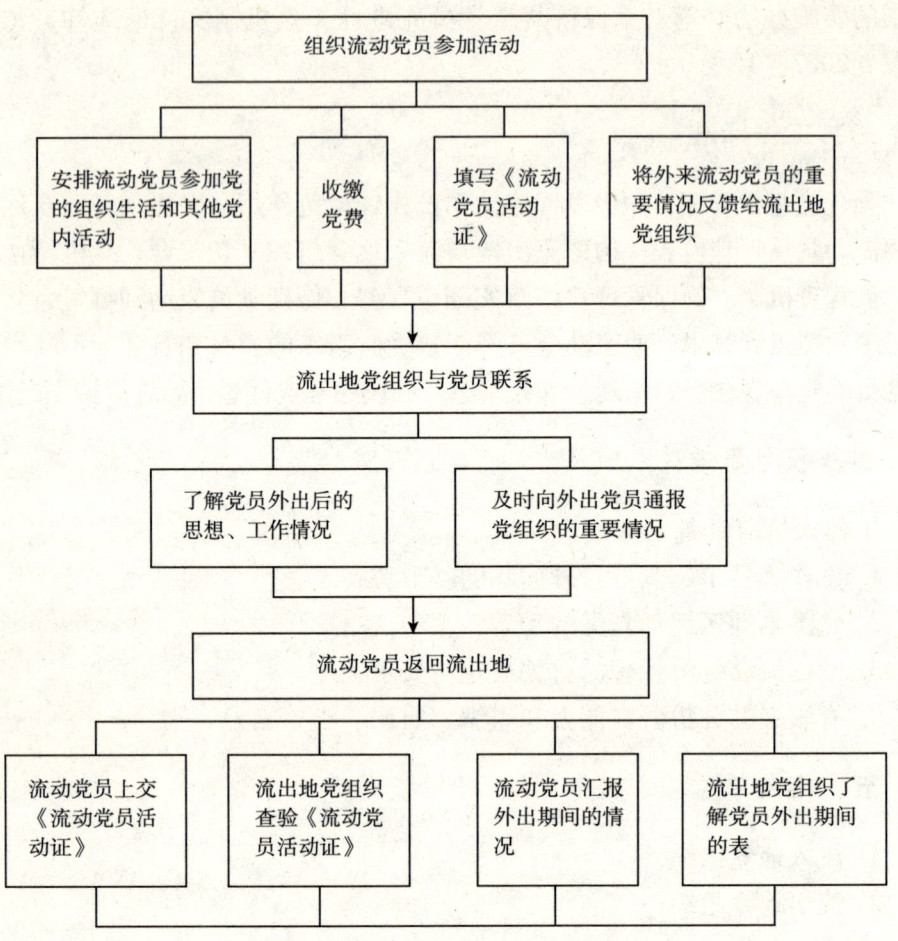

第九节　流动党员咨询服务电话受理工作

一、工作要点：

为进一步加强和改进流动党员管理工作，根据中组部的统一规定，全国各级党委组织部门设立流动党员咨询服务专用电话，主要是为流动党员落实组织关系、参加组织生活等相关事宜提供咨询服务。

二、工作依据：

1. 《中国共产党章程》；
2. 胡锦涛在中国共产党第十七次全国代表大会上的报告；
3. 《中共中央组织部关于在各级党委组织部门设立流动党员咨询服务专用电话的通知》（中组部办公厅－组电明字［2007］7号）；
4. 上级文件、规定，如：《中共北京市委组织部关于在各区县委组织部设立流动党员咨询服务专用电话的通知》（京组通［2007］9号）。

三、工作标准：

1. 接听电话要文明礼貌，耐心细致，电话记录内容清楚、准确、完整；
2. 对当时能答复的要立即答复，对当时不能答复的问题要说明情况，并要记录、汇总、上报；
3. 严格执行保密制度，不得将咨询人情况和咨询内容随意告知无关人员。

四、职岗要求：

工作人员应具备：
1. 公道正派，具有较高的思想政治素质；
2. 了解区情，熟悉流动党员管理的相关情况；
3. 严谨细致，一丝不苟，注重细节；
4. 清正廉洁，严守组织人事纪律，保守秘密；
5. 语言流畅，具有一定的语言文字表达能力。

五、相关单位：

1. 上级党委组织部门；
2. 相关的外省市党委组织部门；
3. 各主管工委；
4. 各基层单位党组织。

六、环节流程：

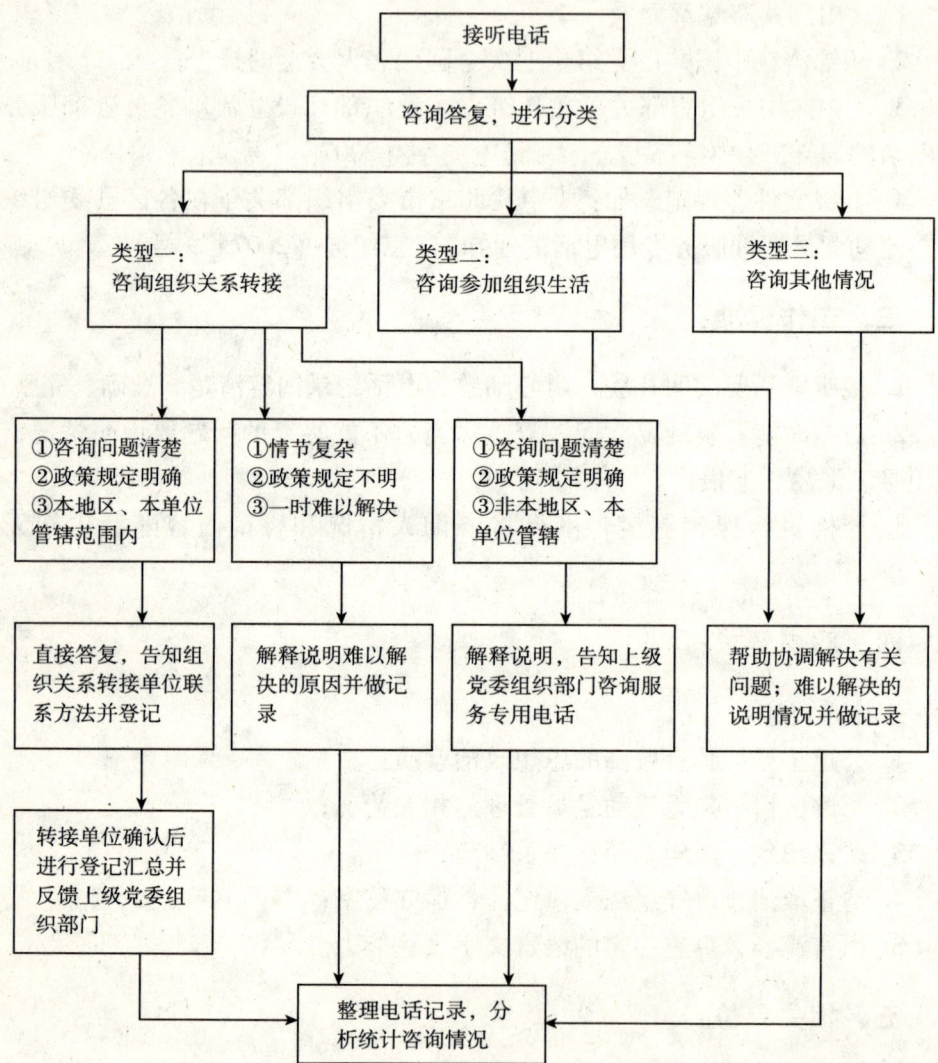

第十节　党员设岗定责工作

一、工作要点：

党员设岗定责是新形势下党员发挥作用的有效途径和方法，农村和街道社区党员，要根据自身实际情况，按照自主申报和组织安排相结合的办法，选择所在党组织设立的联系和服务群众岗位，履行岗位责任，努力做好联系和服务群众工作。具体要点如下：

1. 立足需求、科学设岗——农村和街道基层党组织根据社区（村）实际和居民（村民）需求，设立政策宣传、扶贫帮困等岗位，基本岗位要覆盖社区（村）工作主要方面，使大多数党员都有发挥一技之长的可选岗位；

2. 依据岗位、定职定责——针对每个岗位，规定具体职责要求、工作标准等，加强规范化、制度化管理；

3. 规范程序、自愿认岗——公布岗位后，采取党员自愿申报、民主推荐相结合的方式组织党员认岗，党组织综合党员自荐和民主推荐情况，按照就近原则择优选配；

4. 监督考评、表彰激励——党员认岗后，以支部为单位组织群众公开评议和监督，在此基础上，根据群众评议情况对受到群众广泛认可的党员进行表彰奖励。

二、工作依据：

1.《中国共产党章程》；
2. 胡锦涛在中国共产党第十七次全国代表大会上的报告；
3.《中共中央办公厅关于转发〈中央组织部、中央宣传部关于加强和改进党员教育工作的若干意见〉的通知》（中办发［1994］4号）；
4.《中央办公厅印发〈关于加强党员经常性教育的意见〉等四个保持共产党员先进性长效机制文件的通知》（中办发［2006］21号）；
5. 上级文件、规定，如：《中共北京市委办公厅印发〈关于建立健全党员经常性教育制度的意见〉等三个保持共产党员先进性长效机制文件的通知》（京办发〔2006〕31号）；

6. 本单位或本部门文件、规定，如：《中共北京市朝阳区委办公室印发〈关于建立健全党员经常性教育和基层党组织、党员联系和服务群众工作长效机制的实施办法〉等三个保持共产党员先进性长效机制文件的通知》（京朝办发〔2007〕15号）。

三、工作标准：

1. 要始终围绕联系服务群众开展设岗定责活动；
2. 要根据本地区实际和党员队伍状况，科学设定岗位，明确职责内容；
3. 要不断健全完善监督激励机制，使广大党员认真履行承诺；
4. 要努力建立起使党员"长期受教育，永葆先进性"的长效机制，在联系和服务群众工作中体现出先进性。

四、职岗要求：

工作人员应具备：

1. 熟悉本地区党员整体状况和特长，能够调动党员参与的积极性；
2. 熟悉本地区居民（村民）情况和需求，善于做群众工作；
3. 具有较强的人际沟通能力、组织协调能力；
4. 工作积极主动，敬业奉献。

五、相关单位：

1. 上级党委组织部门；
2. 各主管工委；
3. 基层单位党组织。

六、环节流程：

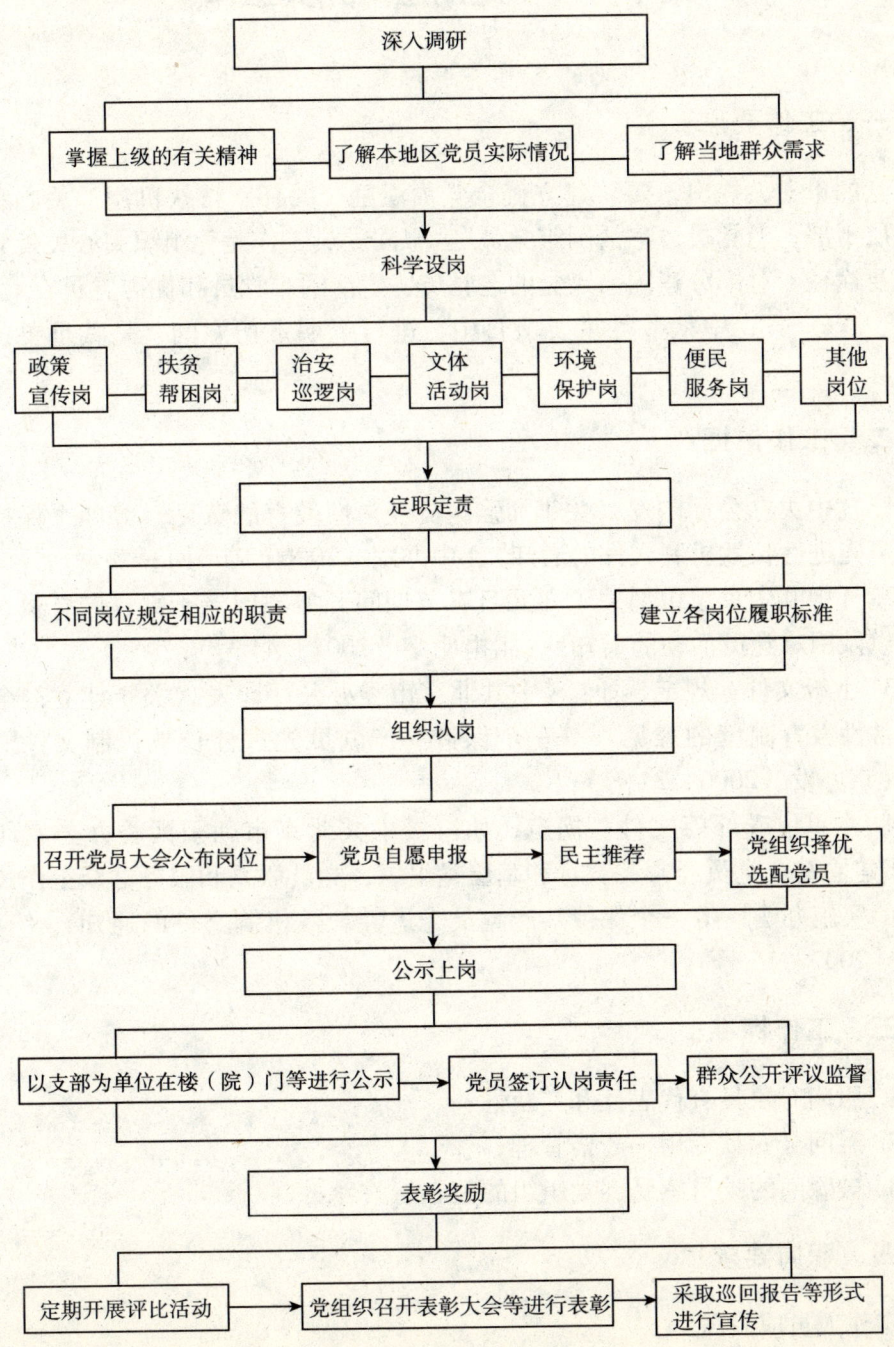

第十一节 定期慰问党员工作

一、工作要点：

党的十七大提出，要"建立健全党内激励、关怀、帮扶机制，关心和爱护基层干部、老党员、生活困难党员"。慰问党员工作是党组织关心关爱党员的重要途径。对部分建国前入党的老党员、生活困难党员和优秀党员在元旦、春节、"七一"、中秋节等重要节日中，进行定期走访慰问，是其重要内容之一。

二、工作依据：

1.《中央办公厅印发〈关于加强党员经常性教育的意见〉等四个保持共产党员先进性长效机制文件的通知》（中办发〔2006〕21号）；

2.《中共中央组织部关于在元旦春节期间开展慰问老干部、老党员、老模范以及困难党员活动的通知》（组电明字〔2007〕44号）；

3. 上级文件、规定，如：《中共北京市委办公厅印发〈关于建立健全党员经常性教育制度的意见〉等三个保持共产党员先进性长效机制文件的通知》（京办发〔2006〕31号）；

4. 本单位或部门文件、规定，如：《中共北京市朝阳区委办公室印发〈关于建立健全党员经常性教育和基层党组织、党员联系和服务群众工作长效机制的实施办法〉等三个保持共产党员先进性长效机制文件的通知》（京朝办发〔2007〕15号）。

三、工作标准：

1. 慰问对象具有代表性和广泛性；
2. 慰问金专款专用，严格管理；
3. 被慰问的党员感受到党组织的关心与关爱。

四、职岗要求：

工作人员应具备：

1. 了解本地区党员的基本情况;
2. 重点熟悉被慰问党员的各方面情况;
3. 具备一定的财务知识;
4. 具有较强的组织协调能力;
5. 工作严谨细致。

五、相关单位:

1. 上级党委组织部门;
2. 各主管工委;
3. 相关财务部门。

六、环节流程:

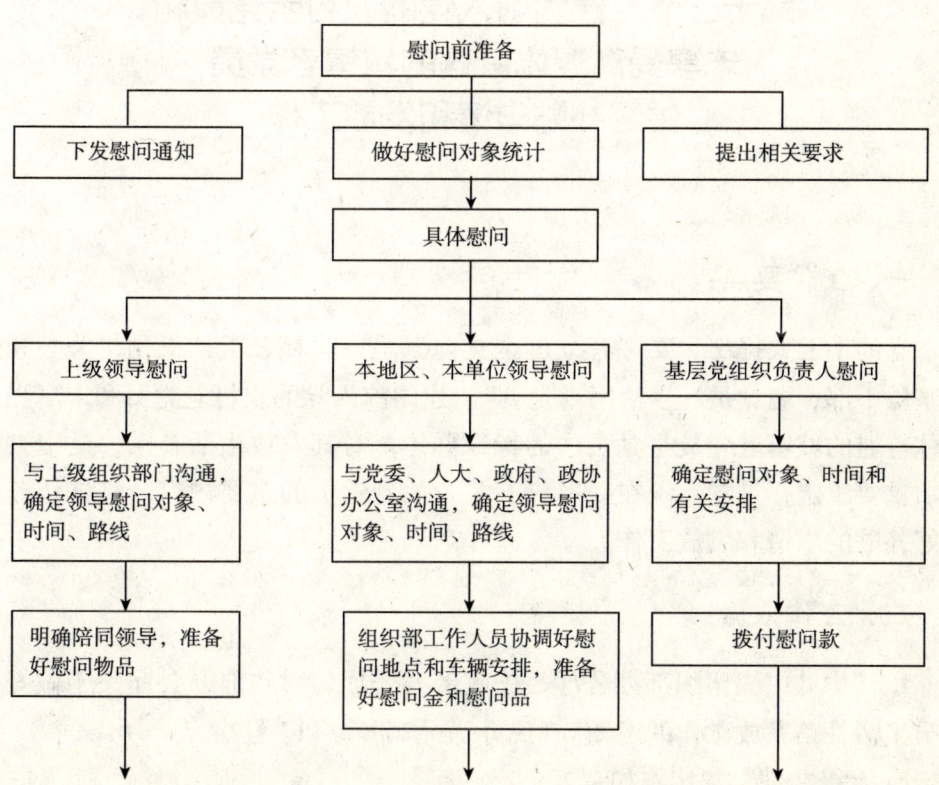

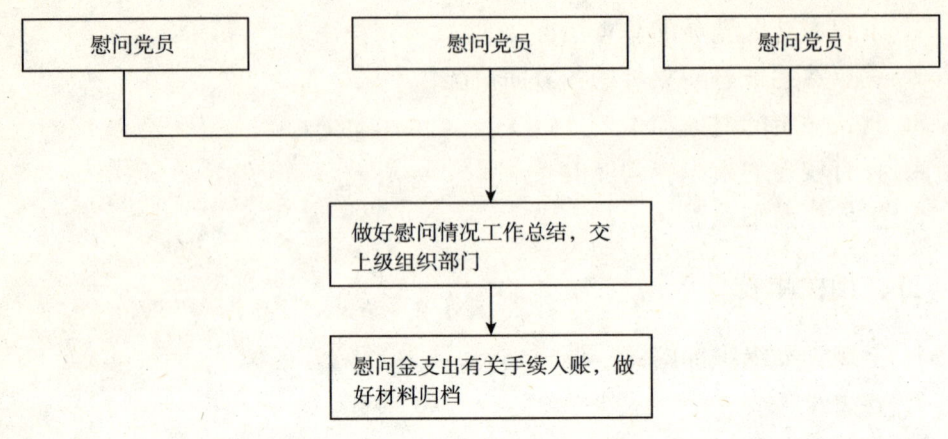

第十二节　建国前入党的农村老党员和未享受离退休待遇的城镇老党员生活补贴申请和发放工作

一、工作要点：

党的十七大提出，要"建立健全党内激励、关怀、帮扶机制，关心和爱护基层干部、老党员、生活困难党员"。建国前入党的农村老党员和未享受离退休待遇的城镇老党员是党员中的特殊群体，对其发放生活补贴，是中央的一项重要决定，是党组织在新形势下关心关爱党员的重要内容。具体任务是做好补贴的申请和发放工作。

二、工作依据：

1.《中共中央组织部办公厅、民政部办公厅、财政部办公厅关于做好老党员生活补贴发放工作的通知》（民办函［2006］117号）；

2. 上级文件、规定，如：

（1）《中共北京市委组织部关于给予建国前入党的农村老党员生活补助的通知》（京组通［2005］7号）；

(2)《中共北京市委组织部、北京市民政局、北京市财政局关于进一步做好全市老党员生活补贴发放工作的通知》(京组通〔2006〕85号);

3. 本单位或本部门文件、规定,如:《中共北京市朝阳区委组织部关于给予建国前入党的城镇居民户口的老党员生活补助的通知》(朝组通〔2005〕9号)。

三、工作标准:

1. 补助对象条件符合要求;
2. 补助对象人数统计准确;
3. 补助发放及时、到位;
4. 补贴资金专款专用,管理严格。

四、职岗要求:

工作人员应具备:

1. 了解本地区党员的基本情况;
2. 熟悉相关的政策要求;
3. 具备一定的财务知识;
4. 具有较强的组织协调能力;
5. 工作严谨细致。

五、相关单位:

1. 上级党委组织部门;
2. 农村、城市(街道)工作管理部门及其党组织;
3. 相关财务部门。

第六章 党员教育管理工作

六、环节流程：

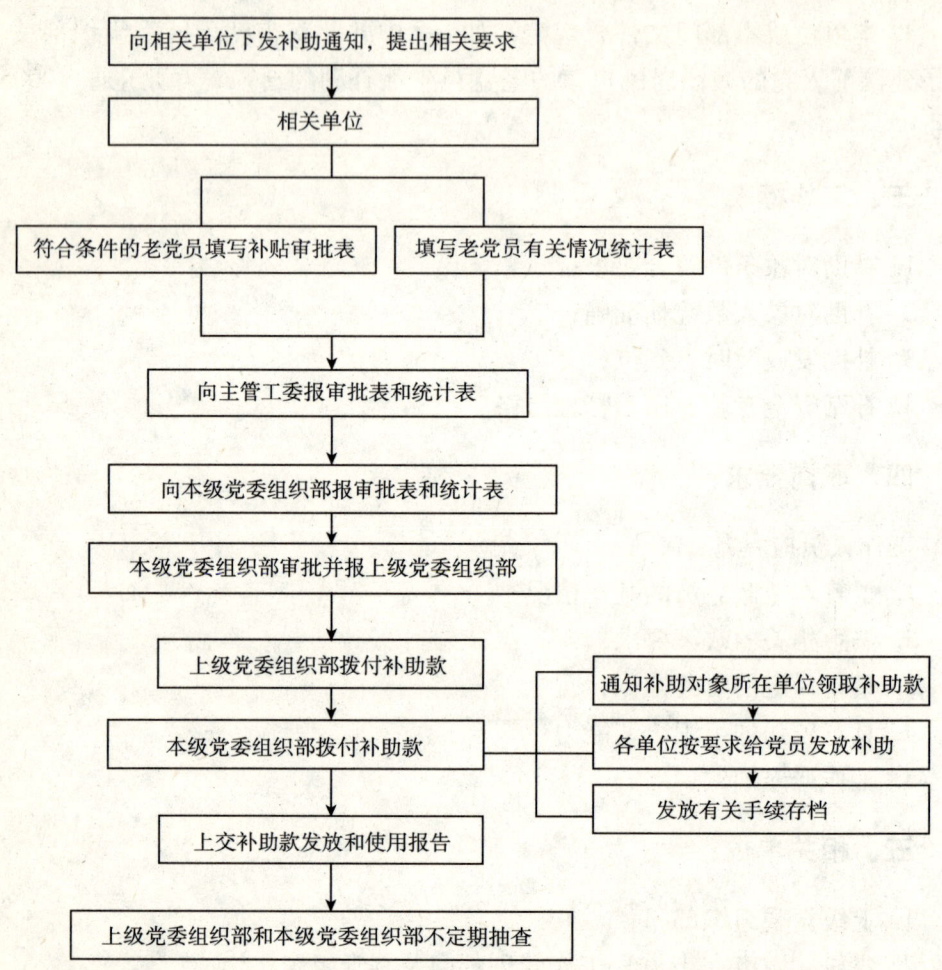

第十三节 党费收缴、使用和管理工作

一、工作要点：

党的十七大提出"要认真学习和遵守党章，增强党员意识"。按照党章规定向党组织交纳党费，是履行党员对党组织应尽的义务。党费由党委组织

部门代党委统一管理。党费的具体管理工作由各级党委组织部门负责党员教育管理的内设机构承办。使用党费应当坚持统筹安排、量入为出、收支平衡、略有结余的原则。党费必须用于党的活动，主要作为党员教育经费的补充。

二、工作依据：

1.《中国共产党章程》；

2.《中共中央组织部印发〈关于中国共产党党费收缴、使用和管理的规定〉的通知》（中组发〔2008〕3号）。

三、工作标准：

1. 按月领取工资的党员，每月以工资总额中相对固定的、经常性的工资收入（税后）为计算基数，按规定比例交纳党费。党员交纳党费的比例为：每月工资收入（税后）在3000元（含3000元）以下者，交纳月工资收入的0.5%；3000元以上至5000元（含5000元）者，交纳1%；5000元以上至10000元（含10000元）者，交纳1.5%；10000元以上者，交纳2%。实行年薪制人员中的党员，每月以当月实际领取的薪酬收入为计算基数，参照上述规定交纳党费。不按月取得收入的个体经营者等人员中的党员，每月以个人上季度月平均纯收入为计算基数，参照上述规定交纳党费。离退休干部、职工中的党员，每月以实际领取的离退休费总额或养老金总额为计算基数，5000元以下（含5000元）的按0.5%交纳党费，5000元以上的按1%交纳党费。农民党员每月交纳党费0.2元—1元。学生党员、下岗失业的党员、依靠抚恤或救济生活的党员、领取当地最低生活保障金的党员，每月交纳党费0.2元。交纳党费确有困难的党员，经党支部研究，报上一级党委批准后，可以少交或免交党费。党员自愿一次多交纳1000元以上的党费，全部上缴中央。

2. 对不按照规定交纳党费的党员，其所在党组织应及时对其进行批评教育，限期改正。对无正当理由，连续6个月不交纳党费的党员，按自行脱党处理。

3. 党费的具体财务工作由各级党委组织部门内设的财务机构或者同级党委的财务机构代办。必须指定专人负责，实行会计、出纳分设。党费应当以党委或党委组织部门的名义单独设立银行账户，必须存入中国工商银行、中国农业银行、中国银行、中国建设银行、交通银行、中国邮政储蓄银行,不得存入其他银行或者非银行金融机构。

4. 基层和地方党委应当在党员大会或者党的代表大会上向大会报告(或书面报告)党费收缴、使用和管理情况,接受党员或者党的代表大会代表的审议和监督。各级地方党委组织部门应当每年向同级党委和上级党委组织部门报告党费收缴、使用和管理情况,同时向下级党组织通报。党支部应当每年向党员公布一次党费收缴情况。

5. 各级党委组织部门每年至少检查一次党费收缴、使用和管理的情况,总结经验,发现问题,及时纠正。

6. 党费具体使用范围包括:(1)培训党员;(2)订阅或购买用于开展党员教育的报刊、资料、音像制品和设备;(3)表彰先进基层党组织、优秀共产党员和优秀党务工作者;(4)补助生活困难的党员;(5)补助遭受严重自然灾害的党员和修缮因灾害受损的基层党员教育设施。

7. 使用和下拨党费,必须集体讨论决定,不得个人或者少数人说了算。

四、职岗要求:

工作人员应具备:

1. 政治思想水平较高,清正廉洁;
2. 熟悉党费收缴、使用和管理各项政策规定;
3. 具有较强的协调能力;
4. 工作严谨细致。

五、相关单位:

1. 中组部组织局;
2. 上级党委组织部门;
3. 纪检监察部门;
4. 各主管工委;
5. 下属单位党委;
6. 基层单位党组织;
7. 相关财务部门。

六、环节流程：

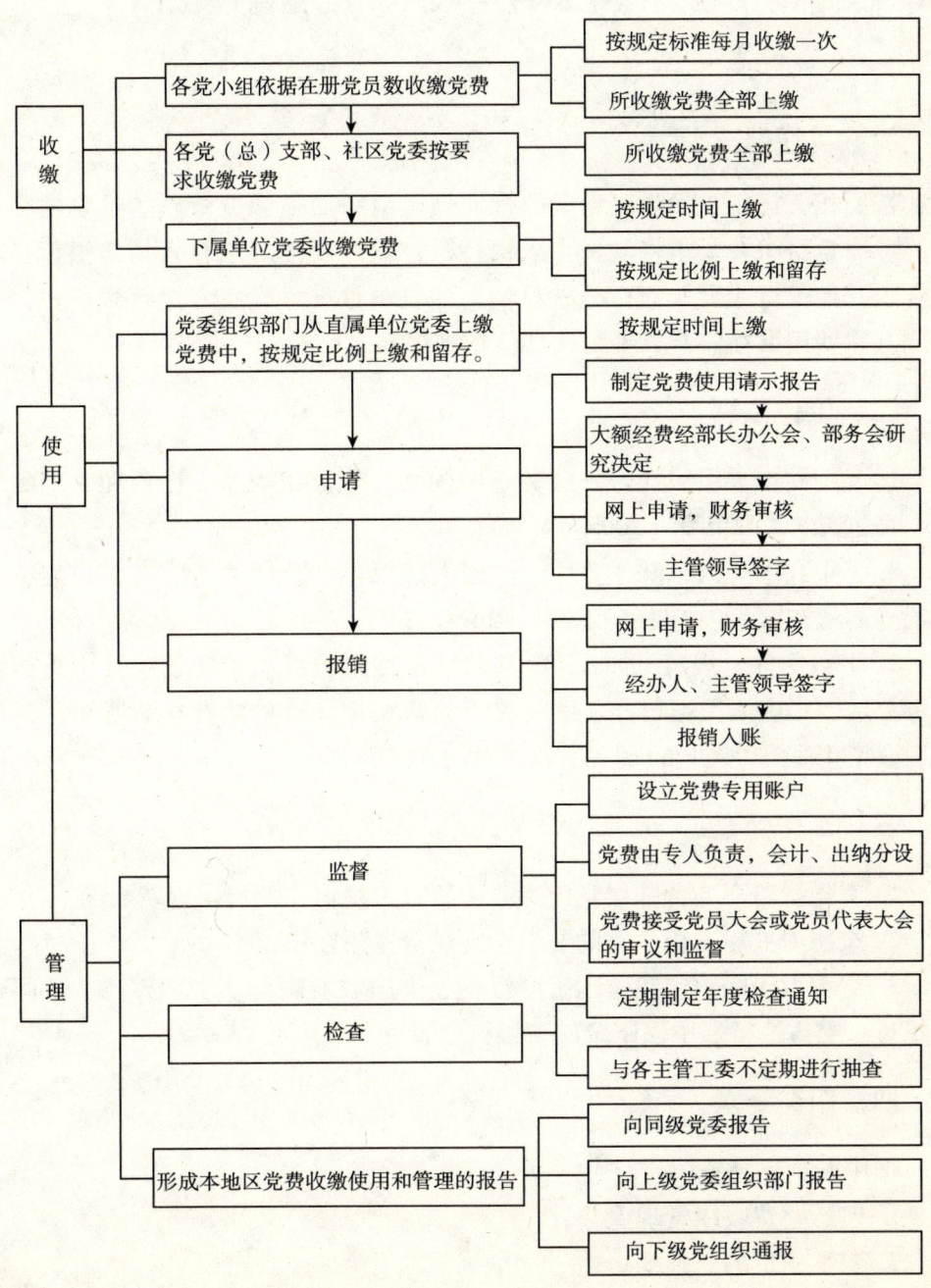

第十四节 党费专用账户审批和管理工作

一、工作要点:

按照相关规定,加强对党费的管理是党组织加强党员管理的重要内容之一。各级党组织按要求将党费存入银行时,党费要按要求存入指定银行,不得存入其他银行或者非银行金融机构,并要单独设立党费专用存款账户,不得同其它费用混在一起,不得按其他款项存入。

二、工作依据:

1.《中共中央组织部印发〈关于中国共产党党费收缴、使用和管理的规定〉的通知》(中组发[2008]3号);

2.《中共中央组织部办公厅、中国人民银行办公厅关于党费账户继续单独设立的通知》(组电明字[2006]26号);

3. 上级文件、规定,如:《中共北京市委组织部关于转发中共中央组织部办公厅、中国人民银行办公厅〈关于党费账户继续单独设立的通知〉的通知》(京组通[2006]60号)。

三、工作标准:

1. 有党费留存的各基层党组织要按照有关规定比例提留党费数额;

2. 按照中央和上级党委的要求设立党费专用账户;

3. 党费专用账户应在中国工商银行、中国农业银行、中国银行、中国建设银行、交通银行、中国邮政储蓄银行中设立。

四、职岗要求:

工作人员应具备:

1. 熟悉党费收缴管理业务;

2. 熟悉一定的财务知识;

3. 工作严谨细致;

4. 具有较强的组织协调能力和语言沟通能力。

五、相关单位：

1. 上级党委组织部门；
2. 相关财务部门；
3. 有党费留存的各基层党组织。

六、环节流程：

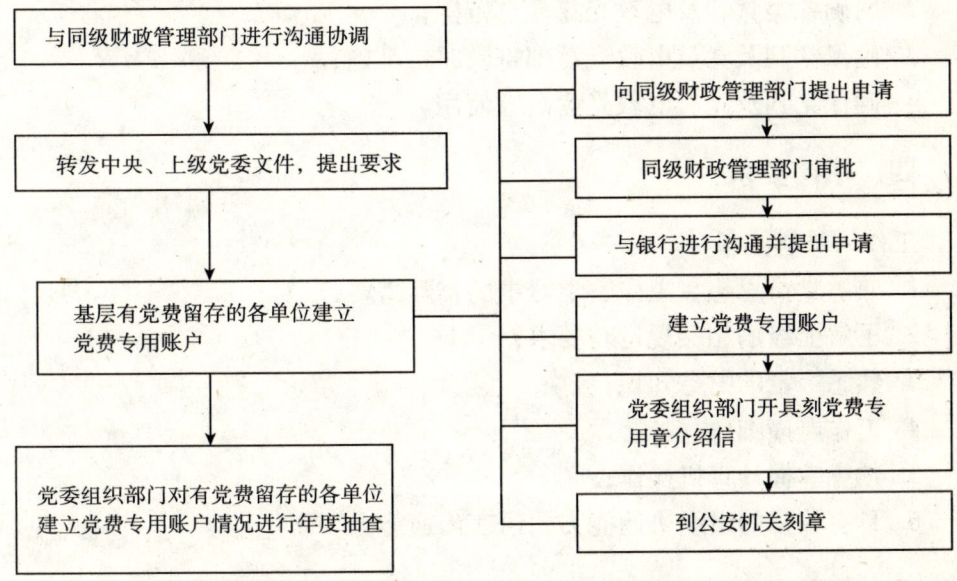

第十五节　党刊及党员电教光盘征订和使用工作

一、工作要点：

党刊及党员电教光盘是对党员进行教育的有效载体，做好党刊及党员电教光盘的征订和使用是加强党员教育的必然要求。主要任务是根据实际需要和上级规定，完成党刊及党员电教光盘征订与使用工作。

二、工作依据：

1. 《中共中央组织部印发〈关于中国共产党党费收缴、使用和管理的规定〉的通知》（中组发［2008］3号）；
2. 当年中央和上级党委征订和使用党刊及党员电教光盘的通知。

三、工作标准：

1. 完成中央和上级党委征订要求；
2. 明确各类党刊及电教光盘征订范围；
3. 确保党刊及党员电教光盘邮寄及时、准确；
4. 确保党刊及党员电教光盘高效使用。

四、职岗要求：

工作人员应具备：
1. 熟悉党员思想、工作、学习中的实际需要；
2. 了解上级的相关规定与要求；
3. 熟悉一定的财务知识；
4. 工作严谨细致；
5. 熟练掌握计算机操作；
6. 具有较强的组织协调能力、语言沟通能力。

五、相关单位：

1. 中央单位杂志社；
2. 上级单位杂志社；
3. 其他有关杂志社。

第十五节 党刊及党员电教光盘征订和使用工作

六、环节流程：

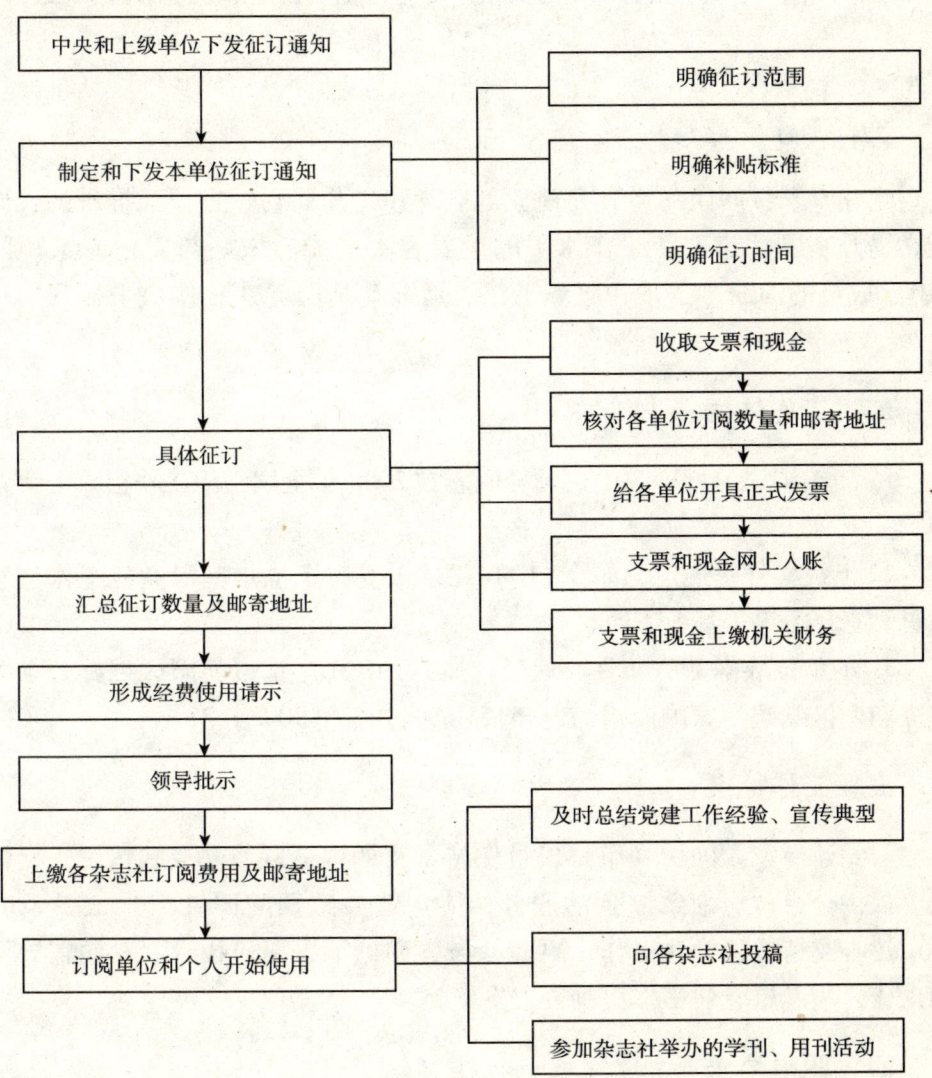

第十六节　联系、服务党建专家顾问团（组）成员工作

一、工作要点：

党建专家顾问团（组）是建立健全党建工作研讨、宣传和推进的长效机制，提升基层党建创新工作水平的重要智力资源。做好与党建专家顾问团（组）成员的沟通、联系和服务工作，是推动基层党建工作水平提升的重要途径。

二、工作依据：

1. 胡锦涛、习近平等中央领导同志在2008年全国组织工作会议上讲话精神；

2. 上级文件、规定，如：《中共北京市委关于推进基层党建工作创新的意见》（2005年7月15日）；

3. 本单位或本部门文件、规定，如：《中共北京市朝阳区委办公室关于成立朝阳区党建专家顾问组的通知》（京朝办发〔2005〕21号）。

三、工作标准：

与党建专家顾问团（组）成员保持紧密的沟通联系，反映情况，反馈信息，提供全方位、细致周到的服务，使党建专家顾问团（组）成员及时了解、热心支持基层党建工作，更多参与咨询论证、调研指导、专题辅导等方面工作，为基层党建工作提供智力支持。

四、职岗要求：

工作人员应具备：

1. 熟悉了解所联系、服务专家的相关信息；
2. 工作耐心细致，有较强的沟通协调能力；
3. 待人亲切，有较强的服务意识；
4. 办事全面周到，有较强的责任意识。

五、相关单位：

1. 专家所在单位；
2. 各主管工委；
3. 各基层党委。

六、环节流程：

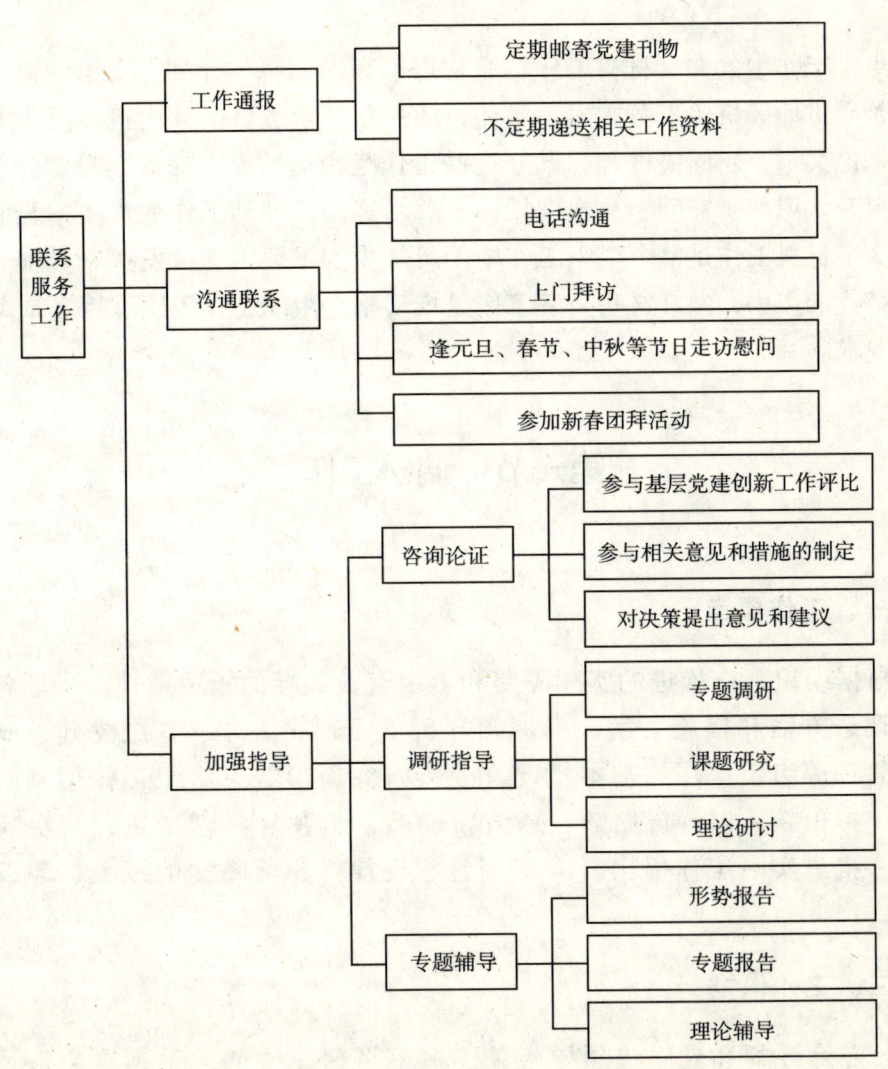

第七章　调研信息等文字材料工作

组织工作中的文字材料工作，通常以调研、信息、计划、总结、典型材料、领导讲话等机关事务文书为主体，还包括一定数量的党内机关公文及必要的理论文章、新闻稿件等。做好这些工作是沟通情况、交流信息、分析形势、提升认识、研究问题、把握规律、总结经验、推动工作的重要途径和措施。文字材料工作是整个组织工作中不可缺少的重要内容，发挥着其他工作不可替代的作用，做好这些文字工作是推动整个组织工作不断取得新成效的内在要求。

第一节　调研工作

一、工作要点：

根据组织工作推进的实际需要和上级有关领导的指示精神，采取各种有效调研方法和措施了解、掌握领导班子干部、人才、基层党建、党员教育管理等组织工作的基本情况，分析研究新形势下组织工作遇到的新问题、提出新认识、新见解、总结新经验，为领导科学决策、解决实际问题、推进实际工作提出具有实用性、规律性、前瞻性的意见、建议或措施。

二、工作依据：

1. 革命导师和党中央领导人关于搞好调研工作的一系列重要论述和指示；

2. 党中央和上级党委关于搞好调研工作的相关文件；
3. 本单位每年的工作计划；
4. 上级和本单位领导相关的指示要求；
5. 基层实际工作需要。

三、工作标准：

1. 了解情况客观、全面、真实、准确；
2. 分析问题深入、精到、深刻，建议符合实际，措施适用；
3. 撰写调研报告规范、精练，易于转化成果；
4. 调研成果能为领导决策、为解决难题、为推动实际工作、为组织工作创新服务。

四、职岗要求：

工作人员应具备：
1. 熟悉组织工作的各项业务；
2. 思想敏锐、思路严密，勤于思考，善于分析、综合和提炼；
3. 善于组织协调，能与各种人谈话沟通；
4. 工作精心，吃苦精神强，有奉献精神；
5. 文字功底好、写作能力强。

五、相关单位：

1. 各基层单位；
2. 上级党委组织部门；
3. 本级党委各工委；
4. 本单位相关部门；
5. 相关报刊编辑单位。

六、环节流程：

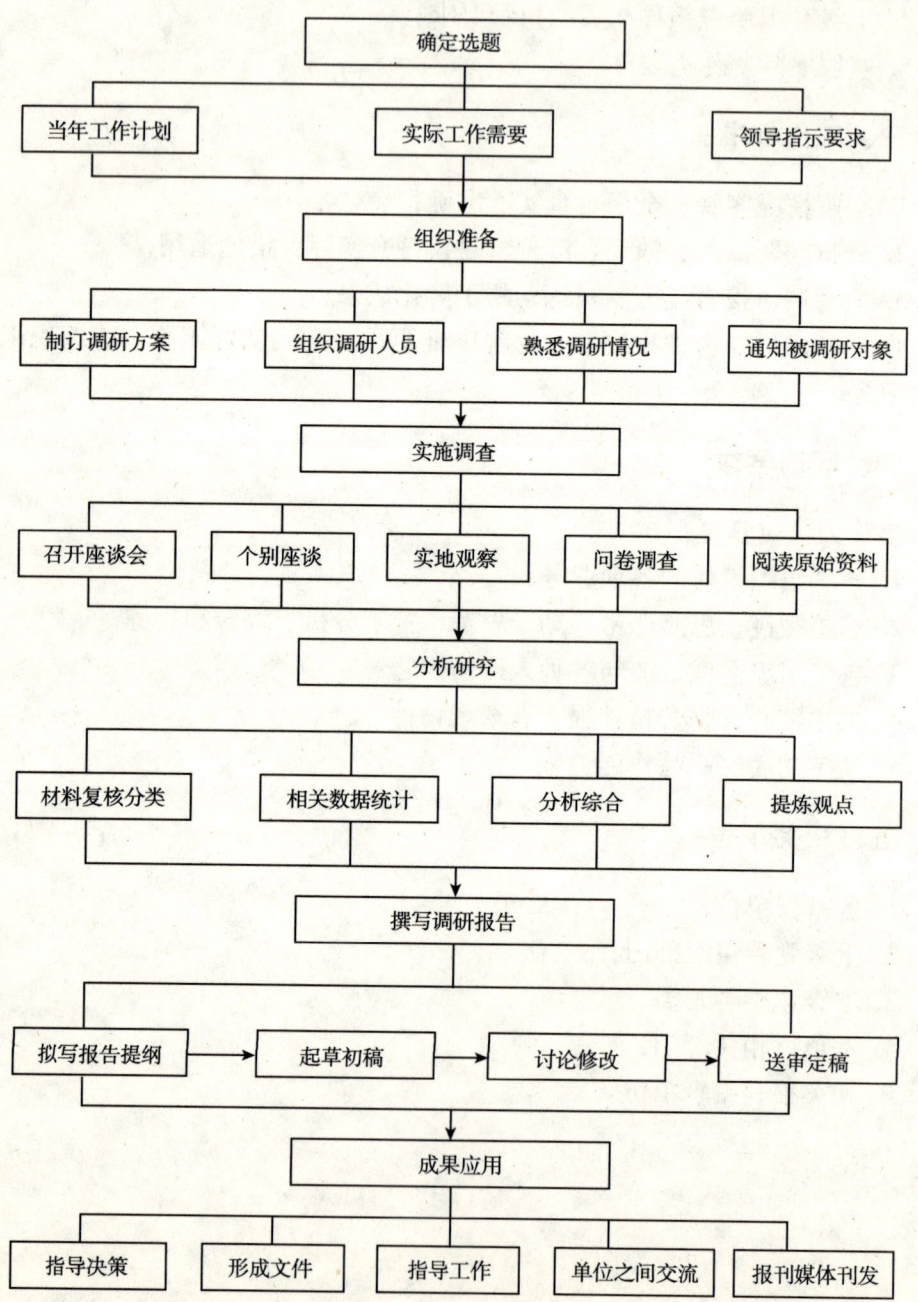

第二节　信息工作

一、工作要点：

真实、准确、全面、及时的组工信息，能为领导决策、单位之间交流、下属单位汲取借鉴经验提供相应的服务，其在组织工作的整体推进过程中，发挥着不可替代的作用。组织系统的信息工作，主要是对在各项组工业务开展中出现的有代表性、全局性、针对性、前瞻性、时效性的信息进行收集、编辑、撰写，及时、准确地上报给有关领导、上级部门，发给所属单位，交流给兄弟单位，或向相关媒体报送等。

二、工作依据：

1. 《中组部办公厅关于向中央组织部报送信息的暂行规定》（1997年2月17日）；

2. 上级文件、规定，如：《中共北京市委组织部报送信息规定》、《中共北京市朝阳区党委系统信息工作规定》；

4. 本单位或本部门文件、规定，如：《朝阳区委组织部关于进一步加强组工信息工作的意见》（2003年8月）；

5. 每年工作计划；

6. 领导相关指示要求；

7. 基层信息沟通、舆情引导等实际工作需要。

三、工作标准：

1. 多渠道、多角度、全覆盖、充分收集采编组工信息，使信息不漏、不瞒、不虚、及时、准确、真实、简洁；

2. 为领导决策、为解决难点问题、为基层业务交流、为组织工作创新服务。

四、职岗要求：

工作人员应具备：

1. 政治坚定，思想素质好；
2. 思维敏捷、敏锐，思路严密、清晰；
3. 勤于思考，善于分析、综合和提炼，具备一定的沟通能力和写作能力。

五、相关单位：

1. 上级党委组织部门；
2. 本级党委办公室；
3. 相关媒体；
4. 下级相关单位。

六、环节流程：

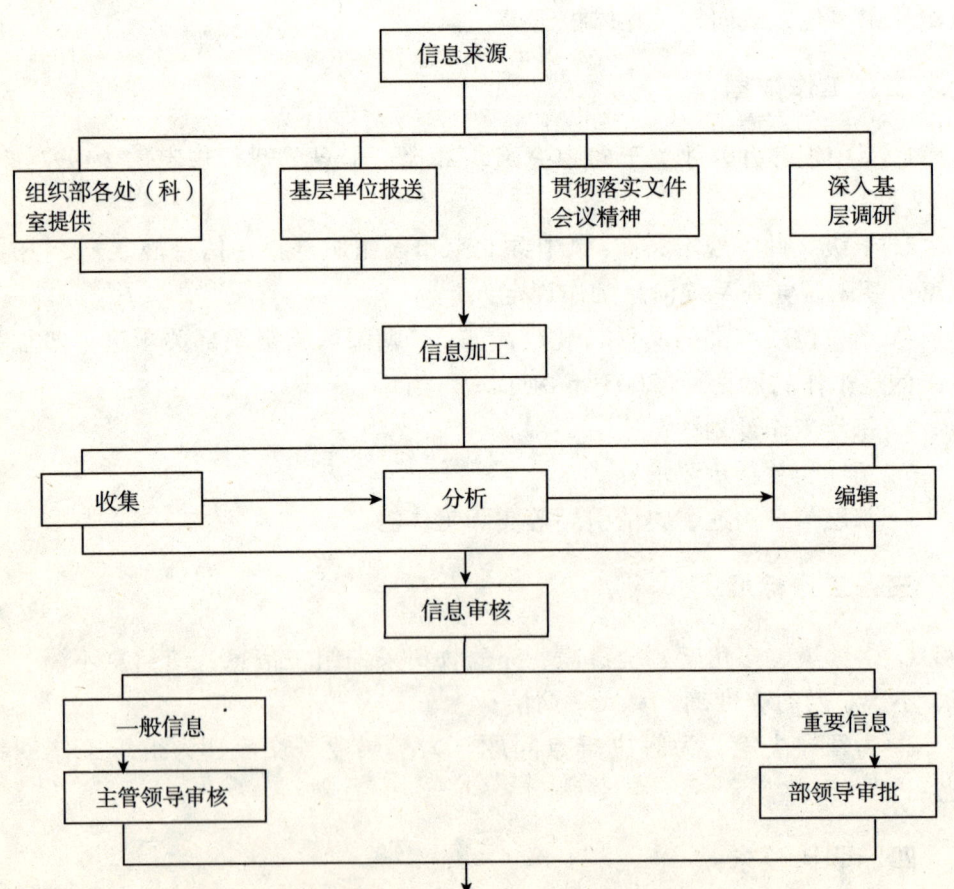

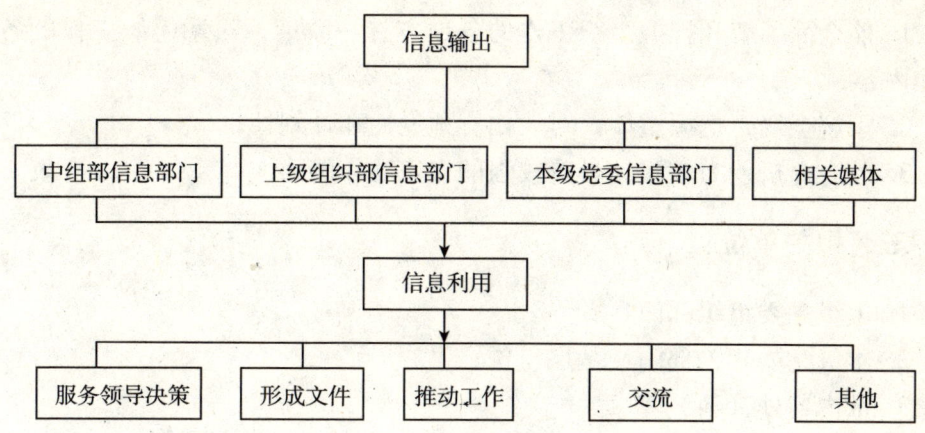

第三节 工作计划

一、工作要点：

工作计划是根据形势、任务和工作进程的实际需要，按照领导的要求，对将要开展的工作做出的部署和安排。主要是对所要开展的工作阐明意义、明确思路、规定标准、拿出措施、提出要求、限定时限等等，以利于有重点、有步骤地推进工作。

二、工作依据：

1. 上级党委组织部门和本级党委的工作部署和要求；
2. 推进本地区组织工作的实际需要。

三、工作标准：

1. 指导思想正确，目标、任务、措施和要求具体，指导性和操作性强，便于监督和检查；
2. 思路清晰、重点突出、内容完整、简明扼要。

四、职岗要求：

工作人员应具备：

1. 能全面了解和把握组织工作的各项方针、政策,熟悉组织工作的各项工作内容;
2. 了解全局、把握整体,对工作有预见性和计划性;
3. 综合分析能力较强,具有较强的文字写作能力。

五、相关单位:

1. 上级党委组织部门;
2. 本级党委相关部门、基层单位;
3. 部内各处(科)室。

六、环节流程:

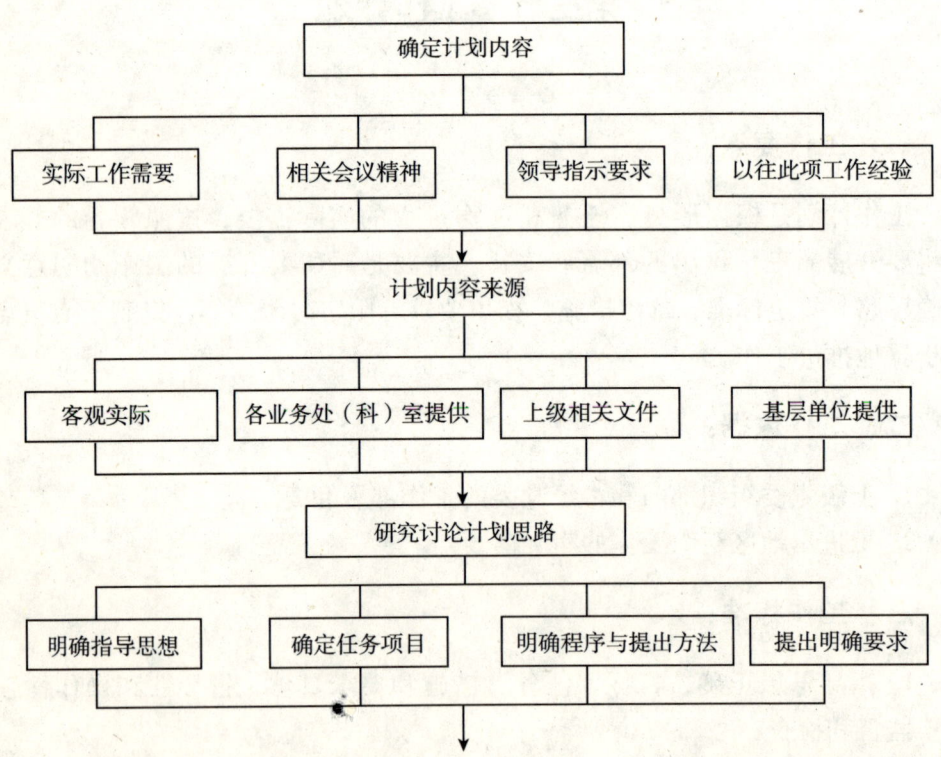

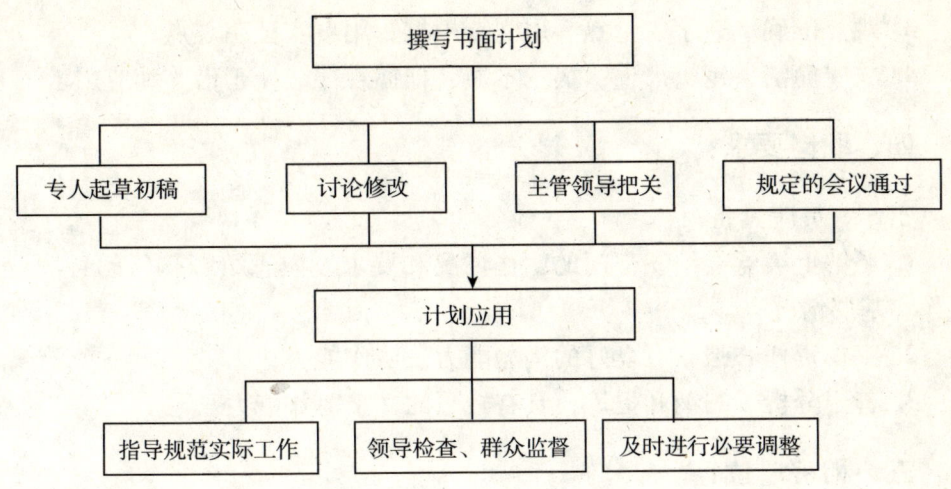

第四节 工作总结

一、工作要点：

对已经开展的工作，根据实际需要，按照领导和上级的规定与要求，客观地分析其成效、经验和不足，形成理性的认识和规律性的把握，为今后工作提供借鉴。

二、工作依据：

1. 此项工作初始时的意图和计划；
2. 上级党委组织部门和本级党委的相关部署和要求；
3. 部内相关处（科）室的工作总结；
5. 基层开展工作的实际情况。

三、工作标准：

1. 全面翔实，通过事实反映工作的整体情况；
2. 客观真实，无论成绩与不足都不扩大不缩小，对经验不人为拔高，对教训不闪烁其词，尊重客观实际的本来面貌；

3. 观点准确，数字、论点、引文有根据，用事实证明观点；
4. 文字简洁，逻辑严谨，揭示本质，把握规律，便于借鉴和应用。

四、职岗要求：

工作人员应具备：

1. 了解上级党委组织部门的工作情况和要求，熟悉组织部门的各项业务工作和基层情况；
2. 工作责任心强，有良好的沟通能力及协作能力；
3. 善于分析、归纳和提炼，具有较强的文字写作能力。

五、相关单位：

1. 上级党委组织部门相关业务处室；
2. 本级党委相关部门、基层单位；
3. 部内各处（科）室。

六、环节流程：

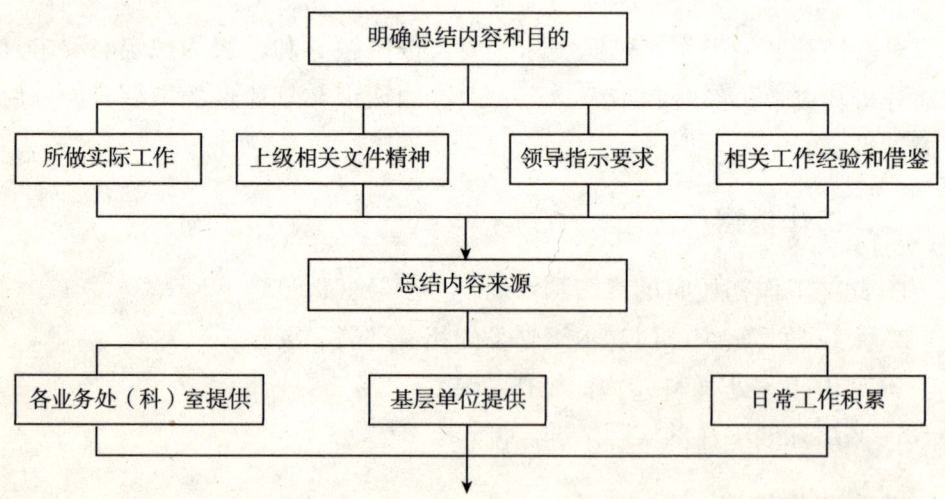

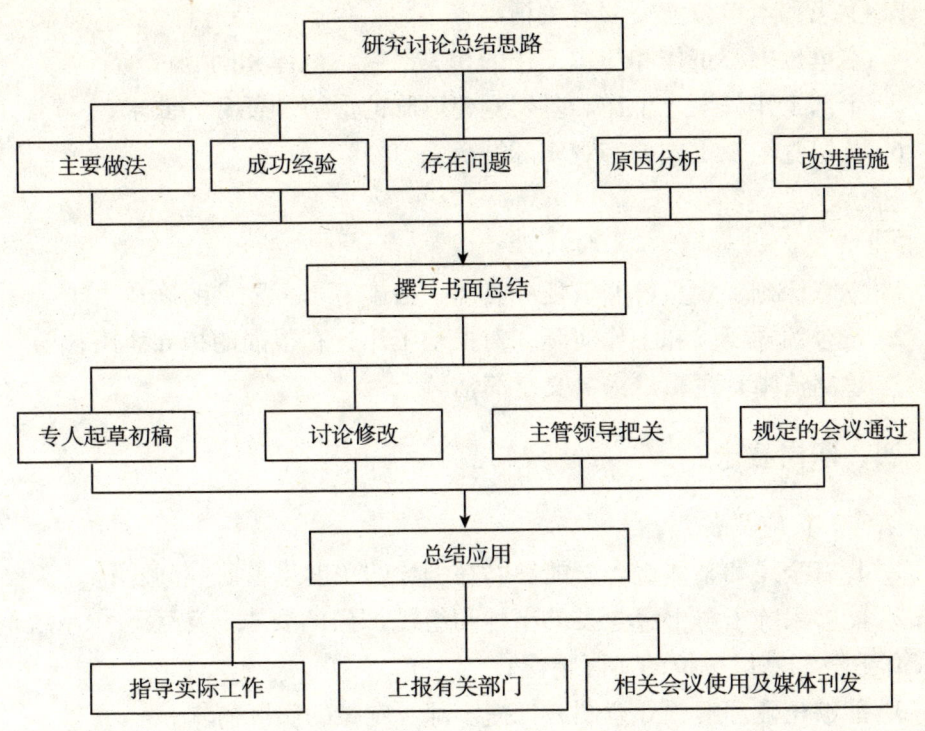

第五节 撰写领导讲话稿

一、工作要点：

撰写领导讲话稿，要按照领导的要求，根据工作推进的实际需要，对当前和今后一个时期组织工作的整体形势、任务以及需要解决的问题等等，进行深入分析，总结经验、查找不足、分析原因、研究规律，有针对性、有重点地提出指导性、规定性的明确意见和具体要求，以便推动工作的有效开展。

二、工作依据：

1. 有关领导的指示和具体要求；
2. 中央有关精神；

3. 上级和本单位党委的有关精神;
4. 本单位中心工作和组织工作的相关经验、规律和问题;
5. 干部工作、人才工作和基层党建面临的形势、任务和要求;
6. 基层党组织工作的客观实际情况。

三、工作标准:

1. 立意深刻、观点鲜明、任务具体、措施得当、要求明确;
2. 符合领导要求和工作实际,对推动工作具有很强的指导作用;
3. 思路清晰、逻辑严谨、文字简洁。

四、职岗要求:

工作人员应具备:
1. 具有全局和整体观念,能够站在领导的角度思考研究问题;
2. 能够系统了解上级党委的精神和组织部门的要求,熟悉组织系统的各项工作业务和基层单位的实际情况;
3. 能够正确理解领导意图,把握干部、党员的实际需求;
4. 研究分析问题和逻辑思维能力比较强,具有较强的文字功底。

五、相关单位:

1. 上级有关部门;
2. 部内相关业务处(科)室;
3. 基层有关单位。

六、环节流程：

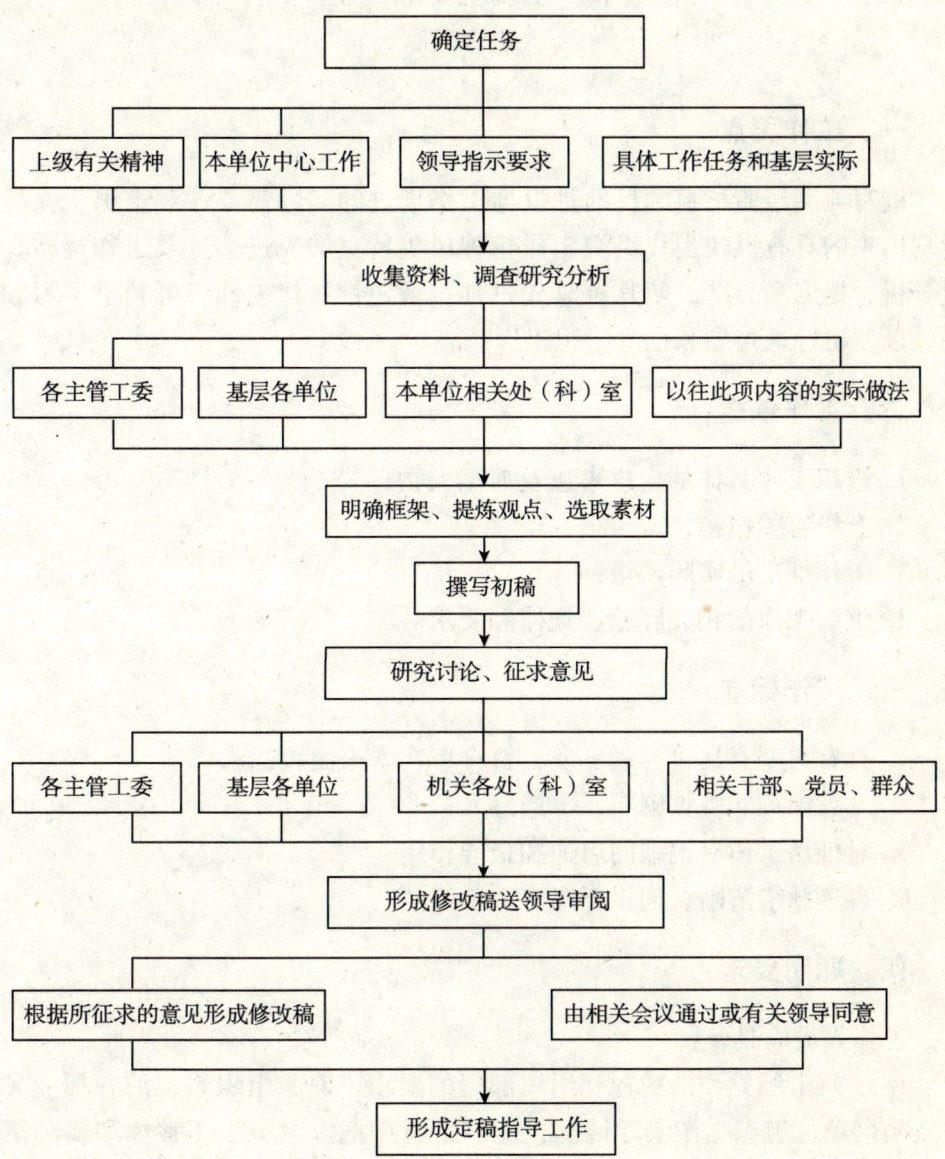

第六节　撰写典型经验材料

一、工作要点：

撰写典型经验材料的目的是根据工作推进的实际需要，对组织工作战线涌现出来的具有反映当代组织工作精神风貌特点的先进事迹及工作经验，通过分析、提炼和总结，使其更具先进性、特色性、代表性，更利于学习和发扬，以便更好地指导和推进组织工作。

二、工作依据：

1. 组织工作具体的先进事迹及典型人物；
2. 上级有关精神；
3. 工作推进的实际需求；
4. 组织工作的相关经验、规律和要求。

三、工作标准：

1. 具有典型意义，客观真实，符合事实本来面貌；
2. 立意深刻、观点鲜明、事迹感人；
3. 对推动工作有很强的启迪和指导作用；
4. 事迹脉络清晰、构思严谨、文字简洁。

四、职岗要求：

工作人员应具备：
1. 了解上级党委的精神和组织部门的要求，熟悉组织系统的各项业务工作及基层单位组织工作实际情况，能够了解和把握组织工作整体和实际工作推进的需求；
2. 思想敏锐，善于深入实际，善于发现新问题，善于提炼新观点；
3. 分析研究问题逻辑性强，语言精练，文字功底好。

五、相关单位：

1. 上级有关部门；
2. 部内相关处（科）室；
3. 基层有关单位。

六、环节流程：

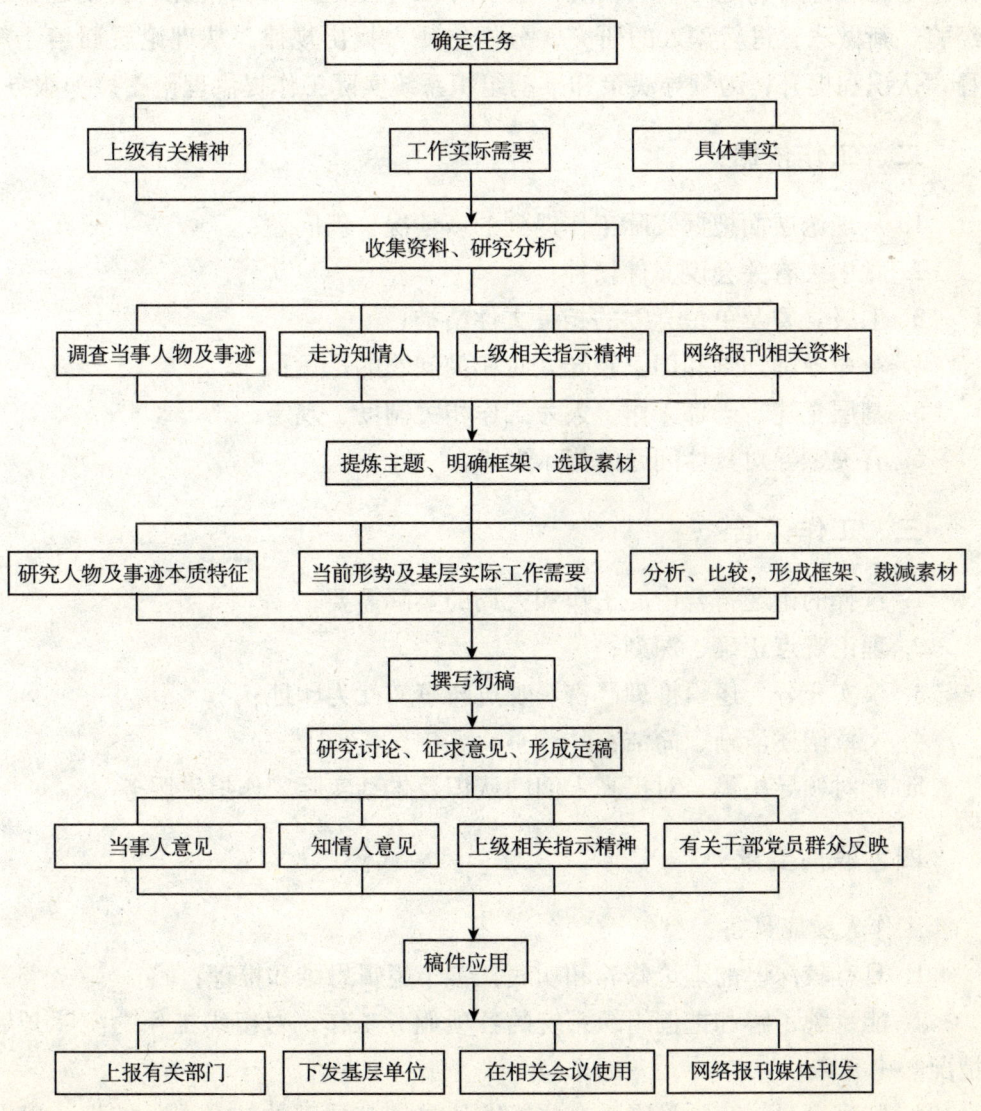

第七节　组工理论研究

一、工作要点：

组工理论研究是对组织系统开展实际工作中遇到的新情况、新问题，新经验、新做法，进行深入的研究，分析本质，找出规律，从理论层面给予解释、认识和提升，为领导决策和推动组织系统实际工作提供理论支撑和服务。

二、工作依据：

1. 从理论层面把握实际工作遇到的新情况、新问题；
2. 党中央有关会议文件精神；
3. 上级党委及单位党委的相关文件精神；
4. 革命导师、党和国家领导人对相关问题的论述；
5. 基层党建、干部工作、人才工作相关制度、规定；
6. 有关领导对具体问题的指示要求。

三、工作标准：

1. 选择的论题符合中心工作和大局的实际需要；
2. 理论观点正确、深刻；
3. 事实充分、逻辑推理严密、观点与事实互为印证；
4. 文章阐述清晰、简洁；
5. 能对领导决策、对提高人们的认识及推动实际工作提供服务。

四、职岗要求：

工作人员应具备：

1. 具有较深厚的理论修养和功底，善于逻辑思维和推理；
2. 能系统了解和把握组织系统的各项业务工作，对组织工作的实际开展情况心中有数；
3. 胸有全局，有预见眼光，并能够从整体与局部的结合点上捕捉、思考

问题;

4. 能正确地理解、知晓领导指示意图和干部、党员的实际需求;
5. 文字功底好,写文章理通字顺。

五、相关单位:

1. 上级主管单位;
2. 相关的理论部门;
3. 相关的报刊编辑单位。

六、环节流程:

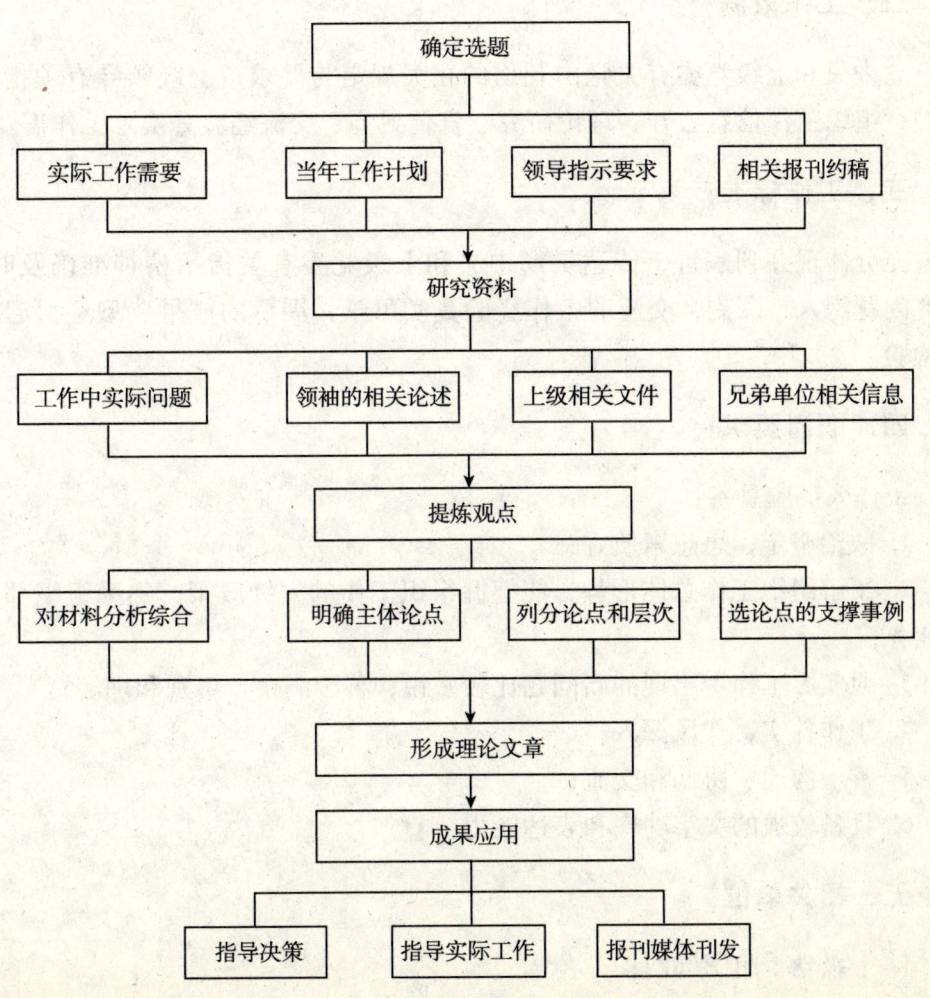

第八节　编辑部刊工作

一、工作要点：

部刊是组织部门主办的刊物，其宗旨主要是及时传达上级党委和组织部门有关组织工作指示精神，为本地区组织工作提供研究问题、交流经验、展示成果的平台，为社会各方面了解、关注、支持组织工作提供渠道。

二、工作依据：

党中央和上级党委有关党内刊物的相关规定与要求，上级领导有关指示精神，组织工作信息公开、理论研究、宣传典型、交流经验等实际工作需要。

三、工作标准：

充分体现办刊宗旨，传达贯彻中央和上级党委有关指示精神准确及时，研究问题深入、深刻，交流的工作经验真实可学，展示的成果典型经得起时间检验。

四、职岗要求：

工作人员应具备：

1. 政治坚定，思想素质好；
2. 了解组织工作总体形势，能把握组织工作的方针政策，熟悉组织部各项业务；
3. 对实际工作中出现的新问题比较敏锐，善于洞察、辨别和理解；
4. 工作扎实，作风深入；
5. 善于沟通、协调和交流；
6. 具备较强的文字功底和表达能力。

五、相关单位：

1. 上级党委组织部门；

2. 本级党委各主管工委；
3. 部内相关处（科）室；
4. 各基层单位。

六、环节流程：

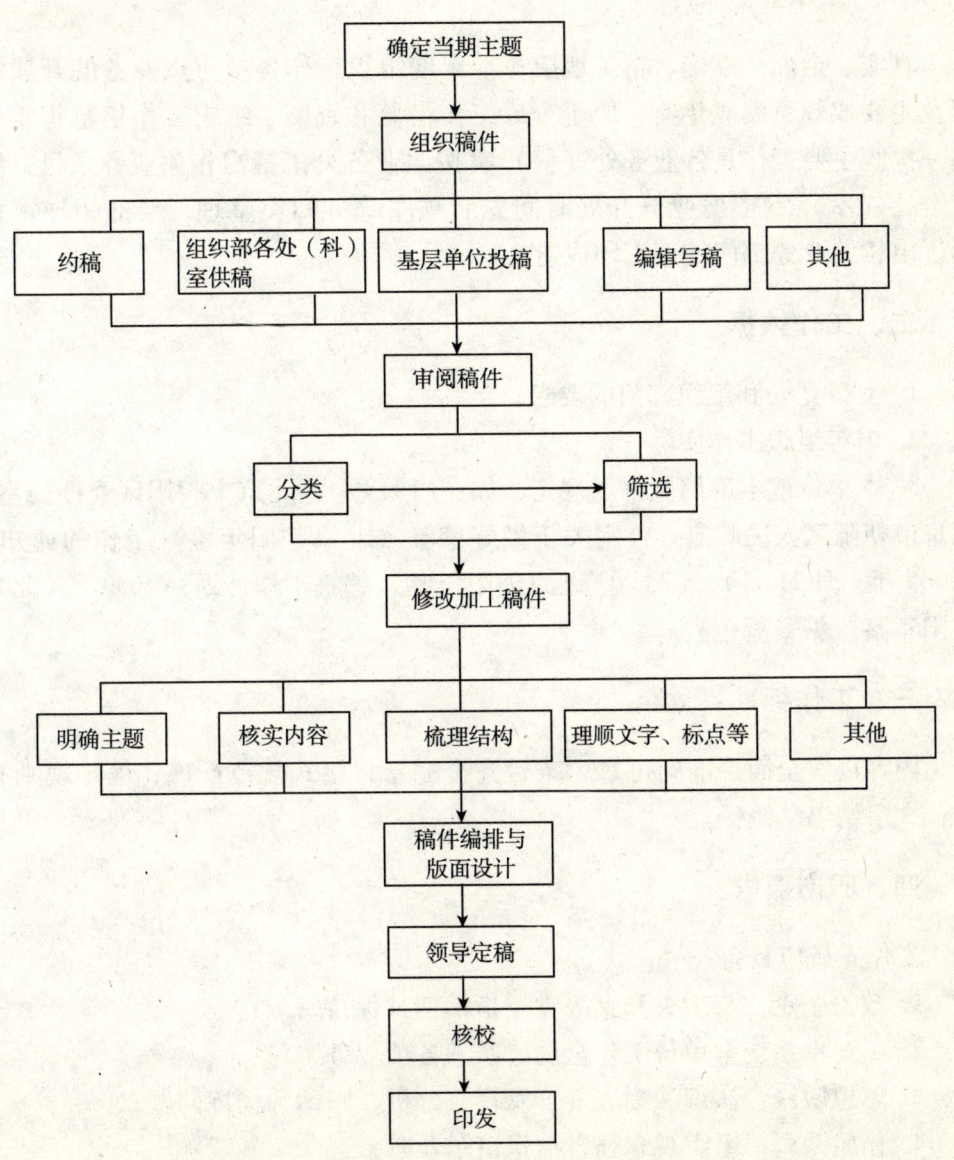

第九节 年鉴工作

一、工作要点：

真实、全面、准确、精炼地撰写本年度组织工作各项重点业务的开展情况及主要成效，编成年鉴，便于今后工作借鉴和查阅。组织工作年鉴每年编辑一次。主要工作是各业务处（科）室按照业务分工撰写相关业务条目，经综合处（室）室依据业务开展时间先后顺序统一归类整理，经部领导审批后，由相关业务部门统一汇印成册。

二、工作依据：

1. 上级党委和组织部门的要求；
2. 当年组织工作实际；
3. 本单位或本部门文件、规定，如：(1)《中共北京市朝阳区委办公室、北京市朝阳区人民政府办公室关于做好编纂〈北京朝阳年鉴〉工作的通知》(2005年4月21日)；(2)《〈北京朝阳年鉴〉编纂工作计划》；(3)《〈北京朝阳年鉴〉编纂规范》。

三、工作标准：

内容真实全面、准确可靠；条目齐全完备；格式规范严谨；编排规则有序；文字精炼、流畅。

四、职岗要求：

工作人员应具备：
1. 政治坚定，与中央和上级党委指示精神保持一致；
2. 了解本系统本单位工作全局，熟悉各项业务工作；
3. 思想敏锐，认识深刻，善于发现、分析、归纳和提炼问题；
4. 作风深入，组织观念强，汇报请示及时；
5. 具备较强的文字能力，语言简洁朴实。

五、相关单位：

1. 地方志编委会办公室；
2. 党委各主管工委；
3. 基层各单位。

六、环节流程

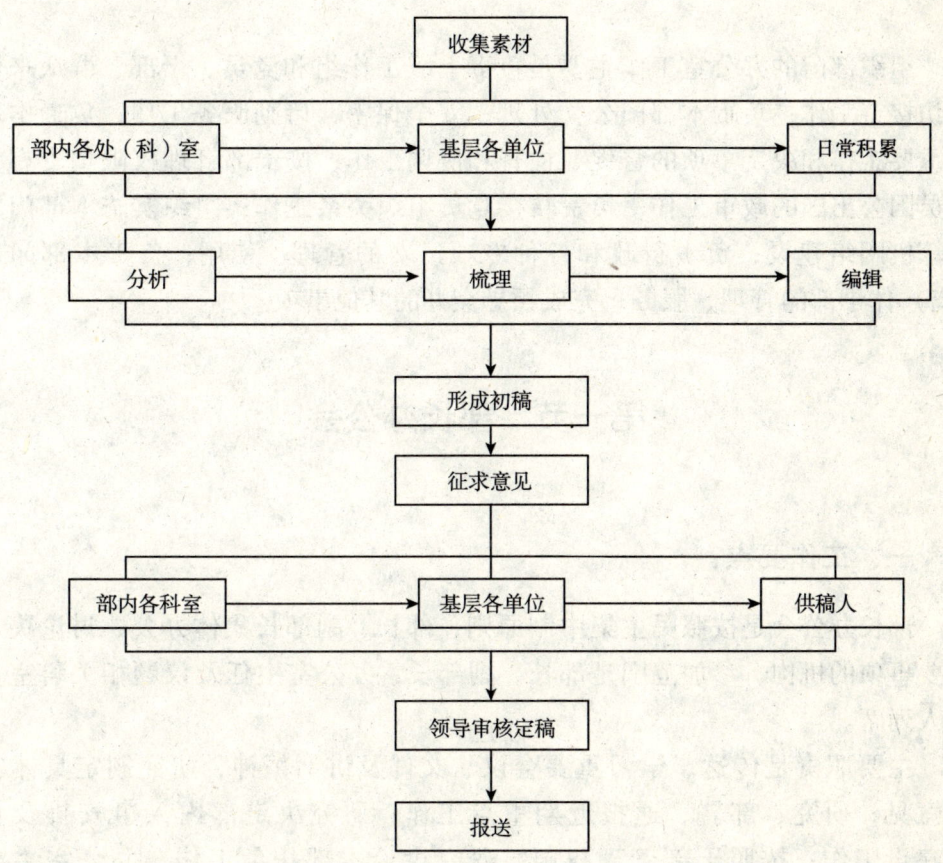

第八章 办公室工作

组织部门的办公室工作主要是负责上级工作组和党员、干部、群众来信来访接待工作；负责本部门公文处理、安全保密、后勤服务工作；负责本部门重要工作和决定事项的督促、检查和协调工作；按干部管理权限负责有关人员因公出国的政审工作；负责转接党员组织关系工作；组织实施本部门的计算机网络建设；负责行政和各种专项经费的管理、使用；负责本部门退（离）休干部的管理、服务；完成领导交办的其他事项。

第一节 部长办公会

一、工作要点：

部长办公会是按照民主集中制原则，部长、副部长集体办公、讨论决定重要事项的机构。参加范围是部长、副部长，办公室主任及议题相关科室负责人列席。

主要职责是传达、学习重要会议、文件及讲话精神，研究制定具体实施意见；研究、部署、通报近期重点工作；研究决定部内人事安排及自身建设工作；按照干部管理权限，研究讨论干部任免工作。办公室主要负责：向各位副部长征集议题并报部长审定；通知会议召开的时间、地点、议题等；会议记录及整理会议材料、存档和会议决定事项督办等工作。

二、工作依据：

1. 《关于党内政治生活的若干准则》（1980年3月中国共产党第十一届中央委员会第五次全体会议通过）；

2. 上级文件、规定，如：《中共北京市委加强全市党政领导班子建设（2004—2008年）规划纲要》；

3. 本单位或本部门文件、规定，如：《中共朝阳区委组织部部长办公会制度》。

三、工作标准：

1. 严格执行上级及本单位的相关制度、规定，如《中共朝阳区委组织部部长办公会制度》；

2. 会务组织程序严谨、规范，会议纪录清晰、准确，会务资料整理及时，存档齐备；

3. 注重时效，对会议决定的事项，督查、督办、反馈及时到位；

4. 保守会议秘密。

四、职岗要求：

工作人员应具备：

1. 工作认真负责，严谨细致；

2. 具有较强的沟通和协调能力；

3. 具有较高的党性修养，保密和服务意识强。

五、相关单位：

1. 与会议议题有关的单位或部门；

2. 部内各科室。

第八章 办公室工作

六、环节流程:

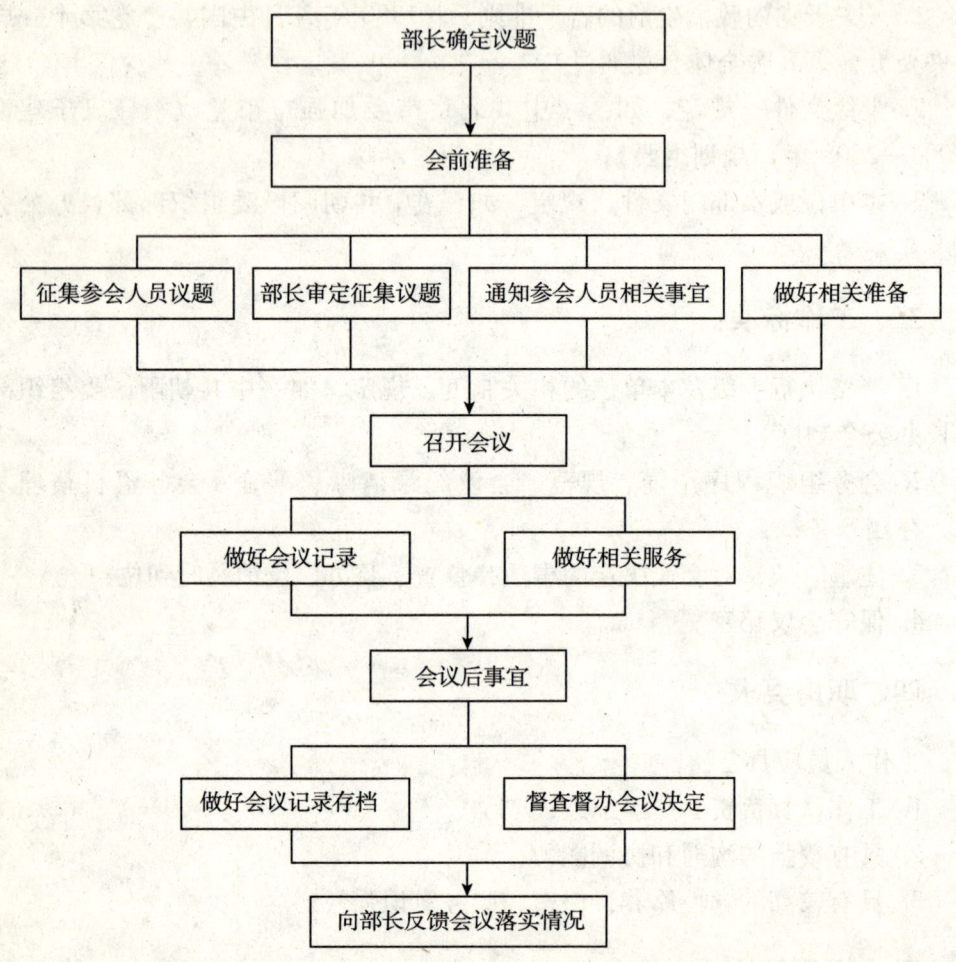

第二节　部务会

一、工作要点:

部务会是组织部部署工作、通报情况、交流研讨的工作机构。参加范围为部长、副部长、科长（主任）、副科长（副主任），议题相关科室人员及调研室信息员列席。

主要职责是学习、传达上级文件及重要会议的指示精神,并提出贯彻落实意见;专题研讨组织工作中的热点、难点工作,研究部署近期重点工作;讨论制定组织工作年度计划、工作总结及重要活动安排;研究讨论需要上报、下发的重要文件、材料等;研究决定加强部内自身建设工作;按照干部管理权限,通报和讨论干部任免工作等。办公室主要负责:征集会议议题并报部长审定;通知会议召开的时间、地点、议题;会议记录、会议材料的整理、存档;督办会议决定事项等工作。

二、工作依据:

1. 《关于党内政治生活的若干准则》(1980年3月中国共产党第十一届中央委员会第五次全体会议通过);

2. 上级文件、规定,如:《中共北京市委加强全市党政领导班子建设(2004—2008年)规划纲要》;

3. 本单位或本部门文件、规定,如:《中共朝阳区委组织部部长办公会制度》。

三、工作标准:

1. 严格执行上级及本单位的相关制度、规定,如《中共朝阳区委组织部部务会办公会制度》;

2. 会务组织程序严谨、规范,会议纪录清晰、准确,会务资料整理及时,存档齐备;

3. 注重时效,对会议决定的事项,督查、督办、反馈及时到位;

4. 保守会议秘密。

四、职岗要求:

工作人员应具备:

1. 工作认真负责,严谨细致;

2. 具有较强的沟通和协调能力;

3. 具有较高的党性修养,保密和服务意识强。

五、相关单位：

1. 与会议议题有关的单位或部门；
2. 部内各科室。

六、环节流程：

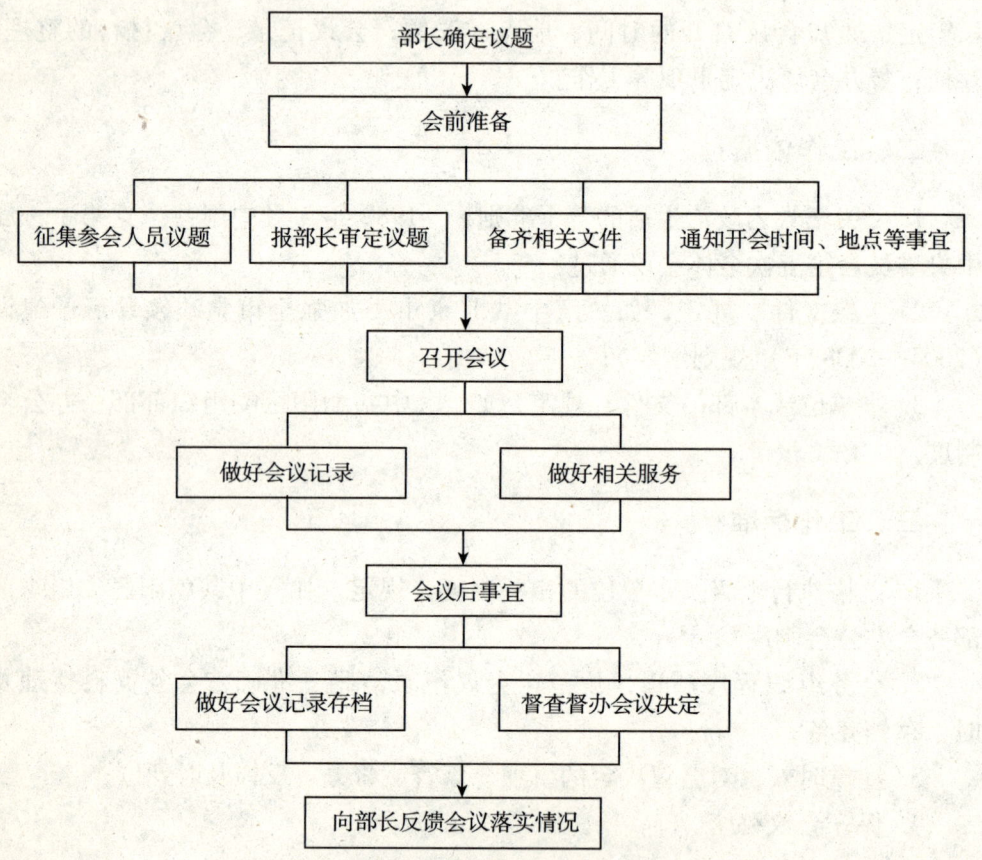

第三节 理论中心组学习

一、工作要点：

理论中心组学习是党委（党组）组织本级领导班子成员开展以党的理论

和路线、方针、政策为主要内容的有目的、有意识的学习活动。每月第一周的周五为学习日。办公室在实施理论学习中心组学习工作中承担重要职责：

1. 协助组长制定学习计划，有针对性地确定学习内容，并做好计划的落实；
2. 负责会务组织，提供学习材料并负责考勤等工作；
3. 负责检查学习笔记、撰写学习总结并向组长汇报学习情况。

二、工作依据：

1. 中组部、中宣部《关于加强和改进党委（党组）中心组学习的意见》（中宣发［2000］10号）；
2. 上级文件、规定，如：《中共北京市委组织部、宣传部关于进一步加强和改进党委（党组）中心组学习的实施意见》（京宣发［2001］2号）；
3. 本单位或本部门文件、规定，如：
（1）《关于印发北京市朝阳区党委（党组）中心组学习实施细则（修订）的通知》（京朝宣［2007］26号）；
（2）《关于建立健全基层党委（党组）中心组学习档案制度的意见》（京朝宣［2007］27号）；
（3）《中共朝阳区委组织部学习制度》；
（4）《中共朝阳区委组织部理论中心组学习制度》。

三、工作标准：

1. 严格执行相关制度、规定；
2. 及时了解相关理论的动态、相关文件精神和政策导向；
3. 结合工作实际，增强学习针对性和时效性；
4. 提供学习材料，做好学习的组织工作。

四、职岗要求：

工作人员应具备：
1. 熟悉相关文件和制度规定；
2. 工作认真负责，严谨细致；
3. 具有较深的政治理论功底。

五、相关单位:

1. 中央、省(市)委党校及相关理论部门;
2. 宣传部门。

六、环节流程:

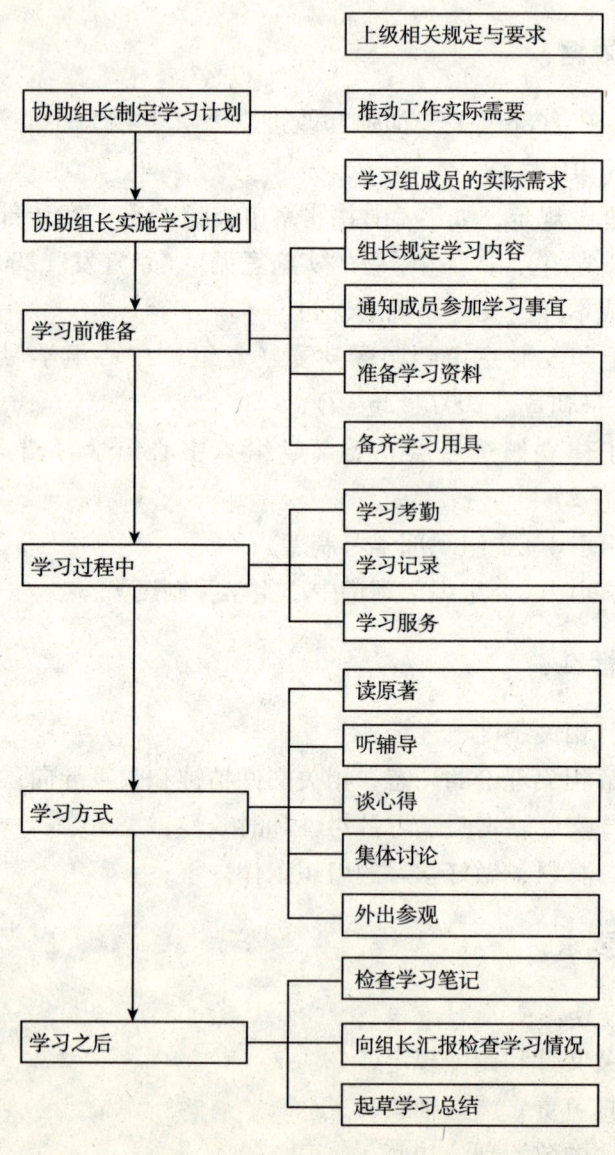

第四节 督查督办工作

一、工作要点：

督查督办是确保各项工作部署得以贯彻落实的重要措施，主要由办公室负责。督查督办的主要内容包括：

1. 上级领导机关及本单位的重要文件、工作部署、会议精神、批办件、批示和交办事情的贯彻落实情况；

2. 人大代表建议、政协委员提案的办理情况；

3. 组织部重要文件、工作部署、年度计划、阶段性工作安排及中心工作的落实情况，部长办公会和部务会决定的事项；

4. 基层党委关于干部组织工作的重要请示报告和部领导交办的其他事项。

二、工作依据：

1. 《国务院办公厅关于加强督促检查工作的通知》（1998 年 8 月 6 日）；
2. 本单位或本部门文件、规定，如：
（1）《中共朝阳区委、区人民政府关于进一步加强督促检查工作的意见》；
（2）《中共朝阳区委组织部督查督办制度》。

三、工作标准：

1. 严格执行区委区政府及区委组织部的督查督办制度以及相关规定；
2. 对督查事项做到有要求、有督促、有检查、有反馈；
3. 注重时效，确保落实，不积压，不拖延。

四、职岗要求：

工作人员应具备：
1. 熟悉督查督办制度及相关规定；
2. 原则性强，工作认真负责，严谨细致；
3. 具有较强的沟通和协调能力。

五、相关单位：

1. 政府办、党委办；
2. 各工委及其他相关部门。

六、环节流程：

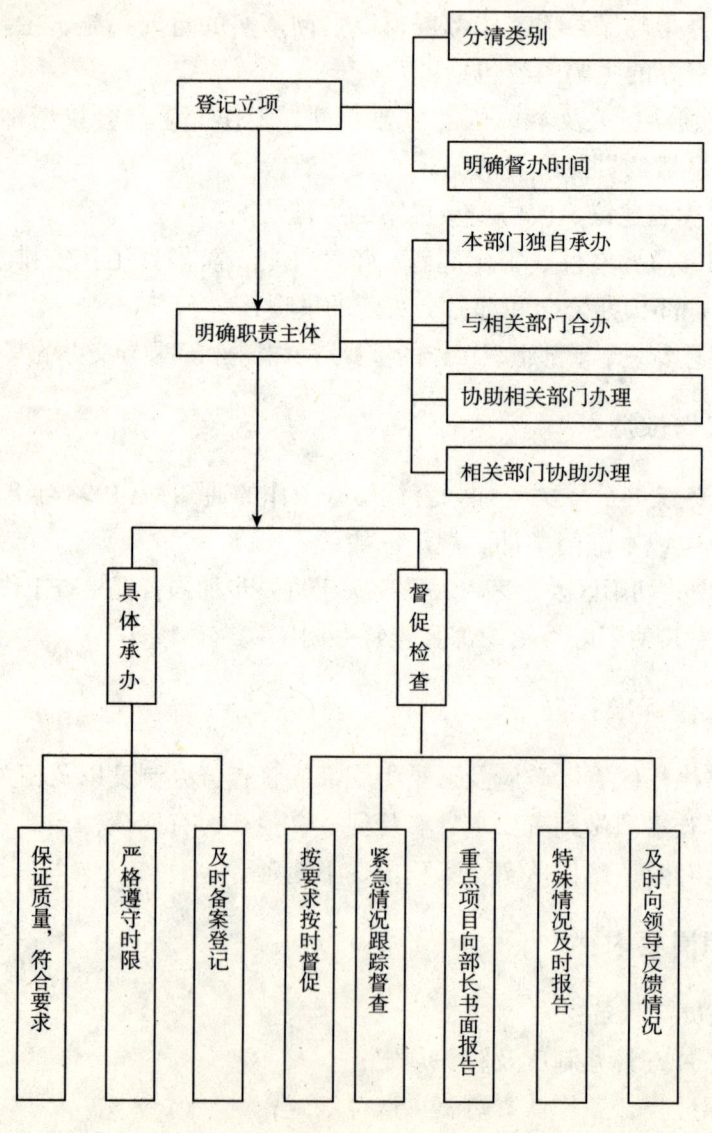

第五节　信访工作

一、工作要点：

处理人民来信来访是组织部门的一项经常性工作，是密切联系人民群众、发扬社会主义民主的重要渠道，对于加强干部队伍建设和基层党组织建设具有重要意义。主要职责是：办理本区党的组织、干部工作等方面的来信来访工作，提高信访工作效率和质量，努力为来访人员排忧解难。

二、工作依据：

1. 国务院《信访条例》（国务院令第431号）；
2. 上级文件、规定，如：《北京市信访条例》（2006年9月15日）；
3. 本单位或本部门文件、规定，如：《中共朝阳区委组织部信访工作制度》。

三、工作标准：

1. 坚持实事求是原则，严格执行信访条例，实行"归口负责"制，落实好信访责任制；
2. 严格信访保密制度，保护写信人、上访人，慎重对待政策性问题；
3. 接待热情、公正、稳妥、严肃，耐心解答相关问题；
4. 注重质量，提高效率，做到无差错、不积压、不拖延。

四、职岗要求：

工作人员应具备：
1. 熟悉相关的信访条例和制度，运用政策解决实际问题能力强；
2. 具有较高的党性修养和保密意识，原则性与责任心强；
3. 服务意识好，热心周到；
4. 具有较强的沟通、协调能力。

五、相关单位：

1. 各工委及相关部门和单位；
2. 党委、政府信访部门。

六、环节流程：

（一）来电、来信

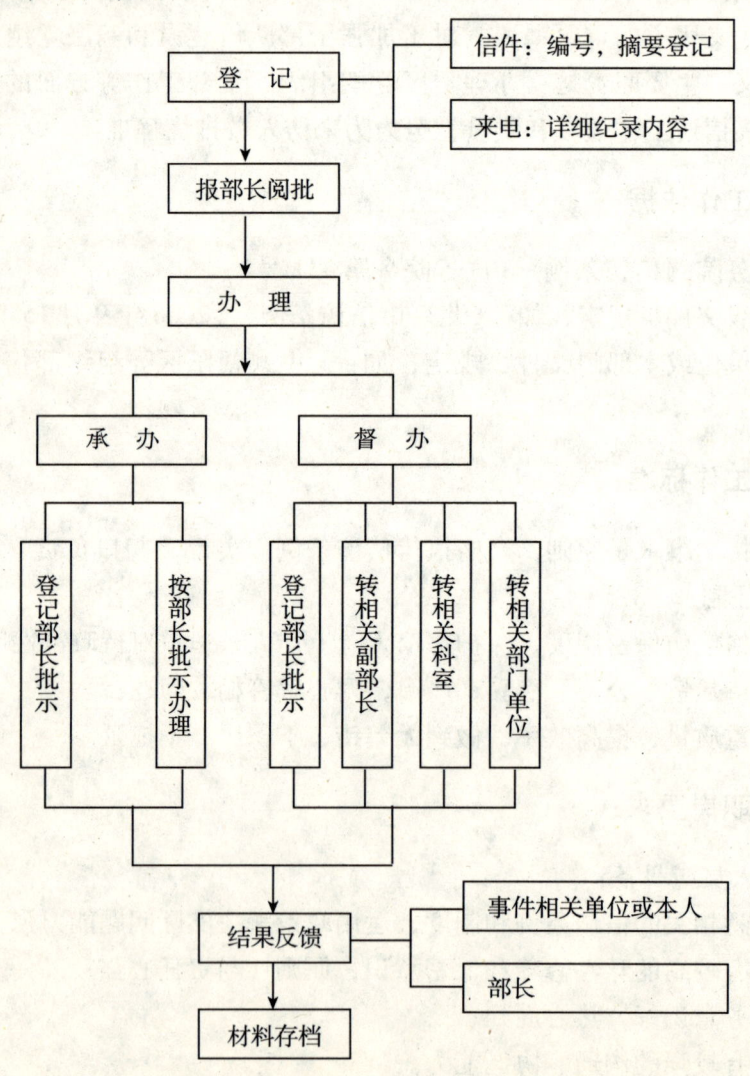

（二）群众来访：

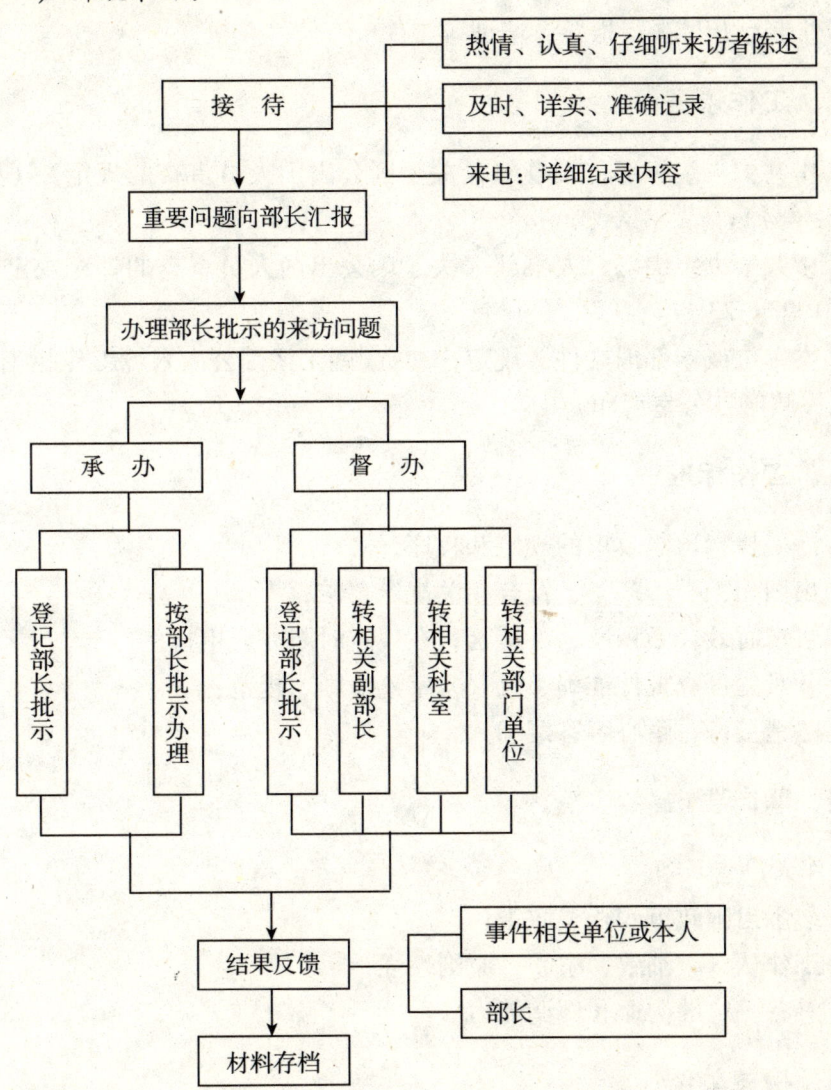

第六节 因公出国政审办理工作

一、工作要点：

办理因公出国及赴港澳台人员的因公出国政审是组织部门的一项重要工

作。主要职责是：对政审材料进行审核、报批、反馈和存档；同时配合外事部门对外事专办员进行指导、培训等工作。

二、工作依据：

1. 中共中央组织部、人事部《关于因公出国人员审查的规定》（中办发［1991］8号）；

2. 中共中央组织部、人事部《关于因公出国人员审查的补充规定》（中办发［1993］23号）；

3. 本单位或本部门文件、规定，如：《朝阳区因公出入境工作指南》（朝阳区人民政府办公室编印）。

三、工作标准：

1. 严格执行出国政审的规定和程序；
2. 出国相关手续齐备，符合相关规定要求；
3. 讲求时效，不积压、不拖延，在规定时限完成审批；
4. 开具的审查批件准确、无误，字迹清晰、规范；
5. 热情接待，耐心解答疑问。

四、职岗要求：

工作人员应具备：
1. 熟悉出国政审的相关政策；
2. 工作认真、细致、耐心，原则性强；
3. 具备一定的沟通和协调能力。

五、相关单位：

1. 外事部门；
2. 党委办公室；
3. 各工委。

六、环节流程：

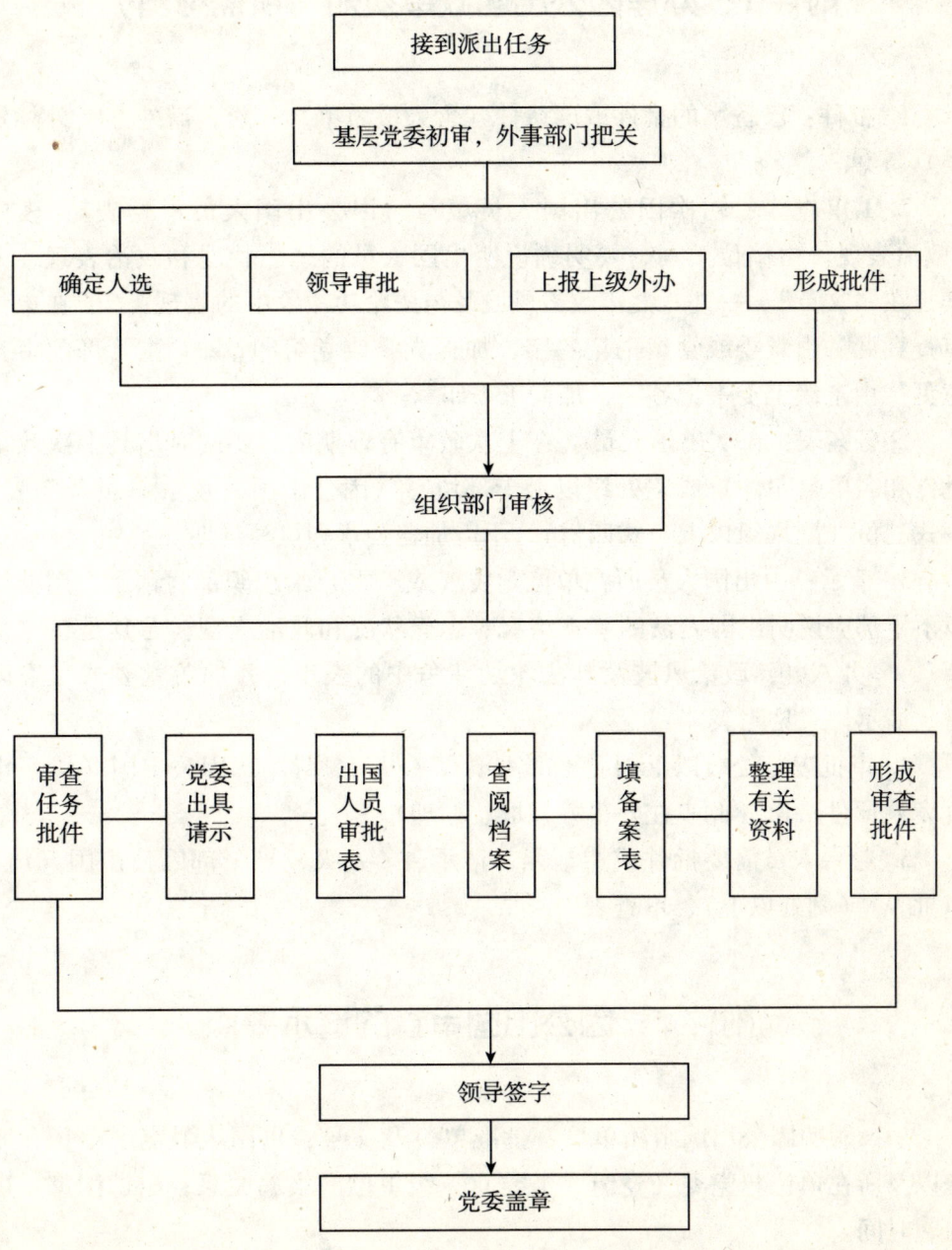

附件1：办理因公出国政审须知（所需材料）

1. 批件：已备案的批件或确认件（含人员名单）一份，需外办（外经贸委）备案。

2. ①审查表：初次因公出国人员填写《因公出国人员审查表》。表中"政治表现"由单位填写，要明确说明出国人员的思想状况和政治表现，尤其是在"文革"、一九八九年政治风波及与法轮功斗争中的表现；"所在单位审查意见"由党委或党组书记签字，加盖党委或党组印章；"主管部门审查意见"由上级工委书记签字，加盖工委印章。

②备案表：再次出国人员（在上次政审有效期内，要同时出具上次政审批件和名单复印件）或正处级以上干部填写《因公出国（境）人员备案表》一式三份（副局级以上一式四份），不需加盖公章和填写日期。

3. 请示：由出国人员所在单位党委（或工委）给组织部写请示。副处级以下干部应说明出国人员的基本情况、思想状况和政治表现，尤其是在"文革"、一九八九年政治风波及与法轮功斗争中的表现，并加盖党委或工委印章。请示样式见附表。

4. 审批表：处级以上领导干部需填写《处级领导干部因公出国（境）审批表》原件一份（此表在外事办领取、办理）。

5. 赴台人员需要批件或邀请函、请示、《处级领导干部因公出国（境）审批表》（副处以上）、审查表。

附件2：因公出国审查的请示要点

一、写明因公出国组团单位、批准单位及文号；出国人姓名、单位、职务以及所在单位与党委（党组、工委）一级单位的隶属关系；出访国家、事由、时间。

二、政治表现。

三、所在单位党委意见。

四、落款加盖党委（党组、工委）公章。

示例：

关于×××同志因公出国审查的请示

组织部：

现由×××组团，北京市人民政府京政外出字［200×］×××号文批准，我单位×××同志，随××团前往×国执行××公务，在外停留××天。

经审查，×××同志（副处以上需写明政治表现；科级及以下需写明基本情况和政治表现）……坚持四项基本原则，拥护党的路线、方针、政策，政治立场坚定，在"文革"和一九八九年政治风波期间没有问题，没有修炼"法轮功"。

经××党委（党组、工委）研究，同意×××同志随团赴×国。

××党委（党组、工委）

（盖　章）

200×年×月×日

第七节　处级干部因私出国审批工作

一、工作要点：

根据中央、省（市）委的相关文件精神，在职处级以上领导干部（包括非领导职务）原则上不允许办理因私出国，如有特殊情况或退休后可以申请办理，对于符合条件的在办理中要严格按照干部审批权限报批，具体工作包括：

1. 认真答复基层各单位对处级以上领导干部（包括非领导职务）因私事出国（境）工作的咨询；

2. 仔细审查处级以上领导干部（包括非领导职务）因私事出国（境）相关材料；

3. 及时向地方党委负责审批领导报送处级以上领导干部（包括非领导职

务）因私事出国（境）相关材料；

4. 及时将新增、调整的处级以上领导干部（包括非领导职务）名单向公安出入境管理处进行登记备案，撤消调离的处级以上领导干部（包括非领导职务）名单。

二、工作依据：

1. 中组部《关于审批高级干部因私出国（出境）问题的通知》（组字通［1992］20号）；

2.《中共中央办公厅、国务院办公厅关于转发〈中央纪律检查委员会、中央组织部、中央外事工作领导小组办公室、人事部、外交部、公安部、国家安全部、监察部、国务院港澳事务办公室关于加强党政机关县（处）级以上领导干部出国（境）管理工作的意见〉的通知》（中办发［1999］23号）；

3.《中组部、中央金融工委、中央企业工委、公安部、人事部印发〈关于加强国家工作人员因私事出国（境）管理的暂行规定〉的通知》（公通字［2003］13号）；

4. 中纪委、中组部、中台办等6部委联合下发《关于严禁党员、干部违规赴台旅游和交流的通知》（中台发［2008］1号）。

5. 上级文件、规定，如：

（1）《中共北京市委组织部关于处级以上领导干部因私出国（境）审批问题的通知》（京组通［2000］31号）；

（2）《中共北京市委办公厅、北京市人民政府办公厅转发〈市委组织部、市公安局、市人事局关于加强国家工作人员因私事出国（境）管理实施办法〉的通知》（京办发［2003］32号）。

三、工作标准：

1. 在职的处级以上领导干部（包括非领导职务），因私事出国（境），应从严掌握，一般不予批准；

2. 因特殊情况需要办理的，严格按照干部管理权限和规定程序报批；

3. 已办理退（离）休手续的处级以上干部（包括非领导职务），按照干部管理权限审核后一般可以报批。

四、职岗要求：

工作人员应具备：

1. 政治思想水平较高，严守组织人事纪律；
2. 熟悉中央、市委对处级以上领导干部（包括非领导职务）因私出国（境）工作的相关政策规定和业务知识；
3. 具有较强的组织协调能力；
4. 熟练掌握计算机操作；
5. 工作严谨细致，考虑问题全面。

五、相关单位：

1. 上级党委组织部干部处；
2. 公安局出入境管理处；
3. 党委办公室；
4. 外事办；
5. 辖区基层党组织。

六、环节流程：

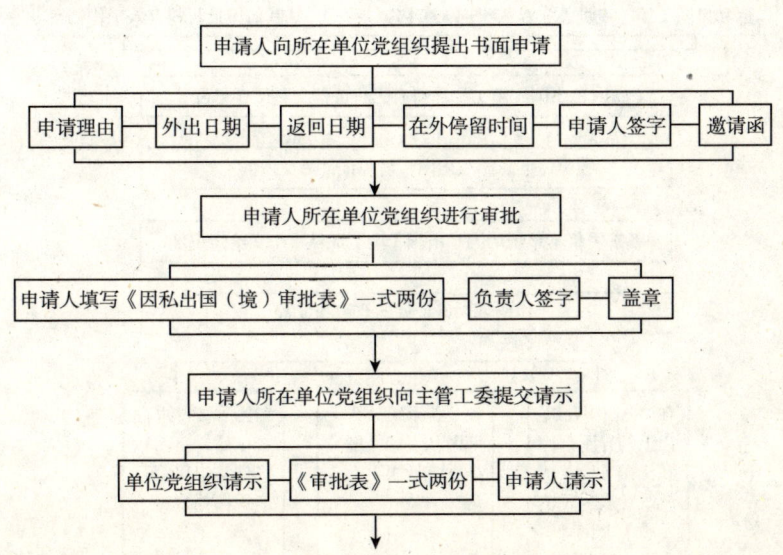

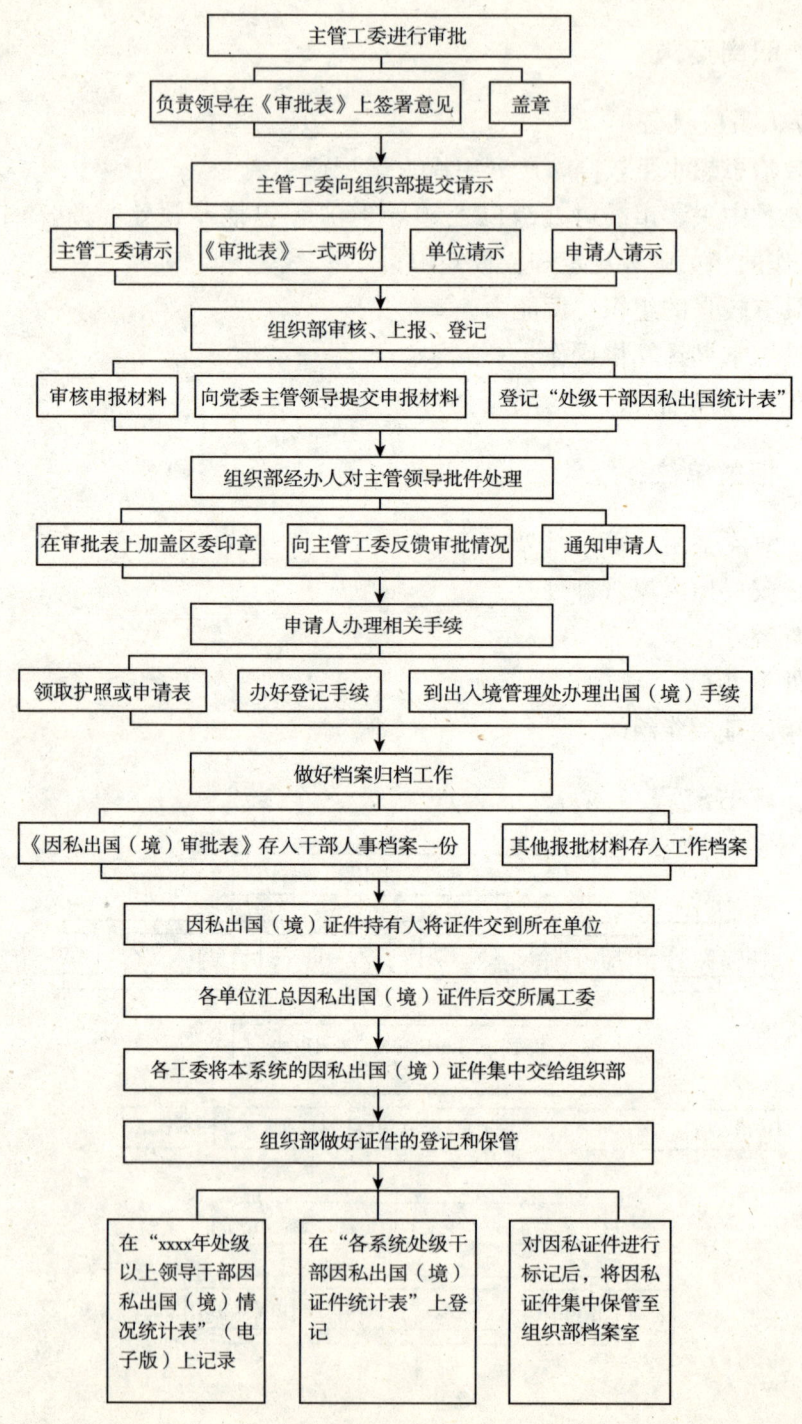

第八节　接转党组织关系办理工作

一、工作要点：

党员组织关系管理是党员管理的重要内容。认真接转党员组织关系，是加强对党员的教育、管理和监督的一项基础性工作和重要措施，对于严密党的组织，增强党员党性和组织观念，发挥党员先锋模范作用，有着十分重要的意义。接转的主要任务是对转入或转出的《党员组织关系介绍信》进行认真查验，并按照党员隶属关系开具准确、规范的《党员组织关系介绍信》。

二、工作依据：

1. 中组部《关于印发〈中国共产党流动党员活动证〉和〈中国共产党党员组织关系介绍信〉修订式样的通知》（组通字〔2006〕45号）；
2. 中共中央组织部办公厅《关于严格使用新式样〈中国共产党党员组织关系介绍信〉的通知》（组电明字〔2007〕22号）；
3. 上级文件、规定，如：
（1）《中共北京市委组织部关于转移党员组织关系的规定》（京组发〔1990〕7号）；
（2）《中共北京市委组织部关于简化党员接转组织关系办法的通知》（京组通〔1993〕9号）。

三、工作标准：

1. 热情接待，解答党员疑问清楚、准确、耐心；
2. 认真查验《党员组织关系介绍信》；
3. 严格执行党员组织关系转移文件的规定和程序；
4. 开具的《党员组织关系介绍信》准确、无误，字迹清晰、规范。

四、职岗要求：

工作人员应具备：

1. 熟悉党员组织关系接转的相关政策；
2. 工作认真、细致、耐心，服务意识强；
3. 具备一定的沟通和协调能力。

五、相关单位：

1. 上级党委组织部、党管部门；
2. 党委各工委；
3. 各基层党（工）委。

六、环节流程：

（一）党员组织关系转入流程图

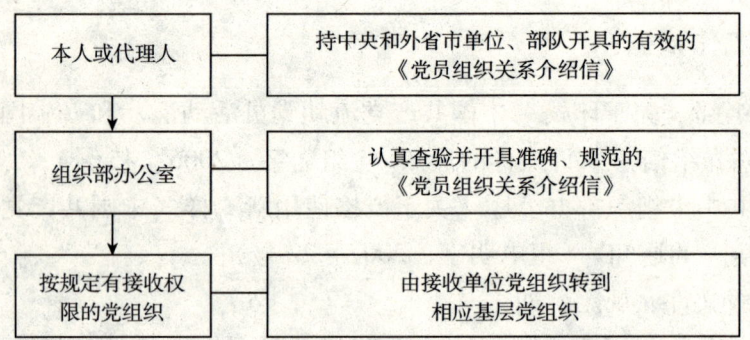

（二）党员组织关系转出流程图

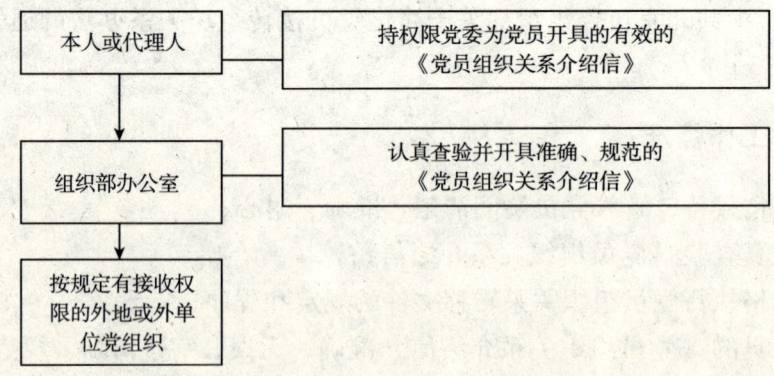

第九节 老干部工作

一、工作要点：

离退休老干部是我们党的宝贵财富，建设中国特色社会主义，推动各项事业发展，离不开广大老同志的关心和支持。按照中央及上级的一系列相关规定，本着"老有所养、老有所为、老有所学、老有所乐"的原则要求，结合实际情况，切实做好老干部工作是组织部门的重要工作。

二、工作依据：

1.《中共中央关于建立老干部退休制度的规定》（中发［1982］13号）；
2.《国务院关于发布老干部离职修养制度的几项规定》（国发［1982］62号）；
3.《中共中央组织部关于进一步加强老干部工作的通知》（中组发［1990］5号）；
4. 上级文件、规定，如：《中共北京市委、北京市人民政府关于贯彻执行〈中央建立老干部退休制度的规定〉的规定》（京发［1982］22号）；
5. 本单位或本部门与老干部工作相关的规定。

三、工作标准：

严格执行中央、上级和本单位关于开展老干部工作的政策规定，充分体现"生活上关照、政治上关心、身体上关爱"，使老干部能"老有所养、老有所为、老有所学、老有所乐"，使老干部满意，老干部家属满意。
1. 定期组织开展党小组活动，学习文件，通报工作，及时沟通信息；
2. 定期组织开展适应老干部特点的丰富多彩的文体活动；
3. 配和相关部门，做好体检、慰问等关爱活动。

四、职岗要求：

工作人员应具备：

1. 熟悉相关政策及文件精神，熟悉老干部家庭、身体等相关情况；
2. 工作严谨、细致，富于爱心；
3. 善于交流、沟通，擅长做思想工作。

五、相关单位：

1. 机关工委；
2. 老干部局；
3. 后勤服务部门。

六、环节流程：

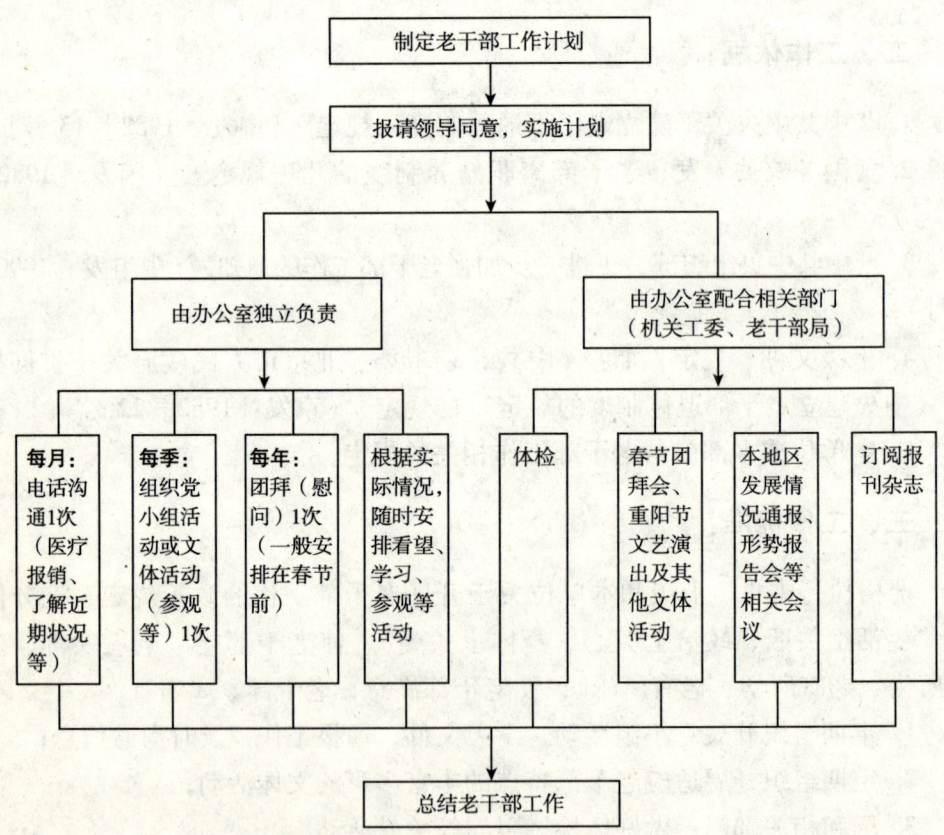

第十节　文件的收发和传阅工作

一、工作要点：

文件的收发和传阅工作是办公室日常工作中的重要内容，主要职责是：

1. 文件接收：对来自中央、上级单位和部门的文件做好接收登记和编号，并根据文件性质上报相关领导；
2. 文件转出：按照文件性质或领导批示，转相关领导或部门，做好领导批示及接转登记；
3. 文件督办：根据领导批示或文件规定，进行督察督办，并将结果报相关领导。

二、工作依据：

1. 《中国共产党机关公文处理条例》（中共中央办公厅［1996］14号）；
2. 《国家行政机关公文处理办法》（国发［2000］23号）；
3. 上级文件、规定，如：《北京市党的机关公文处理规定》；
4. 本单位或本部门文件、规定，如：
（1）《中共北京市朝阳区委机关公文处理条例》（朝发［1996］61号）；
（2）《中共朝阳区委组织部文件收发传阅制度》。

三、工作标准：

1. 及时、准确接收登记；
2. 按规定要求传阅；
3. 按照文件规定及领导批示，做好督查督办。

四、职岗要求：

工作人员应具备：
1. 了解党政机关相关公文的起草、要求及常识；
2. 熟悉文件的收发和传阅的相关规定和程序；
3. 工作认真、细致，具有较强的保密意识；

第八章　办公室工作

4. 具备一定的沟通和协调能力。

五、相关单位：

1. 党委办、政府办；
2. 各工委及相关部门。

六、环节流程：

（一）收文流程：

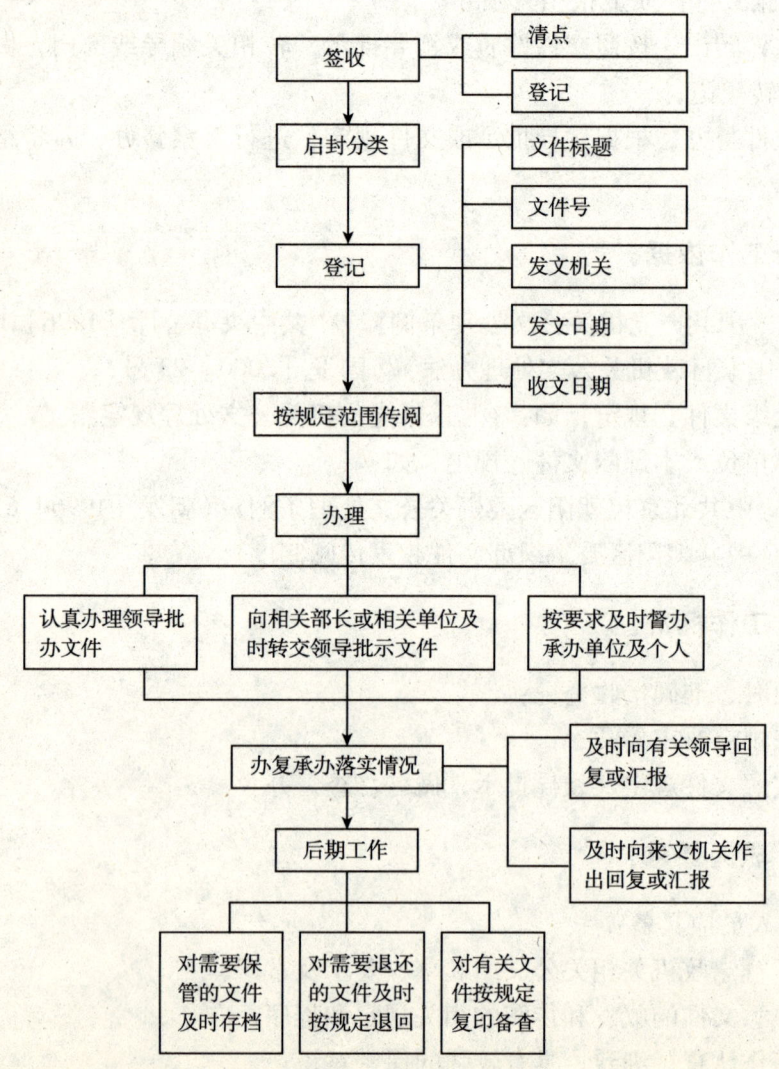

（二）发文流程：

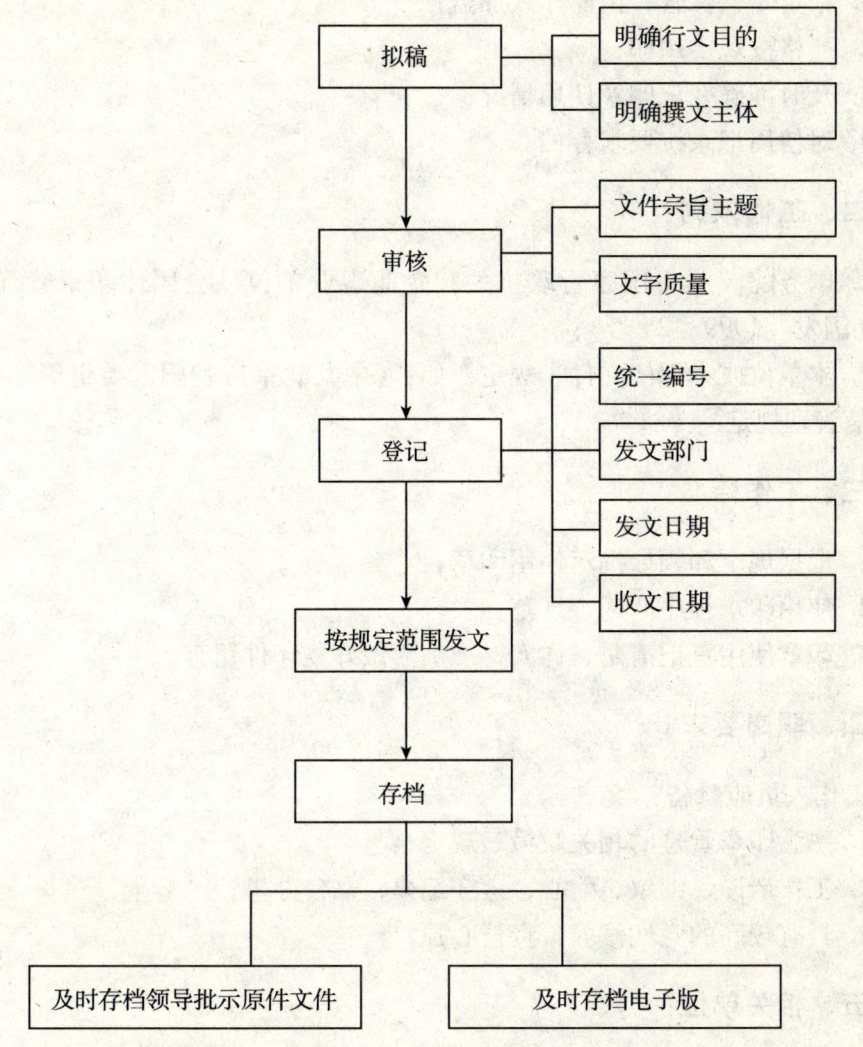

第十一节 印章管理和使用

一、工作要点：

印章是单位的象征，是单位职权、信誉、证明的合法征物，具有标志、

权威、证明和凭信等作用。对印章的保管和使用,主要应做到:

1. 指定专人保管,由监印人加盖;
2. 严格按规定用印;
3. 及时准确登记印章使用情况;
4. 对使用记录按要求存档。

二、工作依据:

1. 国务院《关于国家行政机关和企业事业单位社会团体印章管理的规定》(国发〔1999〕25号);
2. 本单位或本部门文件、规定,如:《中共北京市朝阳区委组织部印章、介绍信管理规定》。

三、工作标准:

1. 根据规定和领导批示使用印章;
2. 使用印章程序严谨、规范;
3. 印章使用登记清楚、详实、准确,做好复印件留存。

四、职岗要求:

工作人员应具备:

1. 熟悉印章管理的相关政策、规定;
2. 工作严谨、细致、耐心,遵守纪律,秉公办事;
3. 具有较高的党性修养,责任心强。

五、相关单位:

1. 党委、政府部门等使用印章单位;
2. 部内各科室。

六、环节流程：

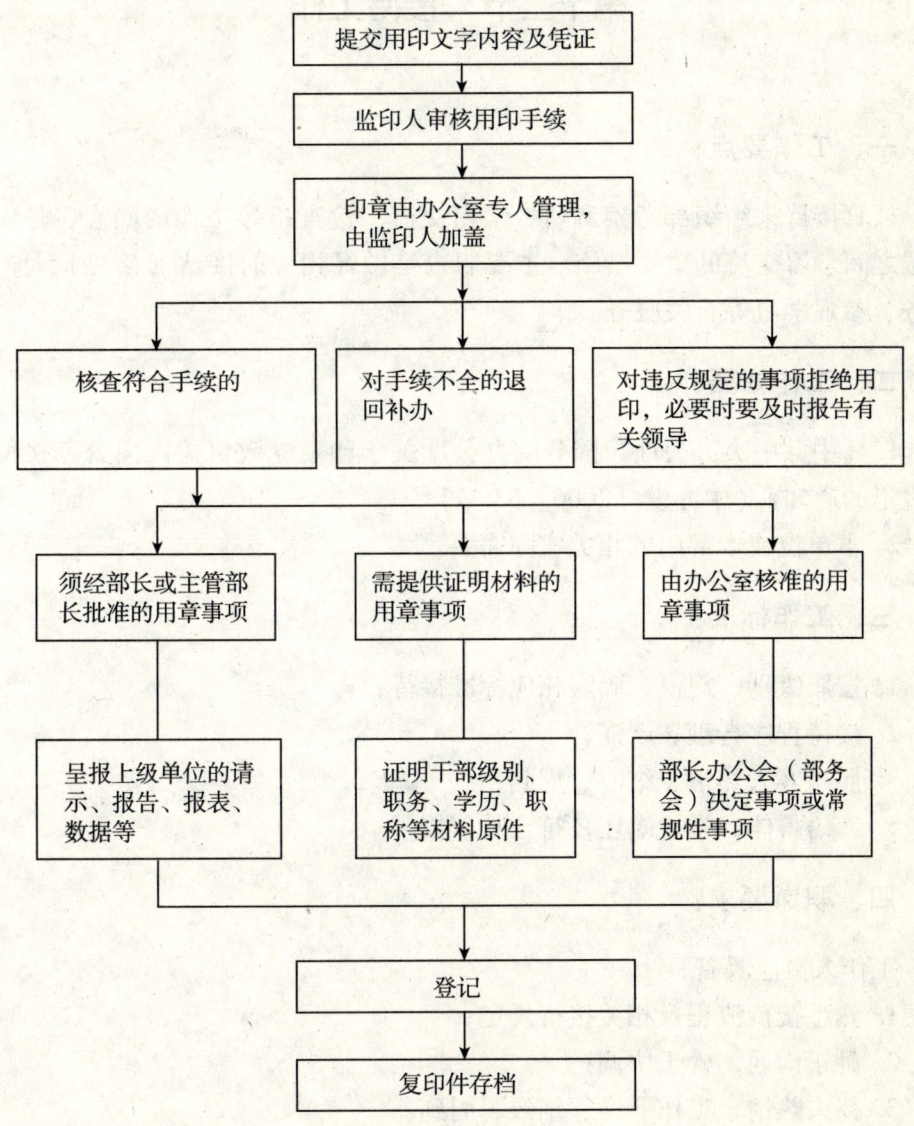

第十二节 接待工作

一、工作要点：

认真接待来组织部考察调研、学习交流、检查指导工作的同志，是促进单位之间学习交流的重要措施。主要职责是做好相关的接站（接机）、食宿、会务、参观学习等有关服务。

二、工作依据：

1.《中共中央办公厅、国务院办公厅关于印发党政机关国内公务接待管理规定的通知》（中办发〔2006〕33号）；
2. 本单位或本部门的相关实际需要。

三、工作标准：

1. 按照级别、规模，确定相应标准接待；
2. 接待程序合理、严谨；
3. 照顾客人热情、细心、周到；
4. 言语得体，举止端庄，符合礼仪要求。

四、职岗要求：

工作人员应具备：
1. 熟悉接待流程及相关接待规定；
2. 勤于沟通，善于协调；
3. 待人热情，工作严谨、细致、周到；
4. 及时准确了解接待单位相关情况。

五、相关单位：

1. 党委办、政府办等相关部门；
2. 后勤服务部门；

3. 相关接待单位。

六、环节流程：

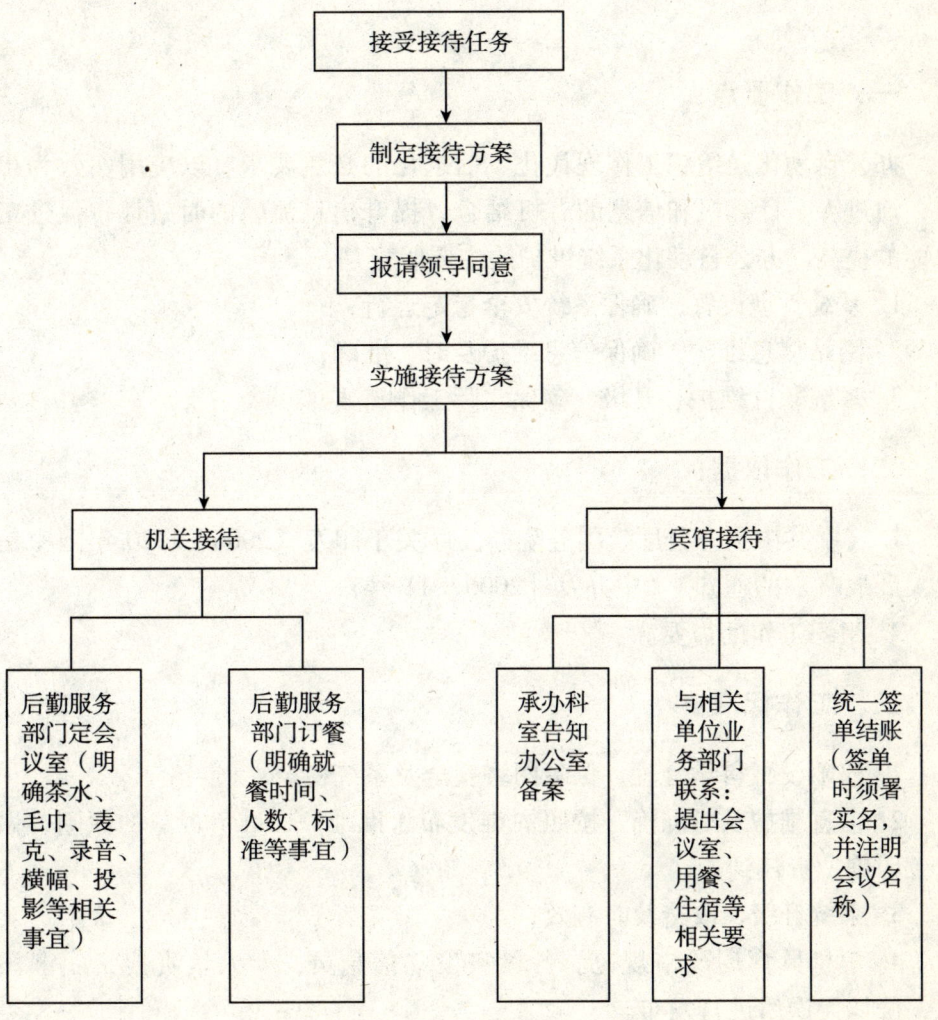

第十三节　办公自动化系统维护

一、工作要点：

办公自动化是组织工作现代化、信息化的必然要求。以应用实效为出发点，通过人、计算机和信息的有机结合，提升信息流转的时效性，促进工作效能的提高。办公自动化系统维护的主要职责是：

1. 系统管理设置，确保系统安全稳定运行；
2. 网站信息维护，确保信息维护及时、准确；
3. 系统软件维护、升级，确保实际工作需要。

二、工作依据：

1. 《中共中央办公厅、国务院办公厅关于印发〈2006—2020年国家信息化发展战略〉的通知》（中办发［2006］11号）；
2. 组织工作的需要。

三、工作标准：

1. 权限设置科学合理，保障网络安全及系统稳定；
2. 信息维护及时准确，按照"谁发布、谁维护、谁负责"的原则，做到分工明确，责任到人；
3. 系统升级、改造及时有效；
4. 信息员管理严格规范。各科室设立信息员，专人负责搜集、审核信息，确认无误后进行发布。

四、职岗要求：

工作人员应具备：

1. 熟练掌握办公自动化的相关知识；
2. 工作细致、认真、耐心，责任心强；
3. 具有较强的安全保密意识；

4. 具备一定的沟通和协调能力。

五、相关单位：

1. 信息化办公室；
2. 部内各处（科）室。

六、环节流程：

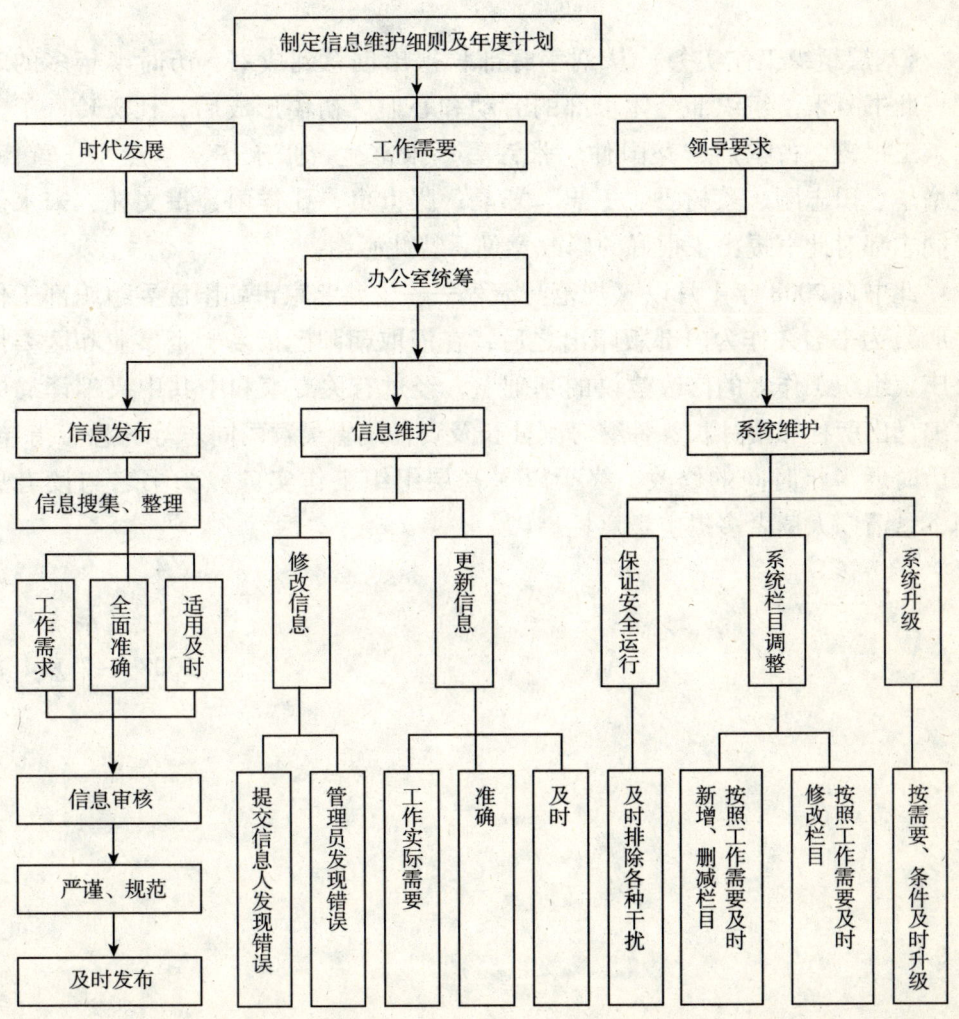

后 记

《基层组织工作实务》从刘宇辉部长提出创意到成书，历时半年多的时间，此书凝聚了组织部全体干部的劳动和心血。初稿形成后，杜文玲、于文生、王祖锷、古鹏启、齐国仲、张锦雪；张富生、张永华、牟燕东、董伟；赵增华、田志刚、蔡树香、王忠、郑晶；张世贞、孔祥雨、霍文礼、宋永健等同志都对此书提出了很好的修改意见。特此感谢。

此书自 2008 年 1 月以《规范与流程——中共北京市朝阳区委组织部工作手册》为书名并作为内部版印出之后，在汲取朝阳区街乡、企事业和区委机关广大组织工作者的修改建议的基础上，经过有关专家和中共中央编译局中央编译出版社和龚社长、韩继海副社长及责任编辑吴颖丽同志等的悉心指导，又历时近半年时间的修改，终于以《基层组织工作实务》为书名与读者见面，恳请广大读者多提宝贵意见。

编者

2008 年 7 月 1 日

图书在版编目(CIP)数据

基层组织工作实务/中共北京市朝阳区委组织部编著.
—北京:中央编译出版社,2008.7
ISBN 978 – 7 – 80211 – 694 – 8

Ⅰ. 基…
Ⅱ. 中…
Ⅲ. 中国共产党 – 基层组织 – 组织工作
Ⅳ. D267

中国版本图书馆 CIP 数据核字(2008)第 084595 号

基层组织工作实务

出 版 人	和 龑
组 稿	韩继海
责任编辑	吴颖丽
责任印制	尹 珺
出版发行	中央编译出版社
地 址	北京西单西斜街 36 号(100032)
电 话	(010)66509360(总编室)　(010)66509365(编辑室)
	(010)66509364(发行部)　(010)66509618(读者服务部)
网 址	http://www.cctpbook.com
经 销	全国新华书店
印 刷	北京印刷一厂
开 本	787×960 毫米　1/16
字 数	320 千字
印 张	19.75
版 次	2008 年 7 月第 1 版第 1 次印刷
定 价	40.00 元

本社常年法律顾问:北京建元律师事务所首席顾问律师　鲁哈达
凡有印装质量问题,本社负责调换。电话:(010)66509618